Wege des Glaubens

Werner Trutwin

Grundfassung
Religion – Sekundarstufe I
Jahrgangsstufen 7/8

Patmos

Inhalt

Ein Wort zuvor   4

▶ DAS GRUNDTHEMA

Wege des Glaubens   6

1. Lebenswege   8
2. Mit Glauben und mit Zweifeln leben   10
3. Glauben – Was ist das?   12
4. Exodus – Ein Modell des Glaubens   16
5. Miteinander glauben   18
6. Glaubenswege   20

▶ SCHÜLERINNEN UND SCHÜLER

Kein Kind mehr – Noch nicht erwachsen   22

1. Jugend heute   24
2. Eine Zeit des Übergangs   26
3. Die Freiheit – Chancen und Grenzen   28
4. Mit den Eltern leben   30
5. Freundschaft   32
6. Verliebt sein und lieben   34
7. Auf der Suche nach Glück   38
8. Und die Religion?   40

▶ BIBEL

Unbequeme Leute – Die Propheten   42

1. Von Gottes Geist gerufen   44
2. Elija – Ein Kämpfer für seinen Gott   46
3. Jesaja – Visionär einer neuen Welt   48
4. Jeremia – Unter der Last von Gottes Ruf   50
5. Jona – Gnade vor Recht   54
6. Mit Propheten muss man immer rechnen   56

Das Evangelium – Ein Programm fürs Leben   58

1. Gute Nachricht   60
2. Vom Himmel gefallen?   62
3. Markus – Der erste Evangelist   64
4. Die vier Evangelien   66
5. Voneinander abgeschrieben?   68
6. Bleibende Aktualität   70

▶ GOTT

Du sollst dir kein Bild machen   72

1. Mit Bildern leben   74
2. Ist Gott so?   76
3. Das erste Gebot   78
4. Der Glanz seiner Herrlichkeit   80
5. Auf den Spuren der Engel   82
6. Gottes Bild   84

▶ JESUS

Jesus – Brücke zwischen Gott und den Menschen   84

1. Was ist das für ein Mensch?   88
2. Wunder – Zeichen zum Glauben   90
3. Die neue Gemeinschaft   94
4. Das Prinzip Liebe   96
5. Die Güte Gottes   98
6. In vielen Bildern   100

▶ MENSCH UND WELT

Gottes wunderbare Schöpfung   102

1. Der Urknall: Welt und Erde   104
2. Die Entwicklung des Menschen   106
3. Im Anfang schuf Gott Himmel und Erde   108
4. Vom Sinn der Welt und von der Würde des Menschen   110
5. Das Geschenk Gottes für die Menschen   112
6. Die bedrohte Schöpfung   114

Geheimnis Leben — 116

1. Im Strom des Lebens — 118
2. Der Tod – das Ende des Lebens — 120
3. Der Tod Jesu — 122
4. Die Auferweckung Jesu — 124

▶ GESTALTEN DER CHRISTENHEIT

Frauen und Männer in der Nachfolge Jesu — 128

1. Hildegard von Bingen –
   Eine Frau mit Visionen — 130
2. Franz und Klara von Assisi –
   Die Liebe zur Armut — 132
3. Thomas Morus – Dem Gewissen folgen — 136

▶ CHRISTENTUM

Die Reformation – Umbruch und Aufbruch — 138

1. Der Bruch zwischen West und Ost — 140
2. Am Vorabend der Reformation — 142
3. Martin Luther –
   Die reformatorische Entdeckung — 144
4. Der öffentliche Protest — 146
5. Die Spaltung der Christenheit — 148
6. Die katholische Reform — 150
7. Ökumene – Miteinander auf dem Weg — 152

Wozu die Kirche gut ist — 154

1. Kritisiert und akzeptiert — 156
2. Den Alltag hinter sich lassen — 158
3. In Gemeinschaft leben — 160
4. Von Schuld befreien und versöhnen — 164
5. Für die Menschenrechte eintreten –
   Organisierte Nächstenliebe — 166
6. Den Glauben weitergeben — 170

▶ ETHIK

Verantwortung – Eine Aufgabe für das Leben — 172

1. Verantwortung – Was ist das? — 174
2. Das Gewissen – Die innere Stimme — 178
3. Verantwortung für das eigene Leben — 182
4. Verantwortung für andere Menschen — 190

▶ ZEITGEIST

Der religiöse Markt — 192

1. Falscher Zauber — 194
2. In den Sternen steht´s geschrieben — 196
3. Draht zum Jenseits — 198
4. Entzauberung des Zaubers — 200

▶ RELIGIONEN

Das Judentum – Gottes Minderheit — 202

1. Dem Judentum auf der Spur — 204
2. Eine lebendige Religion — 206
3. Jungen und Mädchen — 208
4. Kleine Erzählungen — 210
5. Wurzel des Christentums — 212
6. Eine lange Feindschaft — 214
7. Die unvorstellbare Katastrophe — 216
8. Ein neuer Anfang — 218

Wege des Lernens – Methoden — 220

Zur Abwechslung — 226

Lexikonartikel und Bildthemen — 228

Pablo Picasso (1881–1973), *Der Tanz der Freundschaft*, 1959.

Hallo, Schülerinnen und Schüler

Religion in der Schule – Schlüssel zu einem guten Leben

Wahrscheinlich wisst ihr schon ganz genau, dass die Schule euch viel bringt, weil sie eure Fähigkeiten fördert, eure Fertigkeiten entwickelt und auf eure Fragen eingeht. Aber vielleicht jammert ihr doch gelegentlich einmal, wenn ihr an die Arbeit denkt, die euer Stundenplan mit sich bringt. Möglicherweise fragt ihr euch da: Ist es nicht genug, dass wir auf unserem Stundenplan Fächer wie Deutsch, Englisch und Mathematik, Geschichte, Biologie und Sport haben?

Die Antwort kann nur lauten: Nein, das reicht nicht. Wer jung ist und sich auf seine Zukunft vorbereiten will, der sollte sich auch mit „Religion" befassen. Der Religionsunterricht ist für das Leben genau so wichtig wie die anderen Fächer. Auch er entwickelt eure Fertigkeiten und Fähigkeiten. Mehr noch als die anderen Fächer weitet er euren Horizont über unsere Welt hinaus. Er hat eine **gute Botschaft**, die kein Mensch von sich aus entwickeln kann. Sie ist mehr als das, was wir Menschen von uns aus denken und wissen können.

Darum ist **Religion** ein einzigartiger **Schlüssel**. Er „erschließt" uns Themen, die mit Gott und mit uns Menschen zu tun haben. Mit dem Schlüssel dazu kann unser Leben besser gelingen.

> **L** Die **Fächer** auf dem **Stundenplan** sind **Schlüssel, die Türen zur Welt aufschließen**. Die Biologie eröffnet einen Zugang zu den Lebewesen, in der Geschichte schauen wir in die Vergangenheit, in Englisch eignen wir uns eine fremde Sprache an, die in vielen Teilen der Welt gesprochen wird. Alle Fächer erweitern unseren Horizont und wollen für das Leben in Gegenwart und Zukunft tüchtig machen.
>
> Auch der **Religionsunterricht** ist ein **Schlüssel**. Er erschließt nicht, wie die meisten anderen Fächer, Teilbereiche unserer Welt, sondern befasst sich mit dem Ganzen unseres Daseins. Er reicht **über unsere Welt hinaus** und zeigt, dass es im Leben mehr gibt als nur das, was man berechnen, sehen, hören, fühlen und machen kann. Er fragt und zeigt, was „glauben" ist. So bringt er unsere Welt mit der Welt Gottes in Verbindung.
>
> Darum wäre der „**Schlüsselbund**" der Schulfächer unvollständig, wenn der Religionsunterricht darin fehlen würde.

Der Religionsunterricht – ein Schlüssel

Anregungen und Kritik

Solltet ihr in diesem Buch etwas finden, das falsch ist, das ihr nicht versteht, worüber ihr anders denkt oder das euch ärgert, so könnt ihr mir schreiben. Natürlich möchte ich auch wissen, was euch gefällt und was euch hilft. Wenn mich eure Gedanken überzeugen, werde ich sie später in einer Neuauflage berücksichtigen. Die Adresse:
Bayerischer Schulbuchverlag, Rosenheimer Str. 145, 81671 München
Mein Wunsch für euch: Möget ihr bei der Arbeit mit diesem Buch immer erfahren, dass der Religionsunterricht ein wichtiger Schlüssel für ein gutes, gelingendes Leben ist.

euer Werner Trutwin

Jonathan Borofsky (geb. 1942), Mann, der zum Himmel geht, 1992.

Zur Arbeit mit „Wege des Glaubens"

♦ Ihr solltet **nicht** mit dem ersten Kapitel anfangen und dann alle Kapitel **der Reihe nach** durchgehen, bis ihr an den Schluss kommt. Guckt einmal im Inhaltsverzeichnis nach oder blättert etwas im Buch herum und entscheidet dann zusammen mit eurer Religionslehrerin oder eurem Religionslehrer, wo ihr anfangen wollt und wie es weiter gehen kann.

♦ Die **längeren Kapitel** könnt ihr aufteilen und einzelne Abschnitte zu verschiedenen Zeiten bearbeiten.

♦ Eine Einführung in die Thematik der einzelnen Kapitel findet ihr auf der ersten **Doppelseite** jedes Kapitels.

1. Habt ihr schon einmal über euren **Stundenplan** nachgedacht? Welche Fächer findet ihr da? Warum werden sie euch angeboten? Wenn ihr selbst einen Stundenplan für die Klasse 7 aufstellen könntet: Was würdet ihr ändern?
2. Warum findet ihr auf dem Stundenplan auch das **Fach Religion**? Was hat dieses Fach mit den anderen Fächern gemeinsam? Worin unterscheidet es sich von diesen?
3. Zeichnet ein paar **Schlüssel auf Pappe** auf und schneidet sie aus. Schreibt vorn auf die Schlüssel die einzelnen Schulfächer und hinten die Bereiche, die ihr damit erschließen könnt. Fertigt daraus einen „Schlüsselbund fürs Leben" an. Überlegt auch, wie ihr die Schlüssel verschieden gestalten könnt. Wie wird der Schlüssel für „Religion" aussehen?
4. Schreibt ein paar **Fragen und Probleme** auf einen Zettel, die ihr behandelt wissen wollt. Hängt diese Zettel an einer Pinnwand oder Wäscheleine auf und besprecht mit eurer Religionslehrerin/mit eurem Religionslehrer, welche davon jetzt behandelt werden können.
5. Zur **Gestaltung des Klassenraums** für den Religionsunterricht und zur Einrichtung eines „**Briefkasten** für den Religionsunterricht", in den ihr eure Fragen einwerfen könnt. (→ ZdF S. 4)
6. Bei **persönlichen Problemen**, über die ihr nicht gern öffentlich sprecht, wird eure Religionslehrerin oder euer Religionslehrer gewiss für euch da sein.
7. Warum gibt es einen **katholischen** und einen **evangelischen Religionsunterricht**? Überlegt mit eurer Religionslehrerin/eurem Religionslehrer, welche Themen und Projekte ihr gemeinsam angehen könnt.

Abkürzungen im Buch

 zeigt euch **Aufgaben/Arbeit** an, bei denen ihr eine **Auswahl** treffen müsst. Sonst kämt ihr auch nach zwei Schuljahren an kein Ende. Besser ist es noch, dass ihr euch selber Aufgaben ausdenkt, die zum Thema passen.

 ist ein kleiner **Lexikonartikel**, der wichtige Informationen zum Thema bietet (→ S. 228).

 gibt Hilfen für den Zugang zu einem **Bild** (→ S. 222; 229).

 regt zu einem größeren **Projekt** an (→ S. 224).

M1– M10 macht darauf aufmerksam, dass ihr im **Methodenteil** (→ S. 220–225) Arbeitsanleitungen und Hilfen zum selbstständigen Lernen findet.

Wege des Glaubens

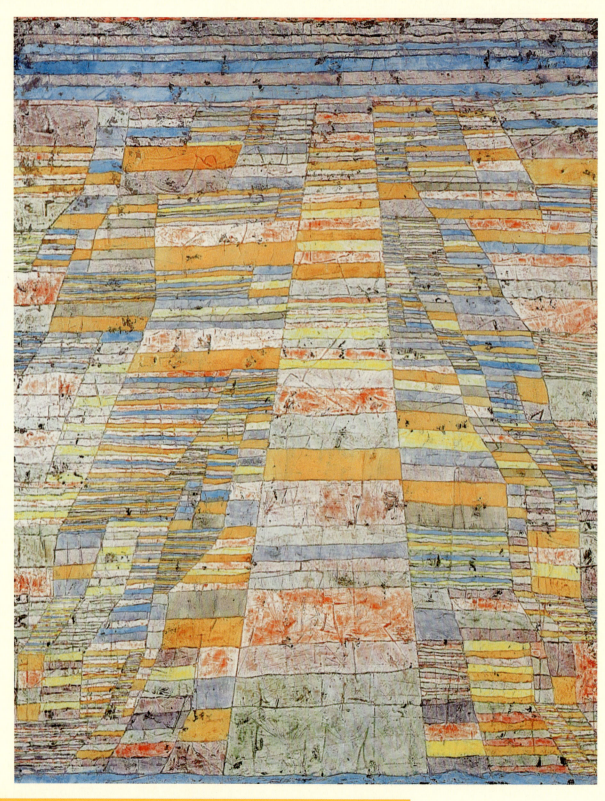

6 Wege des Glaubens

Paul Klee (1879–1940), Hauptweg und Nebenwege, 1929.
Das Bild ist 1929 entstanden, als der Maler in Ägypten (→ ZdF S. 58) weilte und oft den Nil, die Pyramiden, Tempel und Felder um den Fluss herum sah. Die leuchtenden Farben lassen an das helle Licht des Landes denken.

1 **Betrachtet** das Bild in aller Ruhe und erzählt, was ihr **entdeckt**. Wo findet ihr den Nil? Woran erinnern die vielen Rechtecke? Warum sind sie so unterschiedlich in der Form? Wohin bewegen sie sich? Was lässt sich zu den Farben sagen? Warum gibt es nur einen Hauptweg und viele Nebenwege?
2 Was wird **Klee** als Anregung für sein Bild gesehen haben? Wie hat er seine Beobachtungen umgeformt? Wie unterscheidet sich sein Bild von einem Foto desselben Motivs?
3 Das Bild sagt auch etwas über **uns**, über das **Leben**, auch über den **Glauben**, wenn es so verschiedene Wege zeigt. Auf welchem Weg könnt ihr euch selbst am ehesten finden?
4 Malt selbst ein **Bild** mit demselben oder einem ähnlichen Titel und stellt eure Bilder in der Klasse aus.
5 Weitere Anregungen zur Bildbetrachtung: → **M 5**.

Vorschau

Lebenswege bringen uns zu anderen Orten und Personen. **Glaubenswege** führen uns zu anderen Menschen und zu Gott. Beide Wege bestimmen unsere Gegenwart und Zukunft.

Jesus sagt:
Ich bin der Weg, die Wahrheit und das Leben.
aus dem Johannesevangelium 14, 6

Wer uns vor nutzlosen **Wegen** warnt, leistet uns einen ebenso guten Dienst wie derjenige, der uns den rechten **Weg** anzeigt.
Heinrich Heine

Der **Weg** zur Hölle ist mit guten Vorsätzen gepflastert.
Altes Sprichwort

Der **Weg** der Erlösung führt nicht nach rechts und nach links, er führt ins eigene Herz, und dort allein ist Gott.
Hermann Hesse

Jetzt macht euch auf den Weg

Lesen | Fragen | Denken | Interviewen | Suchen | Gestalten | Präsentieren

1 Zeichnet die **Stationen eures Lebens** in einer Spirale/auf einer Linie ein oder stellt sie mit ein paar Stufen auf einer Treppe dar. Führt den Weg auch weiter in die Zukunft und tragt ein, wie ihr euch Stationen eures weiteren Lebens vorstellt. Wer/was war und ist für euch wegweisend?
2 In unserer **Sprache** kommt der „Weg" oft vor, z. B. Wegweiser, Irrweg, unbeweglich, sich bewegen. Ergänzt die Beispiele und bezieht sie auf eure Lebenswege.

1. Lebenswege

All' meine Wege

Doch, sicher, ab und zu
mach' ich mir schon Gedanken,
manchmal sogar les' ich mir
selber aus der Hand.
Um zu erfahr'n, was ich längst weiß,
denn meine Schranken
und meine Fehler, glaub' mir,
sind mir gut bekannt.
Und ich weiß auch,
dass ich genau dieselben Fehler
wieder und wieder machen musste,
und ich seh'
all' meine Wege und alle Schritte
mussten dahin führ'n,
wo ich steh'.
Reinhard Mey

Friedensreich Hundertwasser (1928–2000), Der große Weg, 1955. Zum Bild: → M 5.

L Unser Leben ist ein Weg. Er beginnt bei der Geburt. Jeder Tag ist eine Station auf diesem Lebensweg. Es gibt Haupt- und Nebenwege, Umwege, Raststätten, Irrwege, Sackgassen, Aufstieg und Abstieg. Schließlich kommt unser Lebensweg an eine Endstation. Nie haben wir unseren ganzen Lebensweg vor Augen.

Glaub nicht alles, was du siehst

Erster Sänger
Ich gehe meine Wege,
öffne meine Seele.
Ich sehe nur das Gute
auf dem Weg, den ich wähle.
Ich lerne zu vertrauen,
warum sollt ich es auch nicht.
Ich weiß doch ganz genau:
Nicht jeder ist so wie ich.

Zweiter Sänger
Ich geh trotzdem auf die Reise,
um, zumindest ansatzweise,
die Blender zu erkennen,
die meiner Lebensweise
mit Abscheu begegnen,
meine Wege nicht segnen,
für die soll es ihr ganzes Leben
Mitleid regnen.

Dritter Sänger
Im ersten Augenblick kriegst du
die großen Versprechen,
viele Gedanken, die deinen
Wünschen entsprechen.
Ja niemand will
deine Erwartung brechen,
und dann siehst du zu,
wie die Versprechen zerbrechen.

Refrain: Alle drei
Glaub, was du willst, wenn du
meinst, was du fühlst, ist richtig.
Doch glaub nicht alles,
glaub nicht alles, was du siehst.
Tu was du willst, wenn du fühlst,
was du machst, ist richtig.
Doch glaub nicht alles,
glaub nicht alles, was du siehst.

Song der Gruppe „Die 3. Generation". Zweite Strophe.

 A 1 Diskutiert über den ersten und letzten Satz im Text von **Reinhard Mey**.
2 Zum Text der „3. Generation": → **M 4**. Wie unterscheiden sich die Wege der drei Sänger? Wie denkt ihr über die Aussagen des Refrains?
3 Welche **Songs** kennt ihr, die von unserem Lebensweg handeln? Bringt ein Beispiel mit und sprecht darüber in der Klasse.

8 Wege des Glaubens

Abraham *(→ ZdF S. 48 ff)*

Weggeschichten in der Bibel
Was fällt euch dazu ein?

Mose *(→ S. 16; → ZdF S. 58 ff)*

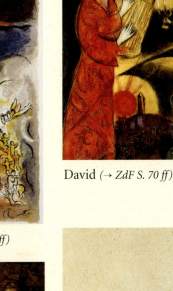

David *(→ ZdF S. 70 ff)*

Der barmherzige Samariter
(Lk 19, 25–36; → S. 96 ff)

Der gütige Vater/Der verlorene Sohn *(Lk 15, 11–31; → S. 99)*

Die Emmausjünger
(Lk 24, 13–35; → S. 124)

A **Auf die vielen Wege und den einen Lebensweg achten**
1. Sammelt **Bilder**, auf denen **Wege** zu sehen sind. Ordnet die unterschiedlichen Wege, die die Bilder zeigen, in sinnvolle Gruppen. Ihr könnt auch einige Weg-Bilder selber malen oder fotografieren.
2. Beschreibt einen **Weg, den ihr oft geht**, z. B. den Schulweg. Was **erfreut und ängstigt** euch unterwegs? Sprecht über eure Erfahrungen.
3. Zeichnet in euer Religionsheft (→ **M1**) eine **Tabelle** mit zwei Teilen ein. Über dem ersten (linken) Teil steht „Person", über dem zweiten (rechten) Teil „wichtig auf meinem Lebensweg". Füllt dann die Tabelle aus, z. B. „Mutter" und „sorgt immer für mich"; Vater ...; Oma ...; Freundin Barbara ...; Lehrer K. ...; usw.

L **Wege des Glaubens** gehen die Menschen, die aus ihrem Glauben an Gott Kraft für ihr Leben gewinnen. Der Glaube ist ihnen sowohl für die einzelnen Wegstrecken wie auch für den ganzen Weg eine Stütze. In der Bibel finden sich viele **Weggeschichten**, die nachdenklich machen und Anregungen geben wollen.

2. Mit Glauben und mit Zweifeln leben

Antonio Puig Tàpies (geb. 1923), Spuren auf weißem Grund, 1965

1 Beim Betrachten des Bildes von **Tàpies** könnt ihr euch Fragen wie diese stellen: Wem gehören die Fußspuren? Warum sind sie so unterschiedlich? Von wo kommen sie? Wohin führen sie? Wie bewegen sie sich? Haben sie ein Ziel? Wie wirkt das Bild im Ganzen?

2 Welche Spuren habe ich heute und früher hinterlassen?

3 Zur **Bildbetrachtung:** → **M 5**.

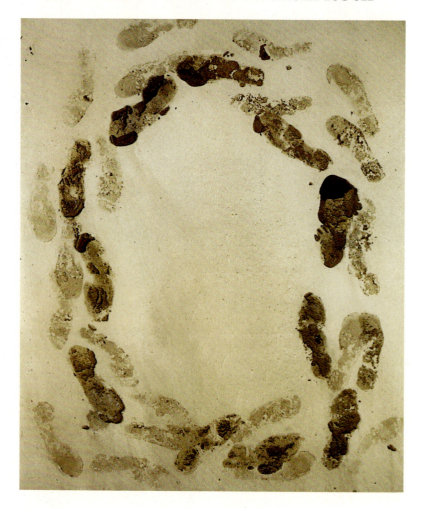

Mit seinem **Glauben** ist man immer auf einem **Weg**. Er verläuft – ähnlich wie das Leben selbst – meist nicht geradlinig.
Viele Mädchen und Jungen – genauso wie auch viele erwachsene Christen – **schwanken zwischen Zweifel und Glaube** hin und her. Sicherheit und Unsicherheit im Glauben wechseln sich bei ihnen ab. Sie möchten gern glauben, weil sie spüren, dass dies ihr Leben bereichert. Aber oft wissen sie nicht, was der christliche Glaube ist, wie man mit ihm leben kann und wie einzelne Glaubensthemen zu verstehen sind. Andere Christen können ihnen dabei durch Wort und Beispiel helfen.

Der Clown und das brennende Dorf

Ein Reisezirkus war in Brand geraten. Der Direktor schickte daraufhin den Clown, der schon zur Vorstellung gerüstet war, in das benachbarte Dorf, um Hilfe zu holen, zumal die Gefahr bestand, dass über die abgeernteten, ausgetrockneten Felder das Feuer auch auf das Dorf übergreifen werde. Der Clown eilte in das Dorf und bat die Bewohner, sie möchten eilends zu dem brennenden Zirkus kommen und löschen helfen. Aber die Dörfler hielten das Geschrei des Clowns lediglich für einen ausgezeichneten Werbetrick, um sie möglichst zahlreich in die Vorstellung zu locken; sie applaudierten und lachten bis zu Tränen. Dem Clown war mehr zum Weinen als zum Lachen zumute. Er versuchte vergebens, die Menschen zu beschwören, ihnen klar zu machen, dies sei keine Verstellung, kein Trick, es sei bitterer Ernst, es brenne wirklich. Sein Flehen steigerte nur das Gelächter. Man fand, er spiele seine Rolle ausgezeichnet – bis schließlich das Feuer auf das Dorf übergegriffen hatte und jede Hilfe zu spät kam, so dass Dorf und Zirkus gleichermaßen verbrannten.

Sören Kierkegaard

10 Wege des Glaubens

Schülerinnen und Schüler über den Glauben

Lorenz (13): Ich glaub nix – mir fehlt nix.

Ina (12): Ich rede nicht gern drüber – aber der Glaube gibt mir Kraft.

Jens (12): Ich glaube immer nur, wenn es mir schlecht geht. Ich bete, wenn ich mich nicht gut fühle oder ein Problem habe oder so.

Heike (13): Manchmal würde ich wohl ganz gern glauben, aber irgendwie kann ich es nicht.

Ester (12): Ich glaube gern, weil meine Eltern glauben. Die haben mir erzählt, wie der Glaube ihnen im Leben oft geholfen hat.

Sebastian (12): Muss man das alles glauben?

Thilo (13): Ich gehöre nicht zu den Menschen, die von vornherein sagen, dass ich nicht an Gott glaube. Ich sage nicht: Alles Quatsch. Bestimmt nicht. Leute, die so was sagen, regen mich furchtbar auf. Die wissen doch genauso wenig wie ich.

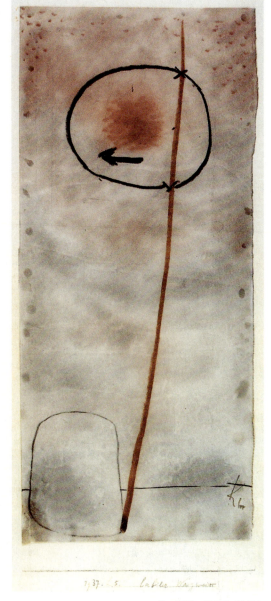

Glauben – Sehen – Anfassen

Niklas zu Anne: „Glauben? Ich glaube nur, was ich sehen und anfassen kann."

Anne zu Niklas: „Dann lass mich mal deinen Verstand sehen und anfassen!"

Paul Klee (1879–1940), Labiler Wegweiser, 1937.

A Über den Glauben nachdenken – keine einfache Aufgabe

1 Nichts in unserer Welt geht **ohne Glauben**. Überall in unserer Welt wird geglaubt. Wo findet ihr heute in Familie und Freundschaft, in Schule und Beruf, in der Werbung und im Sport Formen eines Glaubens? Wann ist dieser Glaube förderlich, wann richtet er Schaden an?

2 Hat es der christliche Glaube heute **leicht oder schwer**? Begründet eure Antworten.

3 Was meint ihr – glauben und zweifeln **Mädchen** anders als **Jungen**?

4 **Aberglaube** – was ist das? (→ S. 94 ff)

5 Eine **jüdische Geschichte** über Glaube und Zweifel findet ihr S. 211.

6 Formuliert in kleinen Gruppen Antworten auf die **Schüleraussagen**.

7 Zur Interpretation des Textes vom Clown: → **M 4**. Der Clown erinnert mich an …; die Bewohner erinnern mich an …

11

3. Glauben – Was ist das?

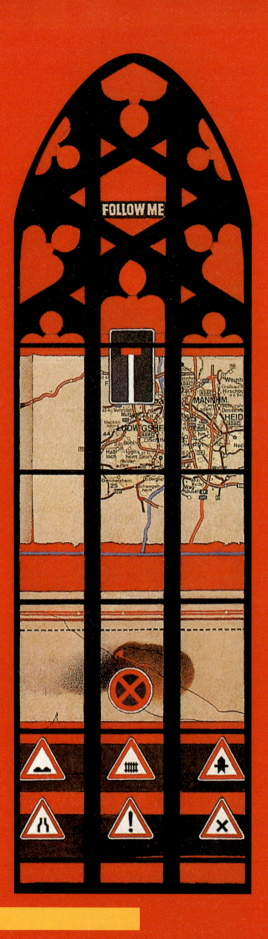

B ***Johannes Schreiter (geb. 1930), Verkehrsfenster. Entwurf für ein Glasfenster in der Heiliggeistkirche in Heidelberg, 1987.** Schreiter hat dieses Bild vor allem für Jugendliche geschaffen, weil er meint, dass sie die Verkehrszeichen aus ihrem Alltag kennen und leicht als geheimnisvolle Symbole unseres Lebens und Glaubens verstehen können.*

1 Zur Bildinterpretation: → **M5**; zu Zeichen: → S. 74.

2 Betrachtet das Bild von unten nach oben. Was seht ihr im unteren Drittel? Benennt die einzelnen Zeichen und sprecht über ihre Bedeutung im Verkehr. Welche Bedeutung haben die Zeichen im übertragenen Sinn für das Leben? Wie versteht ihr den dunklen Fleck unter dem siebten Zeichen? Was seht ihr im mittleren Teil? Sprecht über die Bedeutung des Zeichens, das in den oberen Teil hineinragt? Im oberen Drittel stehen im Maßwerk des Fensters nur zwei Worte auf Englisch. Übersetzt sie und überlegt, wer sie gesprochen hat. Ein Hinweis: Joh 1, 43; Mk 8, 34.

3 Zeichnet selbst Verkehrsschilder auf und schreibt dazu, welche Bedeutung sie für den Straßenverkehr haben und was sie auf eurem Lebensweg sagen können. Wenn ihr genügend Beispiele findet, könnt ihr ein Kartenspiel („Quartett") daraus machen. Das ein oder andere Zeichen könnt ihr auch aus Pappe herstellen und bei euch aufstellen.

12 Wege des Glaubens

FOLLOW ME

In einer Stadt hat ein Artist sein Hochseil gespannt und führt vor einem großen Publikum seine Kunststücke vor. Zum Abschluss schiebt er auch noch eine Schubkarre über das Seil. Er erntet donnernden Applaus. Da fragt der Seiltänzer die Menge: „Trauen sie mir zu, dass ich die Schubkarre auf dem gleichen Weg wieder zurückschieben kann?" Begeistert klatschen alle und rufen „Ja". Da lacht er und fragt weiter: „Wer kommt zu mir herauf und setzt sich in die Karre?"
Wie könnte die Geschichte weitergehen?

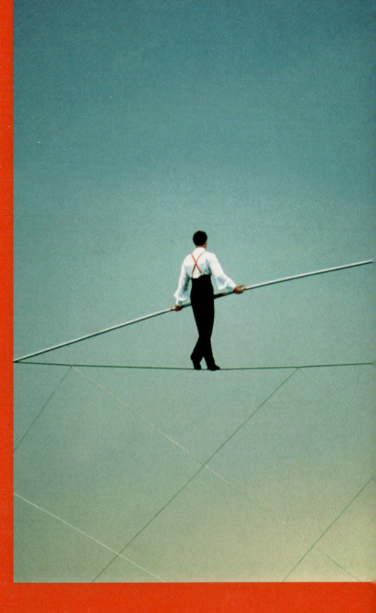

WARUM?

Weißt du, warum es regnet und schneit?
Weißt du, warum es Krieg gibt und Streit?
Weißt du, warum wir lachen und weinen?
Weißt du, warum die Sterne so winzig scheinen?
Weißt du, warum es warm wird und kalt?
Weißt du, warum wir jung sind und alt?
Weißt du, warum einer Geschichten schreibt?
Weißt du, warum Gott unsichtbar bleibt?

Max Bolliger

WORÜBER MAN NICHT SPRECHEN KANN, DARÜBER MUSS MAN SCHWEIGEN

Die Schüler waren in eine Diskussion vertieft über den Ausspruch Lao-Tses (chinesischer Weiser, 4.–3. Jh. vC): „Der Wissende redet nicht. Der Redende weiß nicht." Als der Meister dazu kam, fragten sie ihn, was die Worte genau bedeuteten. Sagte der Meister: „Wer von euch kennt den Duft einer Rose?" Alle kannten ihn. Dann sagte er: „Kleidet ihn in Worte." Alle schweigen.

Anthony de Mello

 Man kann den **Glauben** nicht beweisen wie eine mathematische Aufgabe oder ein naturwissenschaftliches Gesetz. Er ist nicht so genau festgelegt wie die Regeln der Grammatik. Trotzdem ist er nicht etwas Nebelhaftes und Unbestimmtes. Er kann sich **auf gute Gründe des Herzens** stützen. Darin ist er der Liebe oder der Hoffnung ähnlich, die wir im Leben erfahren.

> **L** Der Glaube hat zwei Seiten.
> ♦ Er ist einerseits ein **Geschenk Gottes**, das nicht davon abhängt, wie stark sich einer dafür anstrengt.
> ♦ Er ist andererseits auch die **freie Entscheidung** eines Menschen. Für seinen Glauben kann man etwas tun. Jeder ist dafür verantwortlich.
>
> Es ist nicht einfach zu sagen, wie beides zusammen geht. Aber wer glaubt, weiß, dass es so ist.

Dreimal „glauben": vermuten – überzeugt sein – vertrauen

Manche Schwierigkeit mit dem Glauben hängt mit unserer **deutschen Sprache** zusammen. Da wird das Wort „glauben" in ganz verschiedenem Sinn benutzt.

1 Wenn einer sagt „Ich glaube, dass morgen schönes Wetter ist", so meint er damit „Ich vermute, ich weiß es aber nicht genau." In diesem Satz ist das Glauben weniger als das Wissen. Besser wäre es zu wissen, wie das Wetter morgen wird.
Wer den christlichen Glauben für eine **Vermutung** hält und ihn so dem Wissen unterordnet, hat ihn nicht verstanden.

2 In dem Satz „Die meisten Inder glauben an die Wiedergeburt" hat das Wort „glauben" die Bedeutung: „die (religiöse) **Überzeugung** haben", „etwas für wahr und richtig halten". Hier ist von einem Glaubensinhalt die Rede.
In diesem Sinn kann man auch vom christlichen Glauben sprechen, z. B. wenn man sagt „Christen glauben an das ewige Leben".

3 Wenn einer zu einem anderen sagt: „Ich glaube dir" oder „Ich glaube an dich", dann spricht er ihm sein **Vertrauen** aus. Auch wenn er keine Beweise hat, so hat er doch Gründe für sein Wort. „Glauben" ist hier nicht ein Inhalt, sondern eine gute Beziehung zwischen Menschen.
Diese Bedeutung des Wortes „glauben" ist für den christlichen Glauben am meisten zutreffend. Darum tut der Glaube, wo er gelebt wird, gut. Er gibt dem Menschen wie nichts sonst im Leben Halt.

Was die Bibel vom „Glauben" sagt

♦ Alles kann, wer glaubt. *Mk 9, 23*

♦ Herr, ich glaube. Hilf meinem Unglauben. *Mk 9, 24*

♦ Der Glaube kann Berge versetzen. *Mk 11, 23*

♦ Jesus: Wer mein Wort hört und dem glaubt, der mich gesandt hat, hat das ewige Leben. *Joh 5, 24*

♦ Wenn ich alle Glaubenskraft besäße und Berge damit versetzen könnte, hätte aber die Liebe nicht, wäre ich nichts. *1 Kor 13, 2*

Erfahrungen des Vertrauens/Glaubens im Spiel

Es gibt Spiele, bei denen die Teilnehmer erfahren können, was Glauben und Vertrauen ist.

1 Einige Schülerinnen und Schüler stellen sich im **Kreis** auf. In der Mitte steht eine Person mit **verbundenen Augen**. Sie lässt sich gegen den Kreis fallen und wird kräftig herumgedreht, bis sie allmählich die Orientierung verliert. Am Ende wird sie aufgefangen. Dann sagt die betroffene Person, wie sie sich gefühlt hat. Natürlich dürft ihr dabei nicht zu wild sein und müsst darauf Acht geben, dass niemand zu Schaden kommt.

2 In einer Klasse machen sich je zwei Schüler auf einen **Weg**, z. B. durch das Treppenhaus des Schulgebäudes, über eine Straße oder durch eine Landschaft. Dem einen sind die **Augen verbunden**, dem anderen nicht. Der Sehende führt den Blinden und bestimmt das Tempo. Er lässt ihn einige Dinge anfassen. Am Ende spricht jeder über das eigene Empfinden. Die beiden können danach ihre Rollen tauschen.

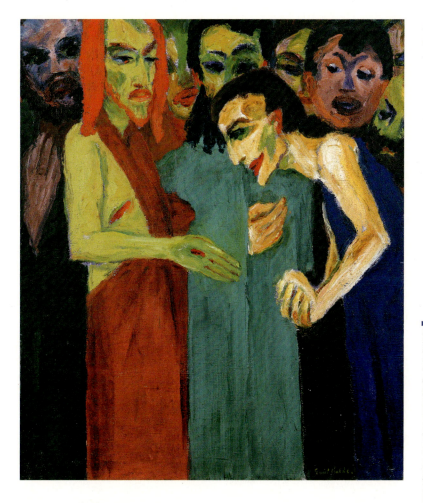

*Emil Nolde (1867–1956),
Der ungläubige Thomas, 1912.
Zur Arbeit mit dem Bild:* → **M 5**.

Jesus und Thomas

In diesem Text aus dem Johannesevangelium (→ S. 66) macht der Auferstandene dem zweifelnden Thomas klar, dass der Glaube, der nicht auf dem Sehen und Anfassen beruht, verlässlich ist. Dieser Glaube ist heute für alle Christen die Normalsituation (→ S. 126).

²⁴ Thomas, genannt Didymus (Zwilling), einer der Zwölf, war nicht bei ihnen, als Jesus kam.

²⁵ Die anderen Jünger sagten zu ihm: Wir haben den Herrn gesehen. Er entgegnete ihnen: Wenn ich nicht die Male der Nägel an seinen Händen sehe und wenn ich meinen Finger nicht in die Male der Nägel und meine Hand nicht in seine Seite lege, glaube ich nicht.

²⁶ Acht Tage darauf waren seine Jünger wieder versammelt und Thomas war dabei. Die Türen waren verschlossen. Da kam Jesus, trat in ihre Mitte und sagte: Friede sei mit euch!

²⁷ Dann sagte er zu Thomas: Streck deinen Finger aus – hier sind meine Hände! Streck deine Hand aus und leg sie in meine Seite und sei nicht ungläubig, sondern gläubig!

²⁸ Thomas antwortete ihm: Mein Herr und mein Gott!

²⁹ Jesus sagte zu ihm: Weil du mich gesehen hast, glaubst du. Selig sind, die nicht sehen und doch glauben.

aus dem Johannesevangelium 20, 24–29

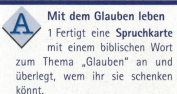

A **Mit dem Glauben leben**

1 Fertigt eine **Spruchkarte** mit einem biblischen Wort zum Thema „Glauben" an und überlegt, wem ihr sie schenken könnt.

2 Glauben ist **Vertrauenssache**. Es gibt viele Situationen des Alltags, in denen es nicht ohne Vertrauen geht, so z. B. beim Kauf eines Computers, beim Fahren in einem Flugzeug, bei der ersten Liebe. Beschreibt diese und andere Situationen und sucht herauszufinden, was sie mit „glauben" zu tun haben.

3 Nicht immer ist unser Vertrauen gerechtfertigt. Manchmal wird es **missbraucht**. Welche Beispiele kennt ihr? Wann verdient jemand nicht unser Vertrauen?

4 Wie **Martin Luther** den Glauben neu entdeckte: → ZdF S. 43; → WdG S. 144 f.

5 Warum können sich **Christen** im ungläubigen Thomas wiedererkennen?

15

4. Exodus – Ein Modell des Glaubens

L Im zweiten Buch des Ersten Testaments, das den Titel **„Exodus"** (griech.: „Auszug", „Aufbruch"; → ZdF S. 64 f) trägt, hören wir vom Auszug der unterdrückten Kinder Israels aus Ägypten und von ihrem Weg in die Freiheit, der etwa im 12. Jh. vC stattfand.

Der Exodus ist ein **Modell des Glaubens**. An ihm kann man ablesen, **was Glaube bedeutet**: im Vertrauen auf Gott mutig ungewohnte Wege gehen, sich aus einer Gefangenschaft befreien, Hindernisse und Enge überwinden, sich von Ängsten lösen, wieder Boden unter den Füßen finden, ein neues Leben anfangen.

B *Marc Chagall (1887–1985), Exodus, 1952–1966.*
Der Künstler behielt dieses Bild, das er erst nach 14 Jahren fertigstellte, zeitlebens in seinem Besitz. Das zeigt, welche Bedeutung er dem Bild beimaß. Hier malt er den Exodus nicht so wie auf vielen anderen Bildern. Mit dem biblischen Thema geht er hier ganz frei um.

1 Was seht ihr im dunklen **Vordergrund**? Beschreibt **einzelne Personen** genauer. Wer steht vorne rechts? Woran erinnern euch die **Flammen** in dem Dorf vorn links?

2 Welche **Stimmungen** zeigt das Bild? Zur Erklärung: Esel, Hahn und Kind sind für Chagall Symbole des Paradieses, die Uhr ein Symbol der Zeit.

3 Warum hat der jüdische Maler in den Mittelpunkt seines Bildes den **Gekreuzigten** gesetzt, obwohl er selber nicht Christ ist?

4 Wo weicht Chagall vom **biblischen Text** ab? Warum tut er das?

5 Zur **Arbeit** mit dem Bild: → **M 5**; zieht zum Vergleich auch ein anderes Bild von Chagall zum Exodus heran: → ZdF S. 65.

16 Wege des Glaubens

Exodus – der innere Weg

Der Exodus ist nicht nur ein lange zurückliegendes Ereignis, sondern auch ein aktuelles Modell des Glaubens. Die Erzählung von damals entspricht dem inneren Weg vieler Menschen.

Auch heute leben Menschen in vielerlei Abhängigkeiten. Einzelne Personen, Institutionen oder Mächte (**„Pharao", „Ägypter"**) versuchen immer aufs Neue, andere an sich zu fesseln. Manchmal tun sie es gewaltsam (**„Fronarbeit"**), manchmal mit raffinierten Verlockungen (**„Fleischtöpfe Ägyptens"**) – aber immer so, dass Menschen dabei ihre Freiheit verlieren (**„Sklaverei"**) und nicht zu dem werden können, der sie werden wollen. Dieser Zustand versetzt sie in lähmende Angst, so dass sie jede Hoffnung auf eine gute Zukunft verlieren. Ohnmächtig sehen sie kaum eine Chance, sich aus ihrer Abhängigkeit zu befreien (**„Plagen"**). In dieser Situation (**„Sklavenhaus"**) kann man machen, was man will – man ist daran gehindert, menschenwürdig und frei zu leben.

Die Erzählungen vom Exodus zeigen einen Weg, aus dieser Situation herauszukommen. Er sieht so aus: Wir müssen uns von einer Macht rufen lassen, die stärker ist als die Mächte der Unterdrückung. Die Bibel sagt, wer diese Macht ist. Es ist jemand für uns da (**„JHWH", „Gott"**; → ZdF S. 67), der uns von unserer Angst befreien und zur Freiheit führen kann.

Der Weg, den wir dann zu uns selbst und zu Gott gehen, ist nicht einfach. Er führt durch mannigfache Gefahren (**„Schilfmeer"**) und bringt uns in Situationen, in denen wir uns einsam fühlen (**„Wüste"**). Manchmal holen uns auch die Schrecken der Vergangenheit wieder ein (**„Streitwagen des Pharao"**) und drohen uns erneut zu versklaven. Dann müssen wir mit allen Kräften den einmal eingeschlagenen Weg weitergehen. Nur so können wir die Abhängigkeit von bösen Mächten, die Angst, die Versklavung unserer Person loswerden und frei werden (**„Rettung am Schilfmeer"**).

Aber auch dann führt der Weg zu einem geglückten Leben immer wieder durch Mühen und Zweifel (**„Wüste"**), bis wir zu dem Ziel kommen, das wir uns gesetzt haben: ein Mensch zu sein, der deshalb frei sein kann, weil er den Gott des Lebens gesucht und gefunden hat (**„Land der Verheißung"**).

Ägyptische Malerei im Tempel vom Abu Simbel, 12 Jh. vC. Der Pharao Ramses II., noch in Waffen, opfert den ägyptischen Gottheiten Amun, Re und Osiris Kriegsgefangene.
(→ ZdF S. 59, 64)

A Exoduswege

1 Was könnt ihr von dem Aufenthalt der **Israeliten** in Ägypten, was von **Mose**, was vom Auszug aus Ägypten erzählen? Wiederholt die entsprechenden Abschnitte: → ZdF S. 48 ff. Geht anhand der **Karte** im Anhang den Weg der Israeliten nach. Was wisst ihr von einzelnen Stationen, z. B. vom Sinai? (→ ZdF S. 68 f)

2 Lest Ex 14, 21-27 und beobachtet, mit welch **wunderbaren Zügen** das Geschehen beschrieben wird.

3 In „Exodus – der innere Weg" sind einzelne Stationen dieses Weges genannt, z. B. „in Abhängigkeit leben" oder „Verlockungen ausgesetzt sein". Versucht, dazu **Beispiele** zu finden? Wo ereignet sich Ähnliches?

4 Fertigt **zwei Karten** an. Tragt auf der ersten Karte die Stationen des Exodus, auf der zweiten Karte die Stationen des Glaubenswegs ein. Ihr könnt die Stationen auch malen.

5 Versucht herauszufinden, was das jüdische **Pesachfest** mit dem Exodus zu tun hat? Warum vergleichen Christen den Exodus mit der **Taufe** (→ S. 162 f; → ZdF S. 184)?

L Der **christliche Glaube** ist ein Gefühl, das den Menschen tief ergreift. Er ist eine Sehnsucht, die das Herz des Menschen erfüllt. Aber er ist noch viel mehr. Christen können sagen, was sie glauben und wofür sie stehen. Im Glauben sind sie nicht mit sich allein, sondern **mit vielen anderen Menschen verbunden**. Ein wichtiges Dokument der Gemeinsamkeit ist das **Apostolische Glaubensbekenntnis.**

5. Miteinander glauben

Credo – Das Apostolische Glaubensbekenntnis

Der christliche Glaube ist kurz zusammengefasst im **„Apostolischen Glaubensbekenntnis"**, das man nach seinem lateinischen Anfangswort auch das **„Credo"** (lat.: „Ich glaube …") nennt. Nach einer alten Legende wurde der Text von den zwölf Aposteln Jesu zusammengestellt. Jeder Apostel habe einen Artikel beigesteuert, wobei Petrus den Anfang gemacht habe mit dem Satz „Ich glaube an Gott, den Vater, den Allmächtigen, den Schöpfer des Himmels und der Erde." Tatsächlich ist der Text in Rom entstanden und wird bis heute in der Messfeier gesprochen. Die christlichen Kirchen halten sich – mit geringfügigen Abweichungen – an dieses Glaubensbekenntnis.

A **Über das Glaubensbekenntnis nachdenken**

1 **Kopiert** den Text des Glaubensbekenntnisses. Unterstreicht die Sätze grün, denen ihr zustimmt, rot, mit denen ihr Schwierigkeiten habt, blau, die ihr nicht versteht.

2 Welche **Gliederung** erkennt ihr in dem Glaubensbekenntnis?

3 Im Credo kommen **Begriffe** vor, die in unserer Sprache oft einen anderen Sinn haben. Das Wort „Himmel" (V. 6, anders als in V. 1) meint nicht den Raum über den Wolken, sondern die Nähe Gottes. Der „eingeborene" Sohn (V. 2) ist nicht Ureinwohner („Eingeborener") eines Landes, sondern der besonders geliebte („einziggeborene") Sohn Gottes. Stellt andere Begriffe zusammen, die euch fremd klingen und klärt ihren Sinn im Unterricht.

4 Formuliert in eurem Religionsheft ein **eigenes Glaubensbekenntnis**.

5 **Zum Bild**: Das Glaubensbekenntnis beginnt oben links mit den Worten: „Wir glauben". Sucht die Texte zu den andere Schleifen. Fertigt auch eine Kopie an, auf der nur die Schleifen zu sehen sind. Tragt in die Schleifen entweder eigene Bilder oder den passenden Text ein.

(1) Ich glaube an **Gott, den Vater**,
     den Allmächtigen,
     den Schöpfer des Himmels und der Erde,

(2) und an **Jesus Christus**,
     seinen eingeborenen Sohn, unsern Herrn,
(3) empfangen durch den Heiligen Geist,
     geboren von der Jungfrau Maria,
(4) gelitten unter Pontius Pilatus,
     gekreuzigt, gestorben und begraben,
(5) hinabgestiegen in das Reich des Todes,
     am dritten Tage auferstanden von den Toten,
(6) aufgefahren in den Himmel;
     er sitzt zur Rechten Gottes, des allmächtigen Vaters;
(7) von dort wird er kommen zu richten
     die Lebenden und die Toten.

(8) Ich glaube an den **Heiligen Geist**,
(9) die heilige, katholische Kirche, Gemeinschaft der Heiligen,
(10) Vergebung der Sünden,
(11) Auferstehung der Toten
(12) und das ewige Leben.

Amen.

Edwin Scharff (1887–1955), Das Glaubensbekenntnis. Kirchentür in Marienthal bei Wesel, 1950.

6. Glaubenswege

Bodenlabyrinth der Schöffenkapelle, Rathaus von Gent, 12 x 14 m, 1528.

1 Geht auf der Abbildung den Weg **vom Rand bis zur Mitte** mit einem kleinen Stab langsam nach. Auf Schnelligkeit kommt es dabei nicht an. Welche Gedanken kommen euch dabei?

2 Ein Labyrinth ist ein **Symbol**, das für die Welt und das All, für das Leben der Menschen, für das Gehirn, für den Weg zu uns selbst und für den Weg zu Gott steht. Welche Deutung findet ihr zutreffend?

3 Fertigt ein großes Labyrinth für den **Schulhof** / für die **Klasse** oder ein **Plakat** für euch selbst an. Es kann anders aussehen und einfacher sein als das abgebildete Labyrinth.

1 Schreibt ein Elfchen zum „Glauben": → S. 227.
2 Fertigt eine **Mindmap** zum Thema „Glauben" an: → S. 226.
3 Beschreibt Situationen, an denen man erkennen kann, dass der Glaube Menschen miteinander verbindet.

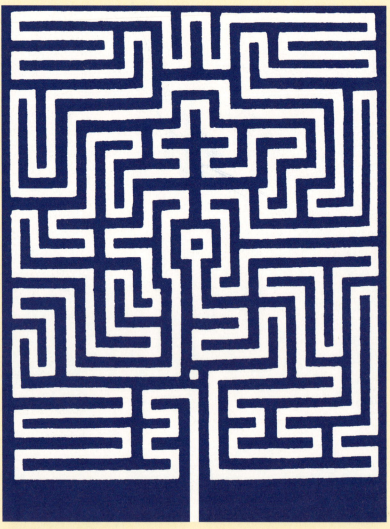

Wege des Glaubens

An glaubenden Menschen kann man ablesen, wie unterschiedlich Wege des Glaubens sind. Glaubende beschreiben ihre Erfahrung mit dem Glauben so:

- Kraft zum Widerstand gegen böse Mächte finden
- die Welt neu sehen
- Mut und Hoffnung haben
- immer neue Wunder erleben
- sich einfach fallen lassen
- sich auf jemanden verlassen

Ergänzt die Aussagen und sprecht miteinander darüber.

Wege des Glaubens

Ein A–B–C des Glaubens

A ist ANFANG, – doch von wem?
B – das klingt nach BETLEHEM.
C sagt dir: Du bist ein CHRIST,
D – dass Gott DREIEINIG ist.
Er ist EINER, sagt das E,
F – zu welchem FEST ich geh.
G sagt ein GEHEIMNIS an.
H–ALLELUJA klingt es dann.
I – weil Gott sagt: ICH BIN DA[1],
J ist JESUS, JESHUA.
K die KIRCHE in der Welt,
L die LIEBE, die sie hält.
M sagt, dass wir MENSCHEN sind.
N Bleib für die NOT nicht blind.
O–hne OPFER geht es nicht.
P – Gott durch PROPHETEN spricht.

Q Am Kreuz kommt alles QUER,
R – doch kommt da RETTUNG her.
S – Drum SINGEN wir so gern.
T Wir TANZEN vor dem Herrn.
U sagt: UMKEHR macht uns froh,
V VERSÖHNUNG ebenso.
W Gott liebt die eine WELT.
X ist CHRISTUS[2], der sie hält.
Y–PSILON[3] – auch das ist schon,
  griechisch, der Urkirche Ton.
ZION[4], Bild der neuen Stadt,
  in der jeder ZUKUNFT hat.

ALPHA so bis OMEGA[5],
A BIS Z: Halleluja.

Winfried Pilz

[1] Gottes Name JHWH heißt „Ich bin da": → ZdF S. 62.
[2] Im Griechischen beginnt der Name „Christus" mit einem „chi", das aussieht wie ein deutsches X.
[3] Das griechische Wort für „Sohn Gottes" beginnt mit Y.
[4] Anhöhe in Jerusalem. (→ S. 49)
[5] Alpha ist der erste, Omega der letzte Buchstabe des griechischen Alphabets.

Fragebogen
Was glauben die Leute heute?

A Entwerft einen **Fragebogen**, auf dem ihr eure Familie, eure Freunde, Leute aus der Schule oder Nachbarschaft usw. nach wichtigen Inhalten des christlichen Glaubens fragt. Anregungen dazu: → **M7**.
Ihr könnt auch eine mündliche Befragung vornehmen und die Antworten auf einer **Kassette** sammeln.
Beispiele (evtl. in Auswahl): Glauben Sie/glaubst du an Gott?;...dass Gott die Welt und die Menschen erschaffen hat? ...: dass Jesus vor 2000 Jahren gelebt hat?; ... dass Jesus Christus der Sohn Gottes ist?; ... an seine Wunder? ... an seine Auferstehung? usw.
Zur **Auswertung** könnt ihr Grafiken wie Säulen oder Tortendiagramme (→ S. 204) anfertigen. Achtet auf Trends und fragt euch, wie die Ergebnisse zu erklären sind. Vielleicht könnt ihr auch einen Pfarrer zur Diskussion der Aktion gewinnen.

Kein Kind mehr –

22 Kein Kind mehr – Noch nicht erwachsen

Noch nicht erwachsen

Henri Matisse (1869–1954): Ikarus, aus der Bildserie „Jazz". Das Bild entstand 1943 im 2. Weltkrieg und wurde nach dem Krieg 1947 veröffentlicht. Die Bildreihe „Jazz" fand bald weltweit große Beachtung und Anerkennung. Ein weiteres Bild daraus: → ZdF S. 8. Der französische Maler entwickelte in seinen letzten Lebensjahren für sich noch einmal eine ganz neue Technik. Er färbte Papierstücke ein, schnitt dann Teile aus dem farbigen Papier aus und klebte diese auf eine farbige Unterlage. Auf diese Weise erzielte er lebhafte Wirkungen für seine Bilder.

Das Thema **„Ikarus"** stammt aus dem Altertum. Die Griechen erzählten sich, dass Dädalus, ein großer Künstler, eine Erfindung gemacht hat, die ihm das Fliegen ermöglichte. Er verband Vogelfedern mit Garn und Wachs. Mit den so entstandenen Vogelschwingen konnte er sich in die Lüfte heben. Auch seinem Sohn Ikarus brachte er das Fliegen bei, warnte ihn aber, sich im Flug zu sehr der Sonne zu nähern. Dann werde das Wachs schmelzen und er selbst abstürzen. Doch Ikarus, begeistert von seiner Fähigkeit, vergaß den Rat des Vaters, flog der Sonne entgegen und merkte nicht, wie das Wachs schmolz. Er stürzte ins Meer und ertrank. Der Vater war untröstlich.

Mit seinen Gedanken und Wünschen fliegen

1 Schaut euch das Bild von Matisse genau an, betrachtet seine Farben und seine Form und sprecht darüber, wie es auf euch wirkt. Zur **Bildbetrachtung**: → **M5**.
2 Warum kann **Ikarus** eine Symbolfigur für junge Leute sein?
3 Versucht auch selber in derselben Technik, wie Matisse sie verwandt hat, **Bilder von Mädchen und Jungen** in typischen Haltungen herzustellen. Stellt eure Bilder auch in der Klasse aus: → **M 6**.
4 Kennt ihr andere **Bilder und Symbole**, die für junge Leute charakteristisch sind?

Vorschau

In allen Phasen des menschlichen Lebens, besonders aber in der **Jugend**, ist es nicht einfach, sich selbst zu verstehen. Gerade in der Zeit, in der wir **keine Kinder** mehr sind, aber auch **noch nicht erwachsen**, haben wir viele Fragen.

Wer bin ich?

Was soll ich tun und werden?

Bin ich wirklich frei?

Wie stehe ich zu meinen Eltern?

Was ist Liebe?

Wie finde ich mein Glück?

Was ist Freundschaft?

Und wie halte ich es mit der Religion und dem Glauben?

Was sind meine Schwächen, was meine Stärken?

Alles Originale

Lesen | Fragen | Denken | Interviewen | Suchen | Gestalten | Präsentieren

1 Wenn ihr nicht schon früher einen **Pass** von euch („Ich") ausgestellt habt (→ ZdF S. 7), dann tut es jetzt oder bringt den alten Pass auf den neuesten Stand: Foto, Daten, Religion, Eigenschaften, Hobbys, Lieblingsbücher, beliebteste Filmschauspieler und Fernsehstars. Zeigt die Pässe in einer kleinen Ausstellung mit der Überschrift: „Alles Originale".
2 Fertigt auch ein **Elfchen** oder eine **Mindmap** zu „Ich" an: → S. 226 f.
3 Was meint ihr – In welcher Hinsicht seid ihr noch **Kinder**? In welcher Hinsicht seid ihr schon **erwachsen**?

L Zu allen Zeiten hat es widersprüchliche **Aussagen von Älteren über Jüngere** gegeben. Jede Generation hat in der Vergangenheit über die Jugend geschimpft. Schon die Völker der alten Welt haben an der Jugend ihrer Zeit kein gutes Haar gelassen. Aber immer auch haben viele Erwachsene gesagt: Die Jugend ist nicht sehr viel anders als wir früher waren.

Eine zeitlose Klage

Die heutige Jugend ist von Grund auf verdorben, sie ist böse, gottlos und faul. Sie wird niemals so sein wie die Jugend vorher, und es wird ihr niemals gelingen, unsere Kultur zu erhalten.

Text auf einer Tontafel aus Babylon, 2. Jahrtausend vC

A
1 **Ergänzt** den Satz: Jung sein ist für mich … ?
2 Findet ihr es richtig, dass man die heutigen Jugendlichen manchmal mit dem **„Patchwork"** vergleicht, einem Stoff, der aus vielen bunten Flicken zusammengesetzt ist?
3 In welchem Sinn können **Fünfzehnjährige** schon alt und **Fünfzigjährige** noch jung sein?
4 Sammelt ein paar **Widersprüche**, die ihr bei euren Altersgenossen findet.

1. Jugend heute

Widersprüchliche Meinungen – Wer hat recht?

Wilhelm (58): Na, das weiß ja jeder: Mädchen und Jungs sind heute viel schlimmer als früher, wo sowieso alles besser war. Jungen machen ihre Schularbeiten schlecht und Mädchen helfen nicht zu Hause. Keiner benimmt sich gegenüber uns Alten anständig und alle gebrauchen unmögliche Wörter. Sie halten viel zu große Stücke von sich selbst. Sie rauchen, trinken, gucken viel zu viel Fernsehen, führen teure Gespräche mit dem Handy und sind ununterbrochen mit blöden Computerspielen beschäftigt. Sie gehen lieber in die Disko als in die Schule und interessieren sich viel zu früh für das andere Geschlecht. Und überhaupt …

Arnika (22): Ich finde, dass Jungen und Mädchen heute besser sind als früher. Sie haben mehr Sinn für Selbstständigkeit und Freiheit. Wenn man sie nach ihren besten Freunden fragt, nennen viele die eigenen Eltern. Die meisten sind bereit, sich anzustrengen und Leistungen zu zeigen. Sie haben gute Interessen. Sie können rasch mit der neuen Technik umgehen, so dass ihre Eltern oft von ihnen den Umgang mit einem Computer oder das Surfen im Internet lernen können. Oft haben sie auch ein besseres Verhältnis zur Umwelt. Wenn man sie nur richtig anspricht, sind sie hilfsbereit, wie zahllose Aktionen zugunsten von Notleidenden, Armen und Unterdrückten zeigen. Und überhaupt …

Bert (34): Die Jugend ist heute nicht „schlechter" oder „besser" als früher, sondern anders . Sie ist anders darin, dass sie sich nicht so leicht auf einen gemeinsamen Nenner bringen lässt und ganz unterschiedlich ist. Mädchen und Jungen suchen ihren Weg, wechseln rasch ihre Vorlieben und sind auch widersprüchlich.

Manche sind fleißig und bescheiden, andere faul und habgierig. Wer sich gestern noch Frikadellen und Steaks schmecken ließ, der kann heute schon als Vegetarier leben und auf Müsli stehen. Wer sich bis vor kurzem unauffällig gekleidet hat, sieht heute wie eine Modepuppe aus. Die einen lieben heiße Musik, andere wollen gelegentlich still meditieren. Manche sind umweltbewusst, andere lassen überall ihre Flaschen und Papierreste liegen. Einzelne beschädigen rücksichtslos öffentliches Eigentum, andere gehen mit dem Eigentum anderer schonend um. Wer in die Kirche geht, kann sich über den Pfarrer kräftig entrüsten. Wer nicht in die Kirche geht, kann wie ein Christ leben. Und überhaupt …

24 Kein Kind mehr – Noch nicht erwachsen

L Es gibt unter den Jugendlichen originelle und auffällige Typen. Manche sind selten, andere zahlreich. Einige kommen auch bei Erwachsenen vor:

Computer-Freaks – Emanzen – Hooligans – Machos – Ökos – Popper – Punks/Punker – Rocker – Skinheads – Softies – Teenager – Twens – Warmduscher – Weicheier

Typisch ?

25

2. Eine Zeit des Übergangs

Ein Ärztin beschreibt die körperlichen *Vorgänge*

Unter hormonellem Einfluss ändert sich der Körperbau. Das Wachstum beschleunigt sich. Die sekundären Geschlechtsmerkmale wie Stimmbruch, Behaarung und Busen bilden sich aus. Bei den Mädchen kommt es zum ersten Mal zur Monatsblutung („Menstruation"), bei den Jungen zum ersten Samenerguss („Ejakulation" oder „Pollution"). Mädchen können nun schwanger werden, Jungen werden zeugungsfähig. Für manche Mädchen und Jungen ist es nicht leicht, mit den Veränderungen ihres Körpers fertig zu werden und ihre Geschlechterrolle anzunehmen.

L Zwei Begriffe werden heute für die Zeit zwischen Kindheit und Erwachsensein verwandt. Mit **„Pubertät"** (von lat.: „reif, erwachsen werden") werden eher die frühen, überwiegend biologischen Veränderungen, mit **„Adoleszenz"** (von lat.: „heranwachsen") eher die späteren seelischen, geistigen und sozialen Veränderungen beschrieben. Die unruhige Lebensphase fängt mit etwa 10 bis 12 Jahren an und endet für manche Forscher mit 16 oder 18, für andere erst mit 25 Jahren. Meist liegt der Beginn für Mädchen etwas früher als für Jungen.
In dieser Zeit probieren Jugendliche viele Möglichkeiten durch. So können sie in dieser Zeit neue Erfahrungen machen, die für ihr späteres Leben wichtig sind.

Eine **Gemeinschaftskunde-Lehrerin** *sieht Veränderungen im Zusammenleben*

Das Bedürfnis der Mädchen und Jungen nach Selbstständigkeit wächst. Neue Kontakte werden gesucht, vor allem zu Freunden, Gruppen/Cliquen und zum anderen Geschlecht. Die gewachsenen Beziehungen zur Familie können in eine Krise geraten, aber auch zu einem neuen Vertrauensverhältnis führen. Öfter als früher kommt es zu Aggressionen in der Schule. Proteste gegen das, was als unwahr oder hässlich empfunden wird, werden lautstark geäußert. Vieles, was bislang akzeptiert wurde, wird nun in Frage gestellt. Neue Werte werden gesucht.

Was ist das –

das Leben vor sich haben

?

Veränderungen an sich bemerken

mit Widersprüchen leben   ...

vieles besser machen wollen

26 Kein Kind mehr – Noch nicht erwachsen

*Ein **Psychologe** spricht über die seelische Entwicklung*

In dieser Zeit treten große psychische (griech.: „seelische") und emotionale (lat.: „auf das Gefühl bezogene") Veränderungen ein. Die Jugendlichen stellen neue Fragen, wollen vieles anders machen und sind rascher erregbar als bisher. Ihr Gefühlsleben gerät in dieser Zeit leichter außer Kontrolle als früher. Sie sind zwischen vielen Gegensätzen hin- und hergerissen. Oft erleben sie ein plötzliches Wechselspiel von Glück und Trauer, Übermut und Niedergeschlagenheit. Sie fühlen sich voller Energie und sind bald darauf nur müde. Sie träumen von der großen Liebe und fühlen sich doch dafür noch nicht reif. Sie brauchen viel Zeit für sich, aber trotzdem fällt es ihnen schwer, eine Zeit lang allein zu sein. Wo sie eben noch für eine Person geschwärmt haben, wird diese nun in Grund und Boden verurteilt. Sie wollen leben und denken oft an den Tod. Hinter einem frechen Auftreten verbirgt sich oft innere Unsicherheit, die am Ende dieser Entwicklungsphase meist überwunden wird.

*Ein **Richter** nennt die rechtlichen Rahmenbedingungen*

Das Deutsche Strafrecht unterscheidet für die Zeit vor dem Erwachsensein drei Personenkreise. – *Kinder* (bis 14 Jahre) sind noch nicht strafmündig. Sie können aber für ihre Vergehen kindgemäß belangt werden, z.B. durch Sozialdienste. – *Jugendliche* (zwischen 14 und 17 Jahren) nehmen im Strafrecht eine Sonderstellung ein. Sie können schon für Vergehen belangt werden, aber nicht in demselben Maß wie Erwachsene. – *Heranwachsende* (zwischen 18 und 20 Jahren) sind schon volljährig und unterliegen in der Regel demselben Strafrecht wie Erwachsene, Ausnahmen sind aber möglich.

A Die Pubertät ist manchmal eine schwierige Zeit

1 Die Pubertät ist ein **Abschied von der Kindheit**. Zählt auf, welche kindlichen Tätigkeiten nun uninteressant werden oder ganz aufgegeben werden. Was tritt an ihre Stelle?

2 Beschreibt, wie ihr **heute** anders empfindet, fühlt, reagiert als noch vor **zwei Jahren**. Was hat sich seitdem in eurem Verhalten gegenüber Eltern, Schule, Kirche, Freundschaft, Mädchen, Jungen verändert?

3 Was könnte **ein Religionslehrer/eine Religionslehrerin** über Veränderungen in der religiösen Einstellung von Mädchen und Jungen sagen? (→ S. 40)

4 Über die Entwicklung des **Gewissens** in der Pubertätszeit: → S. 180.

– die Jugend?

die eigenen Grenzen spüren   …

            Stimmungen unterworfen sein

   himmelhoch jauchzend und zu Tode betrübt

      sich Sorgen um die Zukunft machen

27

3. Die Freiheit – Chancen und Grenzen

Frei oder nicht frei?

A Jetzt könnt ihr frei über eure Freiheit nachdenken

1 Diskutiert die **Ansichten** von Ray, Sara und den andern. Wie würdet ihr den Satz ergänzen?

2 Haltet ihr die hier genannten **Verbote** für berechtigt oder nicht? Wie wäre es, wenn man sie abschaffen würde?

3 Notiert in eurem **Religionsheft** (→ M1), welche Entscheidungen ihr in Freiheit heute – in der letzten Woche – seit einem Jahr getroffen habt. Welche Entscheidungen sind für eure Zukunft wichtig?

4 Zählt ein paar **Situationen** auf, in denen ihr nicht frei entscheiden konntet. Schreibt die Gründe dafür auf oder nennt die Personen, die euch gehindert haben, so zu entscheiden, wie ihr wolltet.

5 Fertigt eine **zweispaltige Tabelle** an und schreibt in den linken Teil, wo ihr frei seid. Tragt rechts daneben ein, wie diese Freiheit eingeschränkt ist, z. B.
(l) Fußballspielen
(r) Regeln, Trainingszeiten
Tragt dies auch für weitere Bereiche ein: Familie, Freundschaft, Klasse, Ferien, Religion.

Moritz (13) sagt über sich:
Ich bin ein Junge, in Deutschland geboren und kann deshalb nicht Spanisch sprechen. Wenn ich fleißiger gewesen wäre, wäre ich nicht vor zwei Jahren hängen geblieben. Manchmal trage ich Zeitungen aus, um etwas Geld zu verdienen. Ich lebe nur mit meiner Mutter, kenne meinen Vater nicht und muss wie meine Mutter früher eine lästige Zahnklammer tragen. Trotzdem gucken manche Mädchen sich gern nach mir um.

Luisa (14) meint von sich:
Ich finde es cool, dass ich ein Mädchen bin. Geschwister habe ich keine, komme aber gut mit meinen Eltern klar. Im Schwimmen bin ich sogar besser wie die Jungs aus meiner Klasse. Die Fächer Musik und Geschichte sind nicht gerade mein Fall. Meine beste Freundin sagt, ich hätte tolle braune Haare.

L Wenn Mädchen und Jungen erwachsen werden, gewinnt die **Freiheit** für sie eine große Bedeutung. Sie wollen selbst bestimmen („**Selbstbestimmung**"), wie sie leben und was sie tun. Die neue Freiheit ist für sie eine **herrliche Erfahrung**, weil sie neue Lebenswege zeigt. Sie ist aber oft auch **Grund zur Angst**, weil die Jugendlichen noch nicht wissen, wie sie die Freiheit gebrauchen sollen.

Mädchen und Jungen müssen nun auch lernen, dass Freiheit nur gut ist, wenn sie die Freiheit anderer nicht verletzen, die Gesetze des Staates beachten und die Gebote Gottes befolgen. Das ist die Voraussetzung dafür, dass alle frei leben und verantwortlich handeln können (→ S. 174 ff).

Freiheit ist für mich ...

Ray (13): alles tun können, was ich will.

Ali (12): wenn ich nicht in die Schule muss.

Nadine (14): genug Geld für meine Wünsche haben.

Franzi (14): abends nach Hause kommen, wann es mir passt.

Sara (13): mir nichts mehr vorschreiben lassen.

Markus (13): tun können, was mir Spaß macht.

28 Kein Kind mehr – Noch nicht erwachsen

Warum darf man nicht alles tun, was man will?

Eine *Moderatorin* erläutert:
Manche Gebote und Verbote wollen uns selber schützen: unsere Gesundheit, unsere geistige und seelische Entwicklung, unsere Zukunft, unser Leben. Wer sich willentlich selbst beschädigt oder gar zerstört, der beschädigt oder zerstört auch seine eigene Freiheit. Das kann man eigentlich nicht wollen, wenn man frei entscheiden kann.

Ein *Journalist* antwortet:
Manche Gebote und Verbote wollen andere Personen oder Sachen schützen: die Menschenrechte, den Körper, die Seele, das Eigentum und den guten Ruf anderer, die Umwelt usw. Wo wir etwas tun, das andere nicht wollen, stoßen zwei Freiheiten aufeinander. Wenn es da keine Regelungen gäbe, bliebe die Freiheit des Schwächeren am Ende auf der Strecke.

L Es gibt keine unbegrenzte Freiheit.

♦ Manche Einschränkungen der Freiheit liegen **in der eigenen Person**. Ich kann nicht so aussehen, erfolgreich sein, Fußball spielen oder beliebt sein, wie ich will. Vielleicht liegt es an meinen Genen.

♦ Jeder muss nach den **Gesetzen der Natur und der Geschichte** leben. Keiner kann sich seine Mutter oder den Beruf seines Vaters aussuchen. Wer heute lebt, kann nicht im 18. oder 23. Jahrhundert leben. Kein Mensch kann auf den Mond springen.

♦ Freiheit wird durch **Gesetze und Gebote** beschränkt, die man beachten muss, wenn man sich nicht selbst oder anderen Schaden zufügen will. Autofahrer müssen in Deutschland rechts fahren. Eltern müssen arbeiten, um das nötige Geld zu verdienen. Niemand darf einen anderen beleidigen, verletzen oder gar töten.

Es ist verboten …

David (14): mit Tempo 80 durch die Straßen einer Stadt zu fahren.

Natalie (12): die Schulwand zu bekritzeln.

John (12): Messer mit in die Schule zu nehmen.

Silvia (13): Müll im Wald abzuladen.

Kevin (14): während des Unterrichts eine Flasche Bier zu trinken.

Janine (12): sich das zu nehmen, was einem nicht gehört.

A 1 Schreibt den Text von Moritz und Luisa ab. **Unterstreicht** mit einem roten Stift, in welchen Punkten sie frei sind, und in blauer Farbe, in welchen Punkten sie nicht frei sind. Unterstreicht die Stellen grün, bei denen ihr meint, sie seien teils frei und teils nicht frei. Sucht jeweils die Gründe dafür.

2 Noch besser ist es, wenn ihr **euch selbst** in einem Text – ähnlich, wie es Moritz und Luisa tun – mit ein paar persönlichen Merkmalen vorstellt und dann fragt, in welchen Punkten ihr frei und nicht frei seid und wo ihr es nicht selbst entscheiden könnt.

3 Sucht **Beispiele** für die Aussagen der Fernsehmoderatorin und des Journalisten.

L Das neue Verlangen nach Freiheit, das sich in der Pubertät (→ S. 26 f) entwickelt, wirkt sich auch im Elternhaus aus. Im täglichen Umgang mit den Eltern können Spannungen auftreten, weil die Mütter und Väter Erwartungen an die Kinder haben, die die Kinder nicht erfüllen wollen. Umgekehrt haben auch die Mädchen und Jungen Erwartungen an die Eltern, die diese nicht erfüllen können.

Viele Mütter und Väter suchen heute bei **Konflikten** nach **vernünftigen Lösungen**. Sie verlangen **keinen blinden Gehorsam** für ihre Forderungen, sondern versuchen diese in Gesprächen zu begründen. So können sie das Vertrauen ihrer Kinder erhalten. Kinder, die ständig uneinsichtige Forderungen an ihre Eltern stellen, stören das Verhältnis zu ihren Eltern.

Weitere Stichworte für Konfliktfelder:

GESCHWISTER,

HÄUSLICHE HILFE,

SCHULE,

DISCO,

GELD,

KLEIDUNG,

ESSEN,

COMPUTER

…

4. Mit den Eltern leben

Wie würdet ihr als Eltern entscheiden?

Stichwort FERNSEHEN

1 Ich würde meine Kinder alles sehen lassen, was sie wollen.

2 Ich würde die passenden Sendungen für meine Kinder aussuchen.

3 Ich würde …

Stichwort FREUNDIN/FREUND

1 Ich würde meinen Kindern nicht vorschreiben, mit wem sie befreundet sind.

2 Ich würde von meinen Kindern erwarten, dass sie keine Freunde/Freundinnen haben, die nicht gut für sie sind.

3 Ich würde …

Stichwort FREIZEIT

1 Ich würde meinen Kinder überlassen, was sie in ihrer Freizeit tun.

2 Ich würde manches, was die Kinder tun wollen, fördern, anderes aber auch verbieten.

3 Ich würde …

Stichwort RELIGION

1 Mir wäre es egal, wie es meine Kinder mit der Religion halten.

2 Ich würde versuchen, meine Kinder davon zu überzeugen, dass der Glaube eine gute Sache ist.

3 Ich würde …

Das Gebot der Bibel

In allen Religionen und Gesellschaften gibt es Vorschriften für das Zusammenleben von Eltern und Kindern. Für Juden und Christen gilt seit fast 3000 Jahren als Grundregel das vierte der Zehn Gebote (→ ZdF S. 68).

Ehre deinen Vater und deine Mutter, damit du lange lebst in dem Land, das der Herr, dein Gott, dir gibt.

aus dem Buch Exodus 20, 12

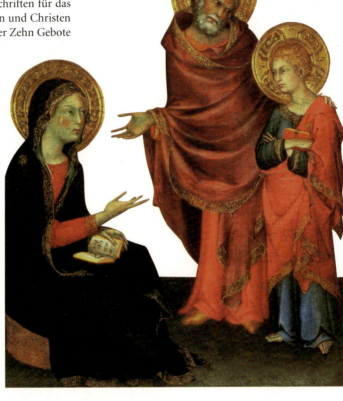

Simone Martini (1284–1344), Der zwölfjährige Jesus im Tempel (Lk 2, 40–52), um 1330; → **M5**.

A Über euer Verhältnis zu den Eltern nachdenken

1 Schreibt zu den weiteren **Stichwörtern** („Geschwister" usw.) ähnlich unterschiedliche Einstellungen auf, entscheidet euch für eine, vergleicht eure Antworten miteinander und nehmt Stellung dazu.

2 **Ute** ist schon wieder zu spät zum Abendessen gekommen. Der Vater ist verärgert und schimpft heftig. Er droht sogar damit, dass sie morgen nicht mit ins Kino darf. Ute erklärt, dass sie einer Freundin noch bei den Schulaufgaben geholfen hat. Die Mutter versucht, den Konflikt zu entschärfen.
Wie ist der Konflikt entstanden? Welchen Verlauf nimmt er? Wie kann er gelöst werden? Wie könnt ihr ihn spielen? Zum Rollenspiel: → **M8**.
Ihr werdet sicher leicht noch andere Beispiele für Konflikte im Alltag finden.

3 Fertigt ein **Elfchen** und eine **Mindmap** zu Mutter, Vater, Bruder, Schwester, Familie usw. an: → S. 226.

4 Heutige **Statistiken** sagen, dass Jugendliche zwischen 12 und 18 Jahren am häufigsten ihre Eltern nennen, wenn sie nach den „liebsten Menschen" befragt werden. Wie erklärt ihr euch das?

5 Schreibt euren Eltern einen **Brief**, in dem ihr ihnen für ihre Arbeit mit euch dankt und in dem ihr ihnen etwas Gutes sagt. Den Brief könnt ihr zum Geburts- oder Namenstag oder zu Weihnachten überreichen.

6 **Großmutter und Großvater** – „Gruftis" oder „Blitzableiter" oder „tolle Typen" oder ... ?

7 **Jesus** hat ein Gleichnis über einen leichtsinnigen Sohn, einen schwierigen Bruder und einen gütigen Vater erzählt: Lk 15, 11–32 (→ S. 99). Erzählt das Gleichnis nach und geht auf ein paar Probleme ein, die sich hier stellen. Zur Bibelarbeit: → **M4**.

L

Das **vierte der Zehn Gebote** richtet sich zuerst an das ganze **Volk** Israel und erst dann an den **Einzelnen**. Das Volk als Ganzes wird nach der Befreiung aus Ägypten lange in dem Land der Verheißung (→ ZdF 49 ff) leben, wenn es die Erfahrungen der Älteren („Eltern") hört und sich zunutze macht. Das Gebot wendet sich also nicht in erster Linie an **Kinder**, sondern an **Erwachsene**, die mit ihren Eltern in einer Großfamilie leben. Aber es ist auch eine Weisung für die Kinder. Es verpflichtet Eltern und Kinder gleichermaßen zu gegenseitiger Liebe, Achtung und Sorge.

In der Zeit der Pubertät (→ S. 26) wird **Freundschaft** besonders wichtig. Fast täglich braucht man dann seine Freunde/Freundinnen, um mit ihnen zu sprechen, zu spielen und zu arbeiten, die Freizeit zu verbringen und Gedanken auszutauschen.

Freundinnen/Freunde sind für einen da. Man kann sich auf sie verlassen und ihnen ein Geheimnis anvertrauen. In einer Krise kann man auf sie zählen. Wer keine Freunde/Freundinnen hat, ist in der Regel einsam. Während man in eine Familie hineingeboren wird, kann man sich seine Freunde selbst aussuchen.

5. Freundschaft

Gedanken über die Freundschaft

- Der Freund ist ein anderes Ich.
- Wer einen Freund ohne Fehler sucht, bleibt ohne Freund.
- Jedermanns Freund ist niemands Freund.
- Wer keine Freunde hat, lebt nur zur Hälfte.
- Der einzige Weg, einen Freund zu finden, ist, selbst einer zu sein.
- Im Unglück erkennt man die Freunde.
- Über die Fehler eines Freundes soll man nicht mit anderen, sondern mit ihm sprechen.
- Es soll keiner einen für seinen vertrauten Freund halten, er habe denn zuvor einen Sack Salz mit ihm gegessen.

Freundschaft – So und so

„Könntest du notfalls das letzte Hemd vom Leib weggeben?
Dich eher in Stücke reißen lassen als ein Geheimnis verraten?
Lieber schwarz werden als jemanden im Stich lassen?
Pferde stehlen oder durchs Feuer gehen?"
„Ja."
„Auch für mich?"
„Ja."
„Dann bist du mein Freund."

„Und könntest du notfalls verzeihen?"
„Es kommt darauf an, was."
„Dass ich vielleicht einmal nicht das letzte Hemd hergebe,
mich nicht in Stücke reißen lasse,
ausnahmsweise nicht schwarz werden will,
nicht in jedem Fall Pferde stehle oder durchs Feuer gehe?"
„Ja."
„Dann bist du mein Freund."

Hans Manz

32 Kein Kind mehr – Noch nicht erwachsen

Freundschaftsdienste

Als Beispiel für die richtige Art, Freunden einen Dienst zu erweisen, gab Herr K. folgende Geschichte zum besten.

„Zu einem alten Araber kamen drei junge Leute und sagten ihm: ‚Unser Vater ist gestorben. Er hat uns siebzehn Kamele hinterlassen und im Testament verfügt, daß der Älteste die Hälfte, der zweite ein Drittel und der Jüngste ein Neuntel der Kamele bekommen soll. Jetzt können wir uns über die Teilung nicht einigen; übernimm du die Entscheidung!'

Der Araber dachte nach und sagte: ‚Wie ich es sehe, habt ihr, um gut teilen zu können, ein Kamel zu wenig. Ich habe selbst nur ein einziges Kamel, aber es steht euch zur Verfügung. Nehmt es und teilt dann, und bringt mir nur, was übrig bleibt!'

Sie bedankten sich für diesen Freundschaftsdienst, nahmen das Kamel mit und teilten die achtzehn Kamele nun so, daß der Älteste die Hälfte, das sind neun, der Zweite ein Drittel, das sind sechs, und der jüngste ein Neuntel, das sind zwei Kamele bekam. Zu ihrem Erstaunen blieb, als sie ihre Kamele zur Seite geführt hatten, ein Kamel übrig. Dieses brachten sie, ihren Dank erneuernd, ihrem alten Freund zurück."

Herr K. nannte diesen Freundschaftsdienst richtig, weil er keine besonderen Opfer verlangte.

Bertolt Brecht

 Freundschaft ist eine wichtige Sache – Es lohnt, dafür etwas zu tun

1 Was haltet ihr von der **Idee des alten Arabers**? Diskutiert den letzten Satz des Herrn K(euner).

2 Zeichnet ein **Comic** mit einer Freudschaftsszene.

Erfindet ein **Rollenspiel** zum Thema „Freunde" und „Freundinnen": → **M 8**.

3 Lasst eine **Zettellawine** (→ S. 227) durch die Klasse gehen, auf der folgende Fragen stehen: Was gehört zu einer guten Freundschaft? Wann ist jemand eine gute Freundin/ein guter Freund? Ihr könnt eure Zettel an einer Pinnwand oder Wäscheleine in der Klasse aufhängen und über eure Gedanken diskutieren.

4 Ein Freund/eine Freundin ist **für mich wie ...** ?

5 Eine Erzählung vom **kleinen Prinzen** über die Freundschaft findet ihr → S. 177.

Keith Haring (1958–1990), Ohne Titel.

6. Verliebt sein …

Sophie (13) schreibt in ihr Tagebuch:

Ich bin so traurig, dass ich immer noch keinen Freund habe. Ich weiß nicht so ganz genau, wie ich das anstellen soll. Ich weiß auch nicht, warum die Jungen sich nur für andere Mädchen interessieren. Vielleicht bin ich zu still und schüchtern. Vielleicht sehe ich nicht gut genug aus. Vielleicht ahnen die Jungen auch, dass ich nicht alles mit mir machen lasse, was sie wollen. Ich weiß es nicht. Wenn sich der Richtige findet, würde ich glücklich sein und ihn glücklich zu machen versuchen, wenn ich auch jetzt noch nicht weiß, wie.

Hajo (17) berichtet:

Seit einer Woche bin ich wieder verknallt. Diesmal ist es Nicole. Mit Carla ist endlich Schluss. Die blöde Zicke wollte nicht so wie ich. Nicole habe ich am Samstag Abend in der Disco kennengelernt. Sie war mit so einem Softie da, mit dem ich leichtes Spiel hatte. Beim ersten Tanz hat es zwischen uns beiden gefunkt. Wie die sich angeschmiegt hat, da wurde einem ganz heiß. Sie kann super tanzen. Ich bin ganz verrückt auf die Kleine. Sie ist sexy, hat eine wahnsinnige Figur und lange Beine. Vor allem kann sie leidenschaftlich küssen. Beim Küssen spürt sie Schmetterlinge im Bauch, sagt sie. Am nächsten Wochenende wollen wir beide mit meiner Honda ins Grüne. Ein Zelt habe ich ja. Mal sehen! Ich bin furchtbar aufgeregt. Aber ich muss cool bleiben.

 Verliebtsein ist eine Vorstufe der **Liebe**, ohne dass man beides ganz klar trennen kann.

+ + + + + + +
♦ **Verliebtsein** ist ein wunderbares Gefühl. Zwei Menschen, die sich bislang fremd waren, kommen sich nahe und wenden sich alle Aufmerksamkeit zu. Das Herz und alle Sinne sind wie verwandelt. Selbst Träume können nicht schöner sein. Verliebte sind meistens glücklich, aber schnell sind sie auch unglücklich.

♦ **Liebe** ist mehr als ein Gefühl. Sie betrifft den ganzen Menschen. Sie bestimmt das Denken, Reden und Handeln. Herz und Vernunft begegnen sich in der Liebe. Liebe kann auch dann andauern, wenn das Verliebtsein zurückgetreten ist.

+Ein Liebes-ABC: A Abenteuer, Augen ++ B Blick, begehren ++ C charmant, chic

 Was ist das – die Liebe?

1 Schreibt Sophie oder Hajo, Maja oder Dominik einen kleinen **Brief** und sagt ihnen, wie ihr über sie denkt und was ihr ihnen ratet. Welches Bild von der Liebe haben sie?

2 Die **Jungen** einer Klasse schreiben auf ein Blatt, was sie an Mädchen mögen und womit Mädchen sie nerven. Umgekehrt schreiben die **Mädchen** auf, was ihnen an Jungen gefällt und was sie unmöglich finden. Diskutiert eure Ergebnisse miteinander und kommentiert sie.

3 **Verliebtsein ist wie … ?; Liebe ist wie … ?**

4 Schreibt ein **Elfchen** und/oder legt eine **Mindmap** zu „Liebe", „Verliebtsein", „Junge", „Mädchen" an: → S. 226 f.

34 Kein Kind mehr – Noch nicht erwachsen

... und lieben

Maja (15) vertraut sich ihrem Tagebuch an:

Seitdem ich Steven kennengelernt habe, ist mein Leben anders geworden. Vier Wochen ist es jetzt her. Mir kommt alles wie im Traum vor. Ich weiß, dass ich total verliebt bin. Wenn ich ihn sehe, wird mir ganz anders. Steven ist ein so süßer Junge. Seine Augen strahlen mich immer an. Er hat so eine sympathische dunkle Stimme und kann so gut erzählen, z. B. von seiner Pfadfindergruppe, mit der er tolle Reisen gemacht hat. Heute hat er von seiner Lehre in einer Autowerkstatt gesprochen. Wenn er auf seiner Gitarre spielt, meine ich immer, es wäre nur für mich. Gestern hat er mich zu seinen Eltern mitgenommen, die mich zuerst etwas kritisch betrachteten, aber dann richtig nett zu mir waren. Ich kann mir noch nicht vorstellen, was aus uns beiden wird. Nie mehr kann ich mich in einen anderen Jungen so verlieben wie in ihn.

Dominik (14) klagt:

Heute habe ich gesehen, dass der blöde Tom mit Birgit geht, die ich sehr mag. Zufällig kam ich zum Markt, wo die beiden an den Ständen vorbeischlenderten. Sie hielten sich die Händchen. Ich bin ihnen ganz aufgeregt von weitem gefolgt. Im Gedränge haben sie mich nicht bemerkt. Als sie dann an das Haupttor kamen, legte dieser Tom seinen Arm um ihre Schultern. Das ging mir durch und durch. Und dann gab er ihr einen ziemlich heftigen Kuss. Da wurde mir echt schlecht. Heute abend habe ich geheult wie lange nicht mehr. Ich weiß auch nicht, warum ich in der Schule für Birgit Luft bin. Sie ist ein so toller Typ, lacht gern, sieht gut aus, ist groß, sportlich, intelligent und weiß, was sie will. Was die bloß an Tom findet? Was soll ich tun?

++++ **D** Duft ++ **E**? ++ **F**? ++ **Y**in und Yang (weibliches und männliches Prinzip in China) + **Z** zusammen sein, Zukunft ++++++

A **Sucht euch ein paar Aufgaben aus**

1 Besprecht – evtl. in Partner- oder Gruppenarbeit –, wie sich das **Verliebtsein** eines Jungen oder eines Mädchen auswirken kann. Was ändert sich in deren Leben? Welche Chancen ergeben sich? Welche Probleme können aufkommen? Wie lassen sie sich lösen? Macht Liebe blind oder sehend?

2 Sammelt Bilder und Texte aus **Illustrierten, Jugendzeitschriften, Zeitungen, Kinoprospekten, Werbeanzeigen** usw., die von „Liebe", „Treue", „Zärtlichkeit", „Begierde", „Eifersucht", „Untreue" usw. handeln. Welche Auffassung von „Liebe" steht dahinter? Wie weit könnt ihr zustimmen, wie weit lehnt ihr ab?

3 Welche **Erzählungen, Briefe, Bilder, Fotos, Gedichte, Lieder und CD's** zum Thema Liebe gefallen euch besonders? Stellt ein Beispiel in der Klasse vor.

Liebe hat viele Gesichter. Darum ist das schöne Wort „Liebe" vieldeutig.

♦ **Erotische oder romantische Liebe** ist die Liebe, die mit allen Gefühlen und Sinnen erfahren wird.

♦ **Sexuelle Liebe** ist die Liebe mit geschlechtlichem Körperkontakt.

♦ **Nächstenliebe** ist die Liebe, die für jemanden selbstlos da ist und ihm zur Seite steht (→ S. 96 f).

Diese drei Formen der Liebe können sich ergänzen, müssen es aber nicht.

A 1 Versucht, „Zehn Regeln für die Liebe" aufzustellen.

2 Stellt eine **Reihenfolge** eurer zehn Regeln auf. Welcher Satz soll an erster, welcher an letzter Stelle stehen?

3 Vergleicht beide **Gedichte** miteinander. Welche unterschiedlichen Erfahrungen mit dem Verliebtsein kommen hier zur Sprache? Versucht auch selbst, ein Liebesgedicht zu verfassen. (→ **M4**)

4 Andere schöne Stellen aus dem **Hohen Lied**: 2, 3–7; 3, 1–5. Tragt die Texte mit verteilten Rollen vor. Schreibt vorher die euch unbekannten Begriffe heraus und klärt ihren Sinn. Gebt den einzelnen Gedichten Überschriften. Sucht in diesen Texten Bilder und Symbole der Liebe. Versucht auch selbst Bilder zum Hohen Lied anzufertigen. Zur Arbeit mit biblischen Texten: → **M3** und **M4**.

5 Das **wichtigste Gebot** für Christen ist das Gebot der Gottes-, Nächsten- und Selbstliebe: → S. 96 f. Diese Liebe ist etwas anderes als das erste Verliebtsein und hat doch auch damit zu tun. Könnt ihr das erklären?

Regeln, die die Liebe schützen können
♥ Liebe ohne volle Gleichberechtigung ist keine Liebe.
♥ Liebe verlangt von dem anderen nichts, was er nicht geben kann.
♥ Liebende sind offen und ehrlich zueinander.
♥ Liebe ist mehr als Sex.
♥ ?

L Die **Liebe** ist das Größte, das Menschen im Leben erfahren können. Christen glauben, dass sie in der Liebe Gott am nächsten sind und dass ihnen die Liebe von Gott geschenkt wird. In der Bibel ist viel von **glücklichen Paaren** die Rede. Wie groß die Bibel von der Liebe spricht, zeigt sich in dem unerhörten Satz: **Gott ist die Liebe** (1 Joh 4, 16).

Katze im Sack

Man will doch
keine Katze
im Sack kaufen

so drückte sich der
junge Mann
recht bildhaft aus.

Seine Freundin vor Augen
denke ich bei mir:
Wieso Katze?
Wieso Sack?
Wieso kaufen?

Lothar Zenetti

Du bist anders als ich

Ich freue mich, dass du da bist
mit deinem glänzenden Haar,
mit deinen leuchtenden Augen,
mit deinem lachenden Mund.
Du bist anders als ich
beim Tanzen, beim Reden, beim Spielen.
Du bist anders als ich:
Wie du gehst,
wie du mir zuwinkst und mich anlachst.
Ich freue mich, dass du da bist.
Wenn ich dich treffe,
wird das andere unwichtig:
Elternhaus, Schule, die Arbeit.
Wenn ich dich sehe,
ist die Welt viel schöner als sonst,
und ich bin froh, dass ich lebe.

Gerhard Kiefel

Liebeslieder in der Bibel

Das „**Hohe Lied**" (3. Jh. vC) der Liebe ist eine Sammlung alttestamentlicher Liebeslieder, in denen eine junge Frau und ein junger Mann die Schönheit ihrer Liebe und die Anziehungskraft des menschlichen Leibes preisen. Verrückt vor Liebe finden sie unentwegt phantasievolle Bilder für sich und ihre Liebe. Ihr Verliebtsein empfinden sie als eine Rückkehr ins Paradies („Garten"). Sie sind davon überzeugt, dass ihre Liebe das Chaos und den Tod überwindet (8, 6) und eine göttliche Macht ist.

Die junge Frau:
[11] Ich gehöre meinem Geliebten
und ihn verlangt nach mir.
[12] Komm, mein Geliebter,
wandern wir auf das Land,
schlafen wir in den Dörfern.
[13] Früh wollen wir dann zu den Weinbergen gehen
und sehen, ob der Weinstock schon treibt,
ob die Rebenblüte sich öffnet,
ob die Granatbäume blühen.
Dort schenke ich dir meine Liebe.
aus dem Hohen Lied 7, 11–13

Der junge Mann:
[9] Verzaubert hast du mich,
meine Schwester Braut;
ja verzaubert mit einem Blick deiner Augen,
mit einer Perle deiner Halskette.
[10] Wie schön ist deine Liebe,
meine Schwester Braut.
aus dem Hohen Lied 4, 9–10

Die junge Frau:
[6] Leg mich wie ein Siegel auf dein Herz,
wie ein Siegel an deinen Arm!
Stark wie der Tod ist die Liebe,
die Leidenschaft ist hart wie die Unterwelt.
Ihre Gluten sind Feuergluten, gewaltige Flammen.
[7] Auch mächtige Wasser
können die Liebe nicht löschen;
auch Ströme schwemmen sie nicht weg.
Böte einer für die Liebe
den ganzen Reichtum seines Hauses,
nur verachten würde man ihn.
aus dem Hohen Lied 8, 6–7

Marc Chagall (1887–1985), Das Hohelied IV, 1958. (→ S. 113 und **M5**)

7. Auf der Suche nach Glück

Was gehört zum Glück? Was macht glücklich?

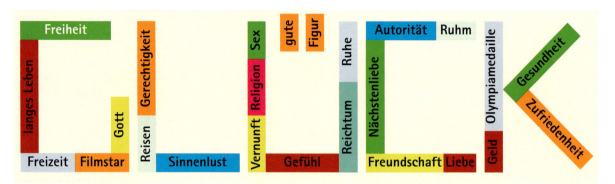

 Wer nach dem **Glück** fragt, wird auf zwei verschiedene Einsichten stoßen.

- Zu allen Zeiten und an allen Orten der Welt waren die Menschen auf der Suche nach Glück. **Jeder will glücklich sein.**
- Das Glück ist **nicht leicht zu greifen und zu begreifen**. Niemand kann für alle verbindlich sagen, was eigentlich „Glück" ist und wie man ganz bestimmt glücklich wird.

Heute wird uns an allen Ecken und Enden „**Glück**" in vielen Formen versprochen. Aber wenn man sich in seiner Umgebung umsieht, wird man merken, dass **viele Leute nicht glücklich** sind, obwohl sie sich viel von dem leisten können, was zum Glücklichwerden überall feilgeboten wird. Man muss sich fragen: Warum sind heute so wenige Menschen glücklich, obwohl es so viele Glücksangebote gibt?

Von Jungen und Mädchen kann man hören: Glück ist

- so schön wie … sein
- so gescheit wie Einstein sein
- im Fernsehen auftreten
- so anspruchslos sein wie Oma und Opa
- wenn Vater wieder Arbeit findet
- einen Sechser im Lotto landen
- …

Was haltet ihr von diesen alten Sprüchen?

Das Glück ist wie der Mond, der zwischen Vollmond und Neumond wechselt.

Dem Tüchtigen hilft das Glück.

Fortuna, die Glücksgöttin, ist blind.

Dem Glücklichen schlägt keine Stunde.

Jeder ist seines Glückes Schmied

Glückssymbole?

Kein Kind mehr – Noch nicht erwachsen

Zurück zum Glück

Vorbei an Sonderschulen, vorbei an Hallenbädern,
vorbei an dumpfen Fressen, vorbei an Motorrädern,
vorbei an einem Friedhof, vorbei an einem Rentner,
vorbei an ein paar Nazis und einem Einkaufscenter.

Und voll vorbei am Glück,
darum: „Alle Mann wieder zurück!"

Vorbei an Vorstadtkneipen, vorbei an Landtagswahlen,
vorbei am Aufschwung Ost, vorbei an roten Zahlen.

Und voll vorbei am Glück,
darum: „Alle Mann wieder zurück!"

Vorbei am Feuilleton, vorbei an Molekülen,
vorbei am Horizont, vorbei an Hassgefühlen.

Und voll vorbei am Glück,
darum: „Alle Mann wieder zurück!"

Und das Glück freut sich und ruft:
„Wie schön, ich hab euch so oft hier vorbeifahren sehen.
Warum kommt ihr nicht und bleibt 'ne Zeit bei mir?"
Die Antwort kennen wir vom letzten Mal:
„Wir haben uns im Weg vertan,
aber gleich stehen wir bestimmt an deiner Tür!"

Wir sind auf dem Weg zurück,
auf dem Weg zurück zum Glück.

Tote Hosen

PROTECT ME FROM WHAT I WANT

Pech? Glück? Wer weiß?

Eine chinesische Geschichte erzählt von einem alten Bauern, der ein altes Pferd für die Feldarbeit hatte. Eines Tages entfloh das Pferd in die Berge, und als alle Nachbarn des Bauern sein Pech bedauerten, antwortete der Bauer: „Pech? Glück? Wer weiß?" Eine Woche später kehrte das Pferd mit einer Herde Wildpferde aus den Bergen zurück und diesmal gratulierten die Nachbarn dem Bauern wegen seines Glücks. Seine Antwort hieß: „Glück? Pech? Wer weiß?" Als der Sohn des Bauern versuchte, eines der Wildpferde zu zähmen, fiel er vom Rücken des Pferdes und brach sich ein Bein. Jeder hielt das für großes Pech. Nicht jedoch der Bauer, der nur sagte: „Pech? Glück? Wer weiß?" Ein paar Wochen später marschierte die Armee ins Dorf und zog jeden tauglichen jungen Mann ein, den sie finden konnte. Als sie den Bauernsohn mit seinem gebrochenen Bein sahen, ließen sie ihn zurück. War das nun Glück? Pech? Wer weiß?

Anthony de Mello

A **Glücklich – unglücklich?**

1 Zu der Arbeit mit den Texten: → **M 4**.

2 Stellt die fünf oder zehn Begriffe der **Wortgrafik „Glück"** in der Reihenfolge zusammen, die euch für das „Glück" am wichtigsten sind. Vergleicht eure Ergebnisse miteinander und diskutiert sie.

3 Malt ein vierblättriges **Kleeblatt**, schreibt in die Mitte „Glück" und auf die vier Blätter je ein Wort, das etwas mit Glück zu tun hat. Schenkt das Blatt jemandem, den ihr gern beglücken wollt.

4 Erzählt von einer **Begebenheit**, bei der ihr jemanden glücklich gemacht habt oder bei der ihr selbst glücklich wart.

5 Bringt ein paar **Lieder, Songs, Musiktexte, Fotos und Bilder** mit in den Unterricht, die vom Glück handeln. Bildet euch dazu ein eigenes Urteil.

6 Fertigt eine **Zettellawine**, ein **Elfchen** und/oder eine **Mindmap** zu „Glück" an: → S. 226 f.

7 Stellt die **Glückszeichen** zusammen, die Mädchen und Jungen heute oft bei sich tragen. Welche Unglückstage und Unglückszeichen kennt ihr? Was haltet ihr von solchen Glücks- und Unglücksbringern? Wie denkt ihr über Horoskope? → S. 196.

8 Sind Disco, Kino, Sportplatz usw. **Orte des Glücks**?

9 **Befragungen** haben ergeben, dass sich die Menschen in Bangladesch, einem der ärmsten Länder der Welt, am glücklichsten fühlen, während die Deutschen, die in einem sehr wohlhabenden Land leben, im Durchschnitt eher unglücklich sind. Wie erklärt ihr euch diesen Befund?

10 Lest das Märchen der Brüder Grimm **„Hans im Glück"**. Welche Einstellung zum Glück hat Hans?

8. Und die Religion?

Hans Marten, Pfarrer

Die Jugend ist nicht religiös. Darin unterscheidet sie sich nicht sehr von den Eltern. Viele Mädchen und Jungen gehen kaum noch in einen Gottesdienst. Wenn sie überhaupt noch zur Erstkommunion kommen, lassen sie sich danach kaum mehr in den Gemeinden blicken. Eine immer größer werdende Zahl der Jugendlichen – in den neuen Bundesländern etwa 80 Prozent – will von Religion nichts wissen. Sie weiß auch von Religion nicht mehr viel. Die einfachsten Kenntnisse des Christentums fehlen. Die meisten hatten wohl nie eine Chance, das Christentum richtig kennenzulernen.

Die Einstellung der Mädchen und Jungen zur Religion ist unterschiedlich:
- Viele Jugendliche in Europa haben heute eine größere **Distanz** zu Religion und Kirche als je zuvor. Sie wissen nichts von der Religion und interessieren sich nicht dafür.
- Viele Jugendliche sind heute **neugierig** und wollen wissen, was es mit der Religion auf sich hat. Wo sie richtig darauf angesprochen werden, hören sie auch zu. Wo sie christliche Vorbilder sehen, sind sie auch zu begeistern.
- Manche Jugendliche fühlen sich auch in Kirche und Religion **zuhause** und leben nach bewährten christlichen Grundsätzen.

Bei Erwachsenen finden wir ähnliche Einstellungen.

Isa Ickler, Religionslehrerin

Viele Mädchen und Jungen sind auch heute religiös. Sie glauben irgendwie an Gott, wie fast jeder an etwas glaubt. Da gibt es bei ihnen eine Sehnsucht nach etwas Höherem, eine Suche nach Orientierung. Sie glauben, dass Gott die Welt erschaffen hat, weil alle anderen Erklärungen auch nicht mehr einleuchten. Sie hoffen, dass Gott ihnen im Leben hilft. Sie finden es gut, dass sich Jesus für die Armen und gegen die Reichen, für den Frieden und gegen Gewalt eingesetzt hat. Sie rechnen damit, nach dem Tod die „Quittung" für ihr Leben zu bekommen.

Benno Stricker, Statistiker

Neueste Studien stellen wichtige **Unterschiede zwischen religiösen und nicht religiösen Jugendlichen** heraus. Danach haben religiöse Jugendliche ein besseres Verhältnis zu ihren Eltern. Sie sind optimistischer, toleranter, sozialer und eher an Leistung und weniger an Genuss interessiert. Sie können sich eher vorstellen, einen Ausländer oder eine Ausländerin zu heiraten. Sie sind eher bereit, eigene Kinder zu haben und in einer stabilen Partnerschaft zu leben.

40 Kein Kind mehr – Noch nicht erwachsen

Anette Menn, Politikerin

Vielen Mädchen und Jungen ist nicht alles egal. Sie wollen kein Wischi-Waschi, sondern eine klare Linie für wichtige **Entscheidungen** ihres Lebens. Sie bejahen eine Entschiedenheit, wie sie der christliche Glaube fordert.

Manche Jugendliche, die sich selbst nicht als religiös bezeichnen, tun **Dinge, die auch das Christentum befürwortet**. Sie sammeln Gelder für Notleidende, helfen Behinderten, setzen sich für die Bewahrung der Schöpfung ein, protestieren gegen Rassismus und Ausländerfeindlichkeit, arbeiten für eine Welt in Frieden und Gerechtigkeit usw. Sie meinen, jeder müsse selbst entscheiden, wie er es mit der Religion hält.

A Wie haltet ihr es mit der Religion?

1 **Diskutiert** in Gruppen- oder Partnerarbeit über die Auffassungen des Pfarrers, des Statistikers, der Journalistin usw. Welche sind für euch am ehesten zutreffend, welche am wenigsten richtig?

2 **Religion ist für mich wie ...**

3 Warum halten manche **Jugendliche** Religion für die wichtigste Sache im Leben? Warum halten andere Religion für Kindersache?

4 Schreibt in euer **Religionsheft** (→ **M1**) Gründe dafür auf, wozu die Religion gut ist. Diskutiert über eure Notizen im Unterricht.

5 Wie erklärt ihr euch die Tatsache, dass in den **östlichen** Bundesländern prozentual viel weniger Jugendliche einer Religion angehören als in den westlichen Ländern?

6 Ist die **Esoterik** die neue Religion der Jugendlichen? (→ S. 192 ff)

Steffi Born, Journalistin

Fast alles kann für junge Leute heute zur Religion werden oder religiöse Bedeutung haben: die Musik, der Tanz, die Show, die Disco, die Fans, die Jeans, die Schuhe, der Computer, das Motorrad, das Geld, die Welt der Esoterik (→ S. 192 ff), das Gespräch, die Liebe, die Natur. Nur das Christentum selbst hat es bei den Jugendlichen oft schwer, zu ihrer Religion zu werden. Im Übrigen **probieren** die Mädchen und Jungen heute viele religiöse Angebote gern einmal aus. Mal sind sie für die Wiedergeburt nach dem Tod, mal glauben sie an kein Jenseits. Mal suchen sie starke religiöse Events, mal lassen sie niemanden etwas von ihrer inneren Religiosität wissen. Sie singen gern auf Weltjugend-, Katholiken- und Kirchentagen, obwohl sie sich sonst von Kirchen fernhalten.

Unbequeme Leute – Die Propheten

42 Unbequeme Leute – Die Propheten

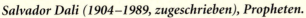 *Salvador Dali (1904–1989, zugeschrieben), Propheten.*
Dieses Bild, das aus der Bibel des spanischen Malers stammt (→ S. 54, 58, 91), mag auf den ersten Blick verwirren. Doch wenn man es genauer betrachtet, lassen sich wichtige Einzelheiten erkennen.

Ein Prophetenbild

1 Zur Arbeit mit dem Bild: → **M 5**.
2 Was fällt in der **Bildmitte** auf? Wofür könnten das Auge, wofür die Tränen Symbole sein?
3 Oben und unten bewegen sich **zwei Gestalten** im Bild. Betrachtet zuerst die Gestalt unten. Wie sieht sie aus? Was mag sie mit ihrer Trompete verkünden? Wie unterscheidet sich obere Gestalt von der Gestalt unten in Form und Farbe? Was könnte deren Botschaft sein, die sie mit einer Fanfare verkündet? In dem Kreis links oben ist in blauer Farbe umrisshaft eine **Frau** zu erkennen, die kaum sichtbar ein Kreuz in ihrer Hand hält. Welche Deutung habt ihr dafür?
4 Was zeigt das Bild von der Verkündigung **der Propheten**?

Vorschau

Die Erzählungen von den **Propheten** gehören zum aufregendsten Teil des **Alten/Ersten Testaments**, weil Propheten einzigartige Gestalten sind. Sie wurden von Gott angesprochen und gaben seine Botschaft weiter. Mit den Mächtigen legten sie sich an und standen auf Seiten der Armen und Schwachen. Sie setzten sich leidenschaftlich für Gerechtigkeit und Frieden ein. Manche verkündeten, dass Gott eine bessere Zukunft schenken werde.

Was ist ein Prophet?

Was ist ein Prophet? Hier müssen wir zunächst schlechtweg ablehnen jede Ansicht, die dahin geht, ein Prophet sei etwas wie ein Weissager oder Wahrsager. So hört man oft; das ist grundfalsch. Ein Prophet ist ein Mann, der sich von Gott in einem bestimmten, erschütternden Augenblick seines Lebens angefasst und berufen weiß und nun nicht mehr anders kann, als hintreten unter die Menschen und den Willen Gottes verkünden. Die Berufung ist der Wendepunkt seines Lebens geworden, und es gibt für ihn nur noch eines: dieser Berufung folgen, mag sie ihn ins Unglück, in den Tod führen.

Dietrich Bonhoeffer (→ S. 201)

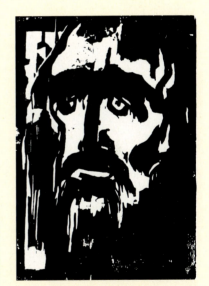

Emil Nolde (1867–1956), Prophet, 1912.

1 Zur Vorbereitung dieses Kapitels empfiehlt sich die **Wiederholung** folgender Kapitel: „Auf der Hitliste ganz oben – Die Bibel" (→ ZdF S. 32 ff) und „Gestalten aus dem Alten Testament" (→ ZdF S. 46 ff).
2 Schreibt aus dem Inhaltsverzeichnis einer Bibelausgabe die **Prophetenbücher** und ihre Abkürzungen heraus. Wie viele „große" und wie viele „kleine" Propheten gibt es? Was wisst ihr von dem einen oder anderen Propheten?
3 Zum **Umgang mit der Bibel**: → **M 3** und **M 4**.
4 Zur Arbeit „Meine Bibel": → S. 59.
5 Sprecht über das Wort des Mose → Num 11, 29.

> **L** **Propheten** sind nicht Wahrsager oder Hellseher, sondern originelle Leute, die Gottes Wahrheit verkünden. Sie wissen sich vom **Geist Gottes gerufen** und **rufen** das, was sie als Wort Gottes erfahren haben, ihren Zeitgenossen zu. Ihre Worte beziehen sich auf ihre **Gegenwart**, haben aber oft auch für spätere Zeiten einen guten Sinn. Einige Propheten haben für die **Zukunft** Gottes Gericht und den Messias (→ ZdF S. 121, 213) angekündigt.

> **A** 1 **Woher** wissen der Hellseher, die Wahrsagerin usw. das, was sie sagen? Wer bezahlt sie? Welche **Interessen** haben sie? Wie kann man diese Leute von den biblischen Propheten **unterscheiden**?
> 2 Malt ein **Bild** zu Mirjam oder Debora. Wie beurteilt ihr ihr Verhalten?
> 3 Ein Prophet ist ein **Gerufener** und ein **Rufer** – was heißt das?

1. Von Gottes Geist gerufen

Wie schauen diese Leute in die Zukunft?

Hellseher: Ich sehe eine zerstörte Stadt. Im nächsten Monat wird es ein gewaltiges Erdbeben geben.

Wahrsagerin (→ S. 192 ff): Du wirst in nächster Zeit nicht im Lotto gewinnen, aber in der Liebe Glück haben.

Meinungsforscherin: Bei der nächsten Bundestagswahl wird die CDU x Prozent und die SPD y Prozent der Stimmen bekommen.

Zukunftsforscher: Wenn wir weiter so viel Energie verschwenden, können wir in wenigen Jahren nicht mehr genug Rohöl fördern.

Astrologe (→ S. 196 f): Im nächsten Jahr stehen Sonne und Mond direkt dem Uranus und Mars dem Saturn gegenüber. Diese unheimliche Konstellation bedeutet großes Unheil. Auf der Erde wird eine furchtbare Katastrophe eintreten.

Lehrerin: Wenn du dich nicht mehr anstrengst, wirst du nicht versetzt.

Wetterfrosch im Fernsehen: Morgen beherrscht ein Hoch Zentraleuropa, so dass wir in ganz Deutschland mit schönem Wetter rechnen können.

Karl Hofer (1878–1955), Der Rufer, 1935.

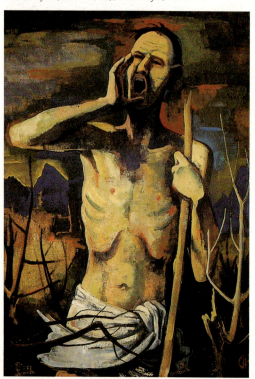

Propheten – Ein heutiger Jude erzählt

Die **Propheten** gehören zu den Großen unseres Volkes, wenn sie auch sehr unbequem waren. Meist traten sie ganz unerwartet auf. Was sie taten, war auch damals nicht alltäglich. Sie verkündeten eine Botschaft, die von Gott kam. Das kennzeichnet alle Propheten.

Aber sonst passen sie in kein Schema. Manche waren wild und schwärmerisch, andere nüchtern und besonnen. Vielen erschienen sie fromm und verrückt zugleich. Manchmal vertrauten sie ganz auf die Macht des Wortes, manchmal veranstalteten sie aufregende Aktionen. In unerhörten Drohsprüchen kündeten sie Gottes Gericht an, aber in Zeiten der Not hatten sie auch Worte des Trostes und der Hoffnung für unser Volk. Sie nahmen die kleinen Leute in Schutz, lasen ihnen gelegentlich aber auch die Leviten. Mit scharfen Worten geißelten sie den Unsinn des Krieges, den Hochmut der Herrschenden und die Macht des Geldes. Wo Richter das Recht nicht beachteten, waren sie zur Stelle. Kaufleute und reiche Bauern erinnerten sie unmissverständlich an ihre Pflichten gegenüber den Armen, Witwen und Waisen. Selbst mit Königen und Priestern legten sie sich mutig an, wenn diese Gottes Gebote nicht beachteten. Was sie taten, ist auch heute aktuell.

44 Unbequeme Leute – Die Propheten

Prophetinnen – Eine Jüdin erzählt

Wir sollten wissen, dass die prophetische Berufung nicht nur Männern vorbehalten war. Von Frauen, die in der Bibel „**Prophetin**" genannt werden, möchte ich zwei kurz vorstellen.

♦ Da ist zuerst **Mirjam** (→ ZdF S. 60, 66), die Schwester des Mose, zu nennen. Wahrscheinlich war sie es, die ihren kleinen Bruder Mose im Auftrag ihrer Mutter in einem Binsenkörbchen am Nil versteckte und die mit der Tochter des Pharao verhandelte. – Als die Israeliten aus dem Sklavenhaus Ägypten entkommen und am Schilfmeer glücklich gerettet waren, stimmte Mose ein großes Siegeslied an. Da nahm Mirjam die Pauke in die Hand und alle Frauen zogen mit Paukenschlag und Tanz hinter ihr her (Ex 15, 21 f). Das muss großen Eindruck auf alle Männer und Frauen gemacht haben. Mirjam war wohl sehr temperamentvoll und aktiv. – Sie wagte es auch, einen Aufstand gegen Mose anzuzetteln, weil dieser eine Frau geheiratet hatte, die ihr nicht passte. Als sie kurz darauf von Aussatz befallen wurde, sah sie darin eine Strafe, wurde aber bald danach auf die Fürbitte des Mose hin wieder geheilt. Zweifellos gehört Mirjam zu den großen Frauen der jüdischen Geschichte.

♦ Etwas später lebte im Verheißungsland **Debora**. Sie war eine beliebte Richterin, zu der die Israeliten zogen, wenn sie ihr Recht suchten. Als ihr Volk von einem kanaanäischen (→ ZdF S. 54) Landeskönig bedroht wurde, forderte sie nach einem Gottesspruch den Israeliten Barak auf, Soldaten zu sammeln und gegen den feindlichen Heerführer Sisera, der über 900 Streitwagen verfügte, am Berg Tabor zu kämpfen. Es gelang ihr, Barak die Angst vor diesem Auftrag zu nehmen. Tatsächlich konnten die Feinde besiegt werden. Debora und Barak stimmten danach ein großes Siegeslied an, das uns heute altertümlich vorkommt. Ihr verdankte Israel eine lange Zeit des Friedens.

Marc Chagall (1887–1985), Die Prophetin Debora bewegt Barak, ein Heer zu sammeln (Ri 4, 4–9), 1931–39. Zur Deutung des Bildes: → M 5.

L Die Propheten sagen oft von ihrer Botschaft, sie sei „**Spruch Gottes**" oder „**Wort Gottes**". Manchmal heißt es auch von einem Propheten: „**Es erging das Wort Gottes an …**". Niemand muss sich dabei Gott mit Mund und Stimme vorstellen. Aber die Propheten hatten keinen Zweifel, dass Gott ihnen nahe war und ihnen etwas mitteilte. Wie dies geschehen ist, wissen wir nicht. Vielleicht haben sie sein Wort in ihrem **Herzen** gehört, im **Traum** vernommen, im **Nachdenken** gefunden oder aus ihrer **Situation** erschlossen (→ ZdF S. 49). **Christen** glauben, dass manche Prophetenworte bei **Jesus** in Erfüllung gegangen sind.

45

> Im Altertum wurde der Gott **Baal** (→ ZdF S. 55) im vorderen Orient hoch verehrt. Zu seinen Ehren fanden im Frühling rauschende Feste statt, bei denen die Menschen wild feierten. Mit Baal wurde die Fruchtbarkeit der Erde und die Schöpferkraft der Natur verehrt.
>
> Manche **Israeliten** fühlten sich von Baal mehr angezogen als von ihrem Gott, von dem man sich nicht einmal ein Bild machen durfte (→ S. 78 f). Einige dachten auch: Unser Gott hat die ganze Erde geschaffen. Warum sollten wir nicht auch Geburt, Liebe und Tod, Fruchtbarkeit und Schönheit der Natur feiern? – So richtig dieser Gedanke auch sein mag, so gefährlich erschien er damals dem Propheten **Elija**, weil er fürchtete, der Gott Israels werde dabei vergessen.

2. Elija – Ein Kämpfer für seinen Gott

Die Entscheidung am Karmel: Baal oder der Gott Israels?

Als im Land eine dreijährige Hungersnot herrschte, ging der Prophet Elija zum König und forderte ihn auf, das Volk sowie die 450 Baalspriester des Landes am Karmel zu versammeln. Dort fragte Elija das Volk, wie lange es noch zwischen dem Gott Israels und dem Baal hin und her wanken wolle. Es solle dem wahren Gott folgen. Dann verlangte er zwei Stiere, einen für die Baalspriester, den anderen für sich. Die Priester sollten sich an Baal wenden, er werde den Namen seines Gottes anrufen. Der wahre Gott werde Feuer auf die Opfertiere senden. Zuerst riefen also die Baalspriester ihren Gott an und tanzten von morgens bis abends um den Altar. Aber es tat sich nichts. Danach bat Elija seinen Gott, dass er Feuer vom Himmel sende. So geschah es. Da riefen alle: Der Gott des Elija ist der wahre Gott. Alsbald regnete es und die Hungersnot fand rasch ein Ende.

Elija forderte nach seinem Erfolg das Volk auf, alle Baalspriester zu töten. Die Erzählung sollte mit diesem schrecklichen Ende wahrscheinlich bildhaft zeigen, dass die Macht der Baalspriester damals durch Elija beendet wurde. Die Erzählung war zugleich eine deutliche Warnung für ganz Israel, nicht falschen Göttern nachzulaufen. – Elija ist in die Geschichte als der Prophet eingegangen, der sich mit aller Kraft für den wahren Gott eingesetzt hat, der im ersten der Zehn Gebote fordert: „Du sollst neben mir keine anderen Götter haben."

nacherzählt nach dem 1. Königsbuch 18, 1–40

Am Horeb: Eine Gotteserfahrung

Nach dem Geschehen am Karmel fürchtete Elija den Zorn des Königs und der Königin. Um sein Leben zu retten, verließ er das Land. Nach vierzig Tagen kam er zum Gottesberg Horeb (Sinai; → ZdF S. 68 f), wo dem Mose das Gesetz verkündet worden war. Dort übernachtete er in einer Höhle. Er fühlte sich ganz verlassen und fragte sich, warum er alle Mühen auf sich genommen habe. Da sagte der Herr zu ihm, er solle aus der Höhle kommen. Plötzlich kam ein starker, heftiger **Sturm**, der die Berge zerriss und die Felsen zerbrach. Doch der Herr war nicht im Sturm. Nach dem Sturm kam ein **Erdbeben**. Doch der Herr war nicht im Erdbeben. Nach dem Beben kam ein **Feuer**. Doch der Herr war nicht im Feuer. Nach dem Feuer kam ein sanftes, leises **Säuseln**. Nun hörte er die Stimme des Herrn, der ihm neue Aufträge gab und ihm mitteilte: „Ich werde in Israel siebentausend übrig lassen, deren Knie sich nicht vor Baal gebeugt haben."

nacherzählt nach dem 1. Königsbuch 19, 1–18

Nabots Weinberg: Kritik an den Mächtigen

Nabot hatte einen Weinberg neben dem Palast des Königs Ahab. Der König wollte diesen Weinberg zur Vergrößerung seines Gemüsegartens unbedingt haben. Er versprach dem Nabot dafür einen guten Ersatz. Doch Nabot überließ dem König den Weinberg nicht, da er ihn von sei-

Baal mit Blitz, 2. Jahrtausend vC.

46 Unbequeme Leute – Die Propheten

nen Vätern geerbt hatte. Da wurde der König missmutig und aß nichts mehr. Als seine Frau Isebel davon hörte, sagte sie zu ihm: „Iss und sei guter Dinge! Ich werde dir den Weinberg Nabots verschaffen." Sie wandte sich an die Mächtigen des Landes und forderte sie auf, den Nabot in eine Versammlung zu rufen. Dort sollten zwei nichtswürdige Männer vor allem Volk gegen Nabot als Zeugen aussagen, er habe Gott und den König gelästert. Darum müsse er gesteinigt werden. Die Sache hatte Erfolg. Nabot wurde beschuldigt und gesteinigt. Ahab konnte nun den Weinberg Nabots in seinen Besitz nehmen.

Da erging das Wort des Herrn an Elija. Er sollte zu Ahab gehen und ihm sein Verbrechen vor Augen führen. Elija drohte ihm, seiner Frau und seiner ganzen Familie schwere Strafen an. Als Ahab die Drohungen hörte, tat er Buße. Darum kam zu seinen Lebzeiten kein Unglück über sein Haus.

nacherzählt nach dem 2. Königsbuch 21, 1–29

Marc Chagall (1887–1985), Elijas Opfer wird vom Feuer verzehrt (1 Kön 18). Ein feuriger Wagen entführt Elija zum Himmel (2 Kön 2, 1–18), 1931–39.

1 Stellt zusammen, was die Texte (1) von dem Propheten, (2) von Ahab und Isebel, (3) vom Volk und (4) vom Gott Israels sagen. Zur Arbeit: → **M4** und **M5**.
2 Andere wichtige **Erzählungen von Elija**: Legenden und Wundererzählungen (1 Kön 17), Tod und Himmelfahrt des Elija (2 Kön 2).
3 Manche Szene lässt sich gut **malen** oder in einem **Rollenspiel** darstellen. → **M8**.
4 Was meint ihr – gibt es auch heute **falsche Götter** („Götzen")?
5 Schreibt einen kleinen **Radiobeitrag**, in dem ihr heutige Ungerechtigkeiten der Reichen gegenüber Armen und Schwachen beschreibt. Welches Prophetenwort könnte dazu passen?

Elija lebte zur Zeit des Königs Ahab (873–853) und dessen Frau Isebel, in deren Namen sich der Göttername „Baal" versteckt. Sie war eine Prinzessin aus Tyrus, einer phönizischen Hafenstadt am Mittelmeer. Am Königshof in Israel setzte sie sich intensiv für Baal ein, so dass dieser Gott allmählich den Gott Israels verdrängte. Elija war ein Furcht einflößender **Prophet**, ein Eiferer, voll Leidenschaft, aber auch empfindsam und einsam. Die meisten **Erzählungen** von Elija stammen nicht aus seiner Zeit, sondern aus späteren Jahrhunderten. Sie sollten die Israeliten nicht so sehr über sein Leben informieren, als ihnen eine wichtige Botschaft übermitteln, z. B. wie Elija unerbittlich **für Gott und gegen falsche Götter** zu kämpfen.

47

3. Jesaja – Visionär einer neuen Welt

Das Leben des Propheten

Jesaja, dessen Name „Gott ist Heil" bedeutet, zählt zu den am meisten bewunderten Propheten Israels. Er wurde um etwa 770 vC in Jerusalem in einer adligen Familie geboren, war verheiratet und hatte zwei Kinder. Zeitlebens wirkte er in Jerusalem (→ ZdF S. 100 f). Der König fragte ihn gelegentlich um seinen Rat, die beamtete Priesterschaft sah in ihm einen lästigen Konkurrenten. Unter ihrem Misstrauen hat er gelitten. In seinem ganzen Leben hat er Gottes Wort gehört und verkündet.
Über vier Jahrzehnte hat er sich in die Politik seines Landes eingemischt. Vor allem in Krisenzeiten trat er auf. Oft ermahnte und tadelte er sein Volk, oft fand er auch Worte des Trostes und der Hoffnung. Unter dem König von Juda, Manasse (693–639), soll er den Märtyrertod erlitten haben.
In einigen Gedichten, die wie **Träume von einer besseren Welt** sind, spricht er von dauerhaftem Frieden, von verwirklichter Gerechtigkeit und von Gottes Heiligkeit. Sie wurden weltbekannt und auch in späteren Zeiten zu Zeichen der Hoffnung auf eine bessere Welt.

Der falsche und der wahre Gottesdienst

Am Anfang des Jesaja-Buches wirft der Prophet seinen Zuhörern, die im Tempel erschienen sind, in scharfer Form vor, Gott die falschen Opfergaben zu bringen. Gott wolle Recht und Gerechtigkeit für die Armen und Notleidenden.

11 Was soll ich mit euren vielen Schlachtopfern?, spricht der Herr.
Die Widder, die ihr als Opfer verbrennt,
und das Fett eurer Rinder habe ich satt;
das Blut der Stiere, der Lämmer und Böcke ist mir zuwider.
13 Bringt mir nicht länger sinnlose Gaben.
17 Lernt, Gutes zu tun! Sorgt für das Recht! Helft den Unterdrückten!
Verschafft den Waisen Recht, tretet ein für die Witwen!

aus dem Buch des Propheten Jesaja 1, 11. 13. 17.

A

1 Zur Arbeit: → **M4** und **M5**.
2 Schreibt **Merkmale** in euer Religionsheft (→ **M1**), die Jesaja für die Endzeit und die Eigenschaften des **Friedensfürsten** nennt. Deutet die sprachlichen Bilder.
3 **Malt** das ein oder andere Bild des Jesaja, das er für die Endzeit und den Friedensfürsten gebraucht.
4 Lest einen anderen großen **Hoffnungstext**: → Jes 11, 1–10.
5 Formuliert einige **Kurzthesen** zum Gottesbild des Propheten.
6 Warum beziehen die **Christen** die Texte des Jesaja auf Jesus und lesen sie vor allem in der Advents- und Weihnachtszeit?
7 Welche Bedeutung haben die Texte des Jesaja heute für die **Politik**?
8 Etwas Besonderes für die **Mädchen**, ein Text über die damaligen Moden: Jes 3, 16-26.
9 Ihr findet gewiss einen Text des Jesaja, über den ihr **meditieren** könnt: → **M10**.

Die Berufung zum Propheten

In einer wunderbaren **Berufung** im Jahr 738 vC sah er den Himmel mit dem Thron Gottes, der von sechsflügeligen Seraphim (Engel) umgeben ist, die Gottes Heiligkeit preisen. Er hörte, dass er Gottes Prophet werden sollte. Zuerst wandte er sich gegen diesen Auftrag, weil er meinte, dazu nicht würdig zu sein, schließlich kam er zu der Überzeugung, von Gott berufen zu sein.

nacherzählt nach Jesaja 6

Marc Chagall (1887–1985),
Der Prophet Jesaja (Jes 6, 1–13), 1968.

Pflugscharen statt Schwerter

Mit eindrucksvollen poetischen Bildern schildert der Prophet, wie in der Endzeit alle Völker zum Berg Zion kommen, von wo Gottes Weisungen kommen. Dann wird der Krieg der Völker ein Ende haben.

² Am Ende der Tage wird es geschehen: Der Berg (Zion) mit dem Haus des Herrn steht fest gegründet als höchster der Berge; er überragt alle Hügel. Zu ihm strömen alle Völker.
³ Viele Nationen machen sich auf den Weg. Sie sagen: Kommt, wir ziehen hinauf zum Berg des Herrn und zum Haus des Gottes Jakobs. Er zeige uns seine Wege, auf seinen Pfaden wollen wir gehen. Denn von Zion kommt die Weisung[1] des Herrn, aus Jerusalem sein Wort.
⁴ Er spricht Recht im Streit der Völker, er weist viele Nationen zurecht. Dann schmieden sie Pflugscharen aus ihren Schwertern und Winzer-messer aus ihren Lanzen[2]. Man zieht nicht mehr das Schwert, Volk gegen Volk, und übt nicht mehr für den Krieg.

aus dem Buch des Propheten Jesaja 2, 1–4

1 die Thora, Gottes Gebot mit den Zehn Geboten und dem Liebesgebot: → S. 210.
2 Das Wort von den Schwertern, die zu Pflugscharen werden, steht heute auf einem Denkmal vor dem Hauptsitz der UNO in New York.

Marc Chagall (1887–1985), Der Prophet Jesaja (Jes 2, 1–5): Der Prophet verkündet zukünftigen Frieden und die Herrschaft Jerusalems, 1956.

Der Friedensfürst

An anderer Stelle sagt Jesaja den Messias, einen wunderbaren Herrscher, an.

¹ Das Volk, das im Dunkel lebt, sieht ein helles Licht;
über denen, die im Land der Finsternis wohnen, strahlt ein Licht auf.
⁴ Jeder Stiefel, der dröhnend daherstampft,
jeder Mantel, der mit Blut befleckt ist,
wird verbrannt, wird ein Fraß des Feuers.
⁵ Denn uns ist ein Kind geboren, ein Sohn ist uns geschenkt.
Die Herrschaft liegt auf seiner Schulter;
man nennt ihn: Wunderbarer Ratgeber, Starker Gott,
Vater in Ewigkeit, Fürst des Friedens.
⁶ Seine Herrschaft ist groß und der Friede hat kein Ende.
Auf dem Thron Davids herrscht er über sein Reich;
er festigt und stützt es durch Recht und Gerechtigkeit,
jetzt und für alle Zeiten.

aus dem Buch des Propheten Jesaja 9, 1. 4–6

L Der Prophet **Jesaja** (ca. 770–690 vC) verkündete, dass Gott in seiner Schöpfung anwesend ist und Freude für die Menschen will. Seine Kritik an der **Unterdrückung der Armen** und am **Wahnsinn des Krieges** ist Maßstab für alle Zeiten. Seine Träume von **Gerechtigkeit** und **Frieden** sind Anlass zur Hoffnung auf eine bessere Welt.

Im Christentum wird das Buch des Propheten Jesaja wegen seiner Texte, die auf den **Messias** (→ S. 213; ZdF S. 121) hinweisen, besonders geschätzt. Der Prophet gilt als der „**Evangelist**" (→ S. 60) des Alten Testaments.

4. Jeremia – Unter der Last von Gottes Ruf

Das Leben des Propheten

Jeremia wurde um das Jahr 645 in der Nähe von Jerusalem (→ ZdF S. 100 f) geboren. Sein Name bedeutet: „Gott richtet aus Not und Elend auf". Er war kaum 20 Jahre alt, als er **Gottes Ruf** hörte. In den ca. 40 Jahren, in denen Jeremia in Jerusalem wirkte, musste er seinem Volk und den Mächtigen oft **bittere Wahrheiten** verkünden. Er warnte sie vor verfehlter Politik und vor falschen Bundesgenossen.

In seine Zeit fallen große Katastrophen. Im Jahr 598 eroberte der Babylonierkönig **Nebukadnezzar** das Reich Juda. 586 zerstörte er Jerusalem völlig. Dem jüdischen König wurden die Augen ausgestochen und viele Juden wurden nach **Babylon** verbannt. Dies war ein tiefer Einschnitt in der Geschichte des Volkes Israel.

Am Ende seines Lebens wurde Jeremia von seinen Landsleuten nach **Ägypten** verschleppt. Dort verliert sich seine Spur im Elend.

Die Berufung

Im Jahr 628 vC erging das Wort des Herrn an Jeremia. Der damals noch ganz junge Mann war erschrocken, „zum Propheten der Völker" bestimmt zu werden. Er wandte ein, nicht gut reden zu können und für diesen Auftrag zu jung zu sein. Dann aber bekam er eine Zusage, die seinen Widerstand brach: „Ich bin mit dir, um dich zu retten" und „Ich lege dir meine Worte in deinen Mund". Er erhielt den schwierigen Auftrag, gegen Könige, Politiker und Priester zu reden. Aber er wurde auch ermutigt: „Erschrick nicht vor ihnen. Ich selbst mache dich heute zur befestigten Stadt, zur eisernen Säule und zur ehernen Mauer."

nacherzählt nach dem Buch des Propheten Jeremia 1, 4–10

Marc Chagall (1887–1985), Jeremia kündet die Zerstörung Jerusalems an (Jer 21, 1–10), 1931–39. Der Maler lässt einen Engel Jerusalem in Flammen setzen. Die Bewohner müssen das Land verlassen und nach Babylon ziehen.

50 Unbequeme Leute – Die Propheten

Die Tempelrede

Im Jahr 606 schockierte Jeremia die Bewohner von Jerusalem, als er in einer ungewöhnlich scharfen Rede dem **Tempel** den Untergang ansagte. Sie sollten in Krisenzeiten nicht auf den Tempel vertrauen, sondern auf ihr Tun achten. Gott wolle nur dann bei ihnen wohnen, „wenn ihr die Fremden, die Waisen und die Witwen nicht unterdrückt, unschuldiges Blut an diesem Ort nicht vergießt und nicht anderen Göttern nachlauft" (7, 6 f). Diese Tempelrede war deshalb so unerhört, weil das Volk damals glaubte, der Tempel sei eine göttliche Garantie für den Schutz von Stadt und Land. Kein Feind könne die Stadt besiegen, solange der Tempel stehe. Gott selbst, der in dem Tempel wohne, sei dafür Bürge.

Diese Rede wurde dem Propheten als Verrat ausgelegt. Er hatte den damaligen Glauben an der empfindlichsten Stelle getroffen, weil er sich am Heiligsten vergriffen hatte. Man rottete sich gegen ihn zusammen und er wäre beinahe getötet worden. Tatsächlich ging der Tempel nicht im gleichen Jahr, wohl aber im Jahr 586 bei der Eroberung des Landes durch die Babylonier, in Flammen auf.

nacherzählt nach dem Buch des Propheten Jeremia 7, 1–11; 26, 7–19

Angriff auf eine Stadt am See Gennesaret, nach einem assyrischen Relief, 8. Jh. vC.

Klagen des Propheten

♦ ¹⁷ Ich sitze nicht heiter im Kreis der Fröhlichen; von deiner (Gottes) Hand gepackt sitze ich einsam, denn du hast mich mit Groll angefüllt. ¹⁸ Warum dauert mein Leiden ewig und ist meine Wunde so bösartig, dass sie nicht heilen will? Wie ein versiegender Bach bist du mir geworden, ein unzuverlässiges Wasser.

♦ ⁷ Du hast mich betört, o Herr, und ich ließ mich betören; du hast mich gepackt und überwältigt. Zum Gespött bin ich geworden den ganzen Tag, ein jeder verhöhnt mich. ⁸ Ja, sooft ich rede, muss ich schreien, „Gewalt und Unterdrückung!", muss ich rufen. Denn das Wort des Herrn bringt mir den ganzen Tag nur Spott und Hohn. ⁹ Sagte ich aber: Ich will nicht mehr an ihn denken und nicht mehr in seinem Namen sprechen, so war es mir, als brenne in meinem Herzen ein Feuer, eingeschlossen in meinem Innern. Ich quälte mich, es auszuhalten, und konnte es nicht.

aus dem Buch des Propheten Jeremia 15, 17 f; 20, 7–9

L Jeremia (um 645–580 vC) empfand seine Berufung zum **Propheten** immer als Last. Er musste seiner Zeit **Unheil und Katastrophen** ankündigen. Den Mächtigen **widersprach** er öffentlich und erhob **Protest** gegen das Unrecht. Dafür wurde er verfolgt und gequält. In manchen Augenblicken **warf er Gott vor**, dass er ihm zu viel zumute. Doch hat er auch eine neue Zeit des Heils („**Neuer Bund**") angekündigt.

> **Jeremia** hat sein ganzes Leben in Gottes Auftrag gesprochen. Gottes Pläne blieben auch für ihn **unerforschlich**. Mit seinen Worten und Taten hatte er **keinen Erfolg**, weil niemand auf ihn hören wollte.
>
> In seinem Erleben und Denken gleicht er heutigen Menschen. Er kennt Zweifel an sich selbst und an anderen. Einsamkeit und Angst spielen in seinem Leben eine große Rolle. Gerade deshalb hat er der heutigen Zeit viel zu sagen.

Der Neue Bund – Gottes Gesetz im Herzen der Menschen

Jeremia hat auch ein unerhörtes Wort verkündet, das Hoffnung für die Zukunft bedeutet. Gott wird mit dem Volk einen **Neuen Bund** schließen, der anders ist als der Sinaibund (→ ZdF S. 69), wo Gottes Gesetz auf steinernen Tafeln geschrieben war. Dann wird Gottes Gesetz in den Herzen leben und alle werden Gott erkennen.

31 Seht, es werden Tage kommen – Spruch des Herrn –, in denen ich mit dem Haus Israel und dem Haus Juda einen neuen Bund schließen werde, 32 nicht wie der Bund war, den ich mit ihren Vätern geschlossen habe, als ich sie bei der Hand nahm, um sie aus Ägypten herauszuführen. Diesen meinen Bund haben sie gebrochen, obwohl ich ihr Gebieter war – Spruch des Herrn.
33 Denn das wird der Bund sein, den ich nach diesen Tagen mit dem Haus Israel schließe – Spruch des Herrn:
Ich lege mein Gesetz in sie hinein und schreibe es auf ihr Herz.
Ich werde ihr Gott sein und sie werden mein Volk sein.
34 Keiner wird mehr den andern belehren, man wird nicht zueinander sagen: Erkennt den Herrn!, sondern sie alle, Klein und Groß, werden mich erkennen – Spruch des Herrn.
Denn ich verzeihe ihnen die Schuld, an ihre Sünde denke ich nicht mehr.

aus dem Buch des Propheten Jeremia 31,31–34

Marc Chagall (1887–1985), Der Prophet Jeremia, 1968.

Das Ende

Im Jahr 588 ließ sich der König Zidkija von Juda trotz aller Warnungen des Jeremia zum Abfall von Babylon verleiten. Dieser hatte seinen Landsleuten die Zerstörung Jerusalems durch die Babylonier angekündigt. Aber sie wollten nicht auf ihn hören. In einem letzten Gespräch riet er dem König vergeblich zur Kapitulation vor den Babyloniern.

Kurz darauf zerstörte der Babylonierkönig Nebukadnezzar 586 Jerusalem und setzte den Tempel in Brand. Der König wurde auf der Flucht von den Babyloniern gefangen, seine beiden Söhne wurden vor ihm umgebracht, ihm selber dann die Augen ausgestochen. Mit vielen anderen Be-wohnern Judas wurde er in die Babylonische Gefangenschaft geschleppt. Das Königtum Davids (→ ZdF S. 70 ff), das einen so glänzenden Anfang genommen hatte, fand ein unrühmliches Ende. Alles sah danach aus, als würde das Volk Israel nun endgültig aus der Geschichte verschwinden.

Jeremia wurde von flüchtenden Partisanen nach Ägypten verschleppt, wo er auch starb. Er erlebte die dunkelste Zeit seines Volkes, von der das Alte Testament berichtet. Gottes Pläne blieben auch für ihn unerforschlich.

nacherzählt nach dem Buch des Propheten Jeremia (Kap. 37-43)

A **Was ein Prophetenleben bedeutet**

1 Zum Umgang mit der **Bibel** und den **Bildern**: → **M4** und **M5**; eine Bildseite zu Babylon: → ZdF S. 48 f.

2 Welches **Bild** gewinnt ihr aus den Texten von Jeremia, welches von Gott?

3 Sind die **Erfahrungen**, die Jeremia mit Gott machte, für euch eher belastend oder hilfreich?

4 Um zwei **weitere Stationen** aus dem Leben des Jeremia kennenzulernen, könnt ihr euch – evtl. in Partnerarbeit – folgende Stellen erarbeiten:

♦ Das hölzerne und eiserne Joch – eine Aktion (Jer 27–28).
♦ Die Verbrennung seines Buches (Jer 36).

Marc Chagall (1887–1985), Jeremia wird in eine Zisterne geworfen, (Jer 38, 1–13), 1931–39.

Der König ließ Jeremia mehrfach festnehmen. Man warf ihn sogar in eine Zisterne, in der kein Wasser, sondern nur Schlamm war. Seine Schande und sein Schmerz waren unerträglich. Nur durch einen treuen Freund wurde er gerettet.

> **L** ♦ Das kleine **Jonabuch** ist eine Bilderzählung von Jona, einem widerspenstigen Propheten. Er will dem Auftrag Gottes entfliehen, der bösen Stadt Ninive Buße zu predigen, doch gelingt ihm das nicht („Walfisch"). Am Ende muss er erkennen, dass Gott **Gnade vor Recht** ergehen lässt, wenn die Menschen vom Bösen lassen.
>
> ♦ Die **Erzählung von Jona** wendet sich auch gegen engstirnige Fromme, die Gott für sich allein oder für ihre Gruppe in Anspruch nehmen. Hier wird anschaulich gezeigt, dass Gott das **Heil aller Völker** will. Wer Gott für ein Volk allein oder für eine Religion allein reservieren will, hat nicht verstanden, dass Gott allen Menschen zugetan ist, weil alle Menschen seine Geschöpfe sind.

Salvador Dali (1904–1989, zugeschrieben), Jona, 1964. (→ S. 42, 58, 91)

5. Jona – Gnade vor Recht

„… ganz schön geflunkert"

> Lieber Gott,
> bei uns in der Schule ist jetzt Jona und der Walfisch dran. Wie er ihn mit Haut und Haaren verschluckt hat. Das ist die beste Geschichte, die ich seit langem gehört habe. Da passiert was, man kriegt richtig Angst. Mein Vater aber sagt, da wird ganz schön geflunkert. Glaubst du, dass das nur ein Witz ist?
> Dein Daniel

Wer die Erzählung von Jona nicht genau kennt, wird sie vielleicht für ein Märchen oder geflunkert halten. Wer sich aber näher damit befasst, kann entdecken, dass sie nicht nur spannend, sondern für den Glauben und das Leben wichtig ist. Erst wenn man weiß, wie die Erzählung entstanden ist, kann man erkennen, was sie sagen will.

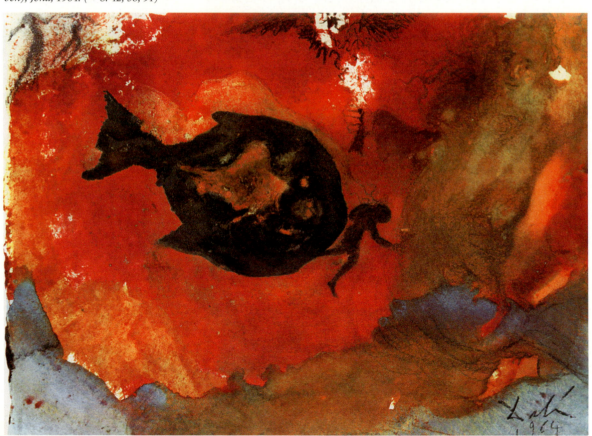

54 Unbequeme Leute – Die Propheten

Das Jonabuch – eine Lehrerzählung

Das **Buch Jona**, das im 4. oder 3. Jh. vC entstanden ist, gehört zum alttestamentlichen Zwölfprophetenbuch. Man hat es als eine „Perle unter den jüdischen Erzählungen" bezeichnet. Es ist kein Bericht von einem Ereignis, das sich so oder so ähnlich abgespielt hat, sondern eine lehrhafte Erzählung, die den Lesern etwas Wichtiges über Gott klarmachen will. Sie führt in eine Welt, in der wie in einem Märchen allerlei aufregende Dinge passieren. In ihrem Mittelpunkt steht Jona, der von seinem Verfasser als merkwürdiges Exemplar eines Propheten entworfen worden ist.

Erster Teil: Jona auf der Flucht vor seinem Auftrag

Die Erzählung beginnt mit einem Paukenschlag. Jona erhält von Gott den Auftrag, nach Ninive zu gehen, also in die große assyrische Stadt, die weit weg vom Land Israel in Mesopotamien liegt. Mit den Assyrern verbanden die Juden keine guten Erinnerungen, da diese einst viele Israeliten ermordet und verbannt hatten. Weil die Stadt lasterhaft und schlecht ist, soll Jona ihr ein Strafgericht Gottes androhen. Doch Jona denkt nicht daran, diesen Auftrag zu erfüllen. Er begibt sich auf die Flucht in die entgegengesetzte Richtung. Unterwegs gerät er auf einem Schiff und in einem großen Fisch („Wal") in arge Bedrängnis. Die Leser bekommen dabei viel zu schmunzeln.

nacherzählt nach dem Buch Jona 1–2

Zweiter Teil: Widerwillige Erfüllung des Auftrags

Dann erhält Jona noch einmal denselben Auftrag. Er ist noch immer verständnislos und macht sich nur widerspenstig auf den Weg. In Ninive predigt er den Leuten und es passiert, was er gar nicht für möglich hielt: alle Lebewesen der Stadt, Menschen und Tiere, bekehren sich. Gott nimmt seine Drohung zurück und verschont die Stadt. Das aber passt dem Propheten überhaupt nicht. Er hätte lieber gesehen, dass die sündige Stadt bestraft worden wäre, weil er glaubte, es sei nur gerecht, dass die Schlechtigkeit von Gott bestraft werde. Dass Gott hier Gnade vor Recht ergehen lässt, kann er nicht einsehen. Gott aber handelt so aus Liebe zu seiner Schöpfung. Am Ende erhält Jona einen kräftigen Denkzettel, damit er mehr Verständnis für Gottes Barmherzigkeit aufbringt. Ob er Gottes Absicht begriffen hat, wird nicht mehr gesagt.

nacherzählt nach dem Buch Jona 3–4

A Jedermann ist Jona – Überall ist Ninive

1 Zum Verständnis der **Bibel** und des **Bildes**: → **M4** und **M5**.

2 Ihr könnt das Buch Jona **ganz lesen**, da es sehr kurz ist. Findet für alle 4 Kapitel Überschriften, sucht wunderbare Einzelheiten heraus und fragt nach deren Sinn. Lest auf jeden Fall das 4. Kapitel, in welchem Gott dem Jona zeigt, warum er die böse assyrische Stadt Ninive verschont.

3 Lasst den Jona in **„Ich-Form"** erzählen, was er denkt und fühlt.

4 Schreibt dem **Daniel** einen Antwortbrief.

5 Studiert ein **Puppenspiel** mit dem Titel „Jona" ein. Es spielen mit: Jona, Matrosen, der Kapitän eines Schiffes, ein großer Fisch, Leute aus Ninive usw. Gott selbst soll nur als Stimme oder Lichtpunkt vorkommen. Die Puppen könnt ihr in Zusammenarbeit mit dem Kunstlehrer anfertigen. Nicht weniger reizvoll ist es, ein **Rollenspiel** aus der Jona-Erzählung zu machen → **M8**.

6 **Zeichnet** die einzelnen Szenen des Buches und stellt sie in der Klasse aus.

7 Nennt Beispiele aus dem **Neuen Testament**, wo Jesus zeigt, dass Gott Gnade vor Recht ergehen lässt.

Symbole des Jonabuches

in der Tiefe sein

wieder ans Licht kommen

sich in einem Dunkel befinden

von einem Abgrund verschlungen werden

aus einem Unglück heil herauskommen

Im Meer versinken

6. Mit Propheten muss man immer rechnen

Ein Bauer stirbt für seine Überzeugung

Franz Jägerstätter (1907–1943) war ein einfacher Bauer, ein glücklicher Ehemann, ein liebevoller Vater von drei Kindern. Aus den ersten dreißig Jahren seines Lebens ist nichts Auffälliges bekannt.

In den Blickpunkt des Dorfes trat er erst 1938 beim Anschluss Österreichs an das Deutsche Reich, als Hitler „seine Heimat nach Deutschland heimholen wollte". Damals war er entsetzt, wie seine Landsleute den „Führer" umjubelten. Als es zur Volksabstimmung kam, bei der die Österreicher mit überwältigender Mehrheit diesen Anschluss bejahten, war Franz Jägerstätter der Einzige in seinem Dorf, der mit „Nein" stimmte. Seine Ablehnung des Nazi-Systems fand ihren Höhepunkt, als er sich 1943 weigerte, für Hitler-Deutschland in den Krieg zu ziehen. Er erklärte, dass Christen sich niemals an einem ungerechten Krieg beteiligen dürften. Die Priester und selbst sein Bischof sagten ihm, dass es seine Pflicht sei, Militärdienst zu leisten. Seine Aufgabe sei es nicht zu beurteilen, ob ein Krieg gerecht oder ungerecht sei. Dafür seien andere zuständig. Franz Jägerstätter aber wusste aus seinem christlichen Glauben, dass er es nicht dem Staat überlassen könne, ihm klarzumachen, wozu er verpflichtet war. Das sagte ihm allein sein Gewissen (→ S. 178 ff). Am 9. August 1943 wurde er in Berlin hingerichtet. Auf dem 2. Vatikanischen Konzil (1962–65) wurde er als Vorbild für die Christen bezeichnet.

Franz Jägerstätter

Eine Indianerin kämpft gegen Unterdrückung

Rigoberta Menchú Tum (geb. 1959) ist eine Indianerin aus Guatemala. Ihre Eltern wurden von den Mächtigen des Landes auf bestialische Weise ermordet. Sie selbst kämpfte fortan gegen Rassismus und Ausbeutung in ihrem Land. Als Bürgerrechtlerin wurde sie bekannt. Trotzdem war die Verleihung des Friedensnobelpreises an sie (1992) eine Sensation. Denn sie war mit 33 Jahren die jüngste Preisträgerin. Sie sagt von sich selbst: „Durch meine Erfahrungen, durch alles, was ich erlebt habe, durch alle meine Schmerzen und Leiden lernte ich, die Rolle eines Christen im Kampf auf der Erde zu bestimmen. Ich las mit den Bauern die Bibel und wir fanden heraus, dass man sie früher benutzt hatte, um das Volk ruhig zu halten, anstatt dazu, das Licht zu den Ärmsten des Volkes zu bringen. Die Arbeit der revolutionären Christen besteht hauptsächlich darin, die Ungerechtigkeiten, die gegen das Volk begangen werden, öffentlich anzuklagen und zu verurteilen. Mein Leben liegt nicht in meiner Hand. Ich kann von heute auf morgen getötet werden, aber ich weiß, dass mein Tod nicht vergeblich sein wird, sondern ein Beispiel mehr für die Bauern ist. Die Welt, in der ich lebe, ist so verbrecherisch, so blutdürstig, dass sie mir mein Leben von heute auf morgen nehmen kann. Darum ist meine einzige Alternative, das Einzige, was mir bleibt, der Kampf, die gerechte Gewalt. Das habe ich aus der Bibel gelernt."

Rigoberta Menchú Tum

Ein Kardinal verkauft sein Palais

Paulo Evaristo Arns (geb. 1921) ist der beliebteste – aber auch der unbequemste – Bischof Brasiliens. Sein Einsatz gegen die Militärdiktatur und sein beispielhaftes Leben haben ihn weltweit populär gemacht.

Als kleiner Junge wollte Paulo Evaristo Fußballprofi werden. Sein bester Freund war ein Schwarzer, der von den anderen Kindern gemieden wurde. Als 18-Jähriger trat Arns in den Franziskanerorden (→ S. 133) ein. Er wusste sich dem Armutsideal seines Ordensgründers verpflichtet. 1945 wurde er zum Priester geweiht, 1970 wurde er Erzbischof von São Paulo, dem damals größten Bistum der Welt. 1973 wurde Arns vom Papst in das Kardinalskollegium berufen. Der neu Ernannte begann seine Amtszeit mit einer Überraschung für alle. Er wollte nicht in dem prunkvollen Palais wohnen, in dem seine Vorgänger gewohnt hatten. Als er den Wunsch äußerte, dieses Palais zu verkaufen, rieten ihm seine Priester und Laien zunächst ab, weil sie meinten, sein öffentliches Ansehen sei größer, wenn er eine große Residenz habe. Einige Zeit später fand er dann doch Zustimmung für seinen Plan. Der stattliche Betrag, den er erzielte, kam den Armen und Schwachen zugute, für die er Sozialstationen in den Slums am Rande der Stadt bauen ließ.

Während der Diktatur in Brasilien zeigte Arns Menschenrechtsverletzungen nicht nur an, er fuchtelte auch furchtlos mit dem Zeigefinger vor den Nasen der Generäle und setzte sich rückhaltlos für die Befreiung politischer Häftlinge ein. Die Reichen beschimpften ihn als „Roten Bischof". 1998 trat er in den Ruhestand, aber er ist noch immer aktiv.

Kardinal Arns

A Propheten gibt es nicht nur in der Bibel

1 Was meint ihr: Kann man Franz Jägerstätter und Kardinal Arns als „**Propheten**" und Rigoberta Menchú als „**Prophetin**" bezeichnen? Begründet eure Antwort.

2 In der großen Rede, die der Apostel Petrus am Pfingsttag in Jerusalem hielt (Apg 2, 17–21), zitiert er ein Prophetenwort des Joel (3, 1) vom **Ende der Tage**. Was wird da über „Söhne und Töchter" gesagt?

3 Erzählt von **Gestalten** der Christenheit, die von prophetischem Geist erfüllt waren, z. B. von Hildegard von Bingen: → S. 130 f; Franz von Assisi: → S. 132 ff. Zeigt, wo sie prophetische Züge aufweisen.

4 **(Kleine) Propheten** gibt es in der Straßenbahn und in der Schule, auf dem Markt und im Fernsehen. **(Große) Propheten** können die Politik, den Staat und die Kirche herausfordern. Kennt ihr Beispiele aus unserer Zeit?

5 Wiederholt, was ihr über **Mohammed**, den islamischen Propheten, gelernt habt. (→ ZdF S. 204 f)

L **Propheten** kommen immer wieder. Propheten heute sind Frauen und Männer, die Zivilcourage haben, nicht allen Trends folgen, sich unbeliebt machen, Missstände öffentlich benennen, nicht dem Geld nachjagen, sich für Gerechtigkeit, Frieden und Bewahrung der Schöpfung einsetzen, Hoffnung erwecken, auf Gott hinweisen. Sie sind **Querköpfe**, die eine bessere Welt wollen.

Das Evangelium –

58 Das Evangelium – Ein Programm fürs Leben

Ein Programm fürs Leben

Salvador Dali (1904–1989, zugeschrieben), Jesus bei seiner Rede auf dem Berg, 1964.

Der spanische Maler gehört zu den phantasievollsten Künstlern des 20. Jahrhunderts. Er hat sich auf seinen mehr als 1 200 Gemälden nie darum gekümmert, Bilder so zu malen, wie wir sie im Alltag sehen. Er benutzte Farben, die so nicht in der Natur vorkommen, um seinen Bildern eine neue Bedeutung zu geben. Viele seiner Werke scheinen Traum- oder Phantasiewelten zu zeigen. Aus dem Jahr 1964 stammt eine Bibel mit ganz ungewöhnlichen Bildern. Neuerdings wird bestritten, dass diese Bilder der Bibel von ihm stammen.

Jesus verkündet sein Evangelium

1 Beschreibt nach einer längeren stillen Betrachtung den **Aufbau** des Bildes: Was seht ihr in der Mitte, was auf der linken, was auf der rechten Seite, was unten und oben?

2 Wie wird **Jesus** dargestellt? Achtet auf die Größe und die Bewegung, die durch das Bild geht. Lasst vor allem die Farben auf euch wirken. Überlegt, welche Bedeutung die Farben braun, grün, blau und goldgelb haben können und wo sie in der Natur vorkommen.

3 Sucht in der **Rede Jesu auf dem Berg** (Mt 5–7) ein Wort, das Jesus auf dem Bild sprechen könnte.

4 Versucht, über das Bild zu **meditieren**: → **M10**.

5 **Weitere Bilder** aus derselben Bibel: → S. 42, 54, 91: → **M5**.

Vorschau

Jesus hat das **Evangelium** verkündet. Die Evangelisten Matthäus, Markus, Lukas und Johannes haben in ihren **Evangelien** – den vier ersten Büchern im **Neuen Testament** – diese Botschaft Jesu aufgeschrieben. Die Evangelien sind die **Grundlage des christlichen Glaubens** – ein Programm für das Leben. Kein anderes Buch der ganzen Welt wurde und wird so oft abgeschrieben, gedruckt, gelesen wie die Evangelien.

Wiederholung – ein Weg zum Bibelverständnis

Lesen — Fragen — Denken — Interviewen — Suchen — Gestalten — Präsentieren

1 **Wiederholt** in Grundzügen folgende Kapitel: Auf der Hitliste ganz oben – Die Bibel: → ZdF S. 32 ff; Die Heimat Jesu – Land und Leute: → ZdF S. 96 ff; Jesus – Eine unendliche Geschichte: → ZdF S. 116 ff.

2 Ihr habt hoffentlich in eurem Religionsheft (→ **M1**) einen Abschnitt für die Bibelarbeit angelegt, wie es schon früher angeregt wurde (→ ZdF S. 46). Sein Titel lautet: „Meine Bibel". Wenn ja, könnt ihr diesen Teil jetzt ergänzen. Wenn nein, ist jetzt ein guter Zeitpunkt gekommen, damit anzufangen.
Dabei könnt ihr z. B. ein kleines **Bibellexikon** in alphabetischer Reihenfolge erstellen, in das ihr (1) Personen, (2) Städte, Landschaften, Länder und (3) wichtige Ausdrücke eintragt. Dazu könnt ihr Bilder malen oder Fotos einkleben.

3 Schreibt die Texte, die euch gut gefallen, auf eine **Bibelrolle** (→ ZdF S. 38).

4 Stellt euch in eurem Religionsheft folgende **Fragen**:
♦ Was bedeutet das Wort „Evangelium" und wie viele Evangelien gibt es?
♦ Wer hat sie verfasst und wann sind sie entstanden?
♦ Welche Themen finden sich in den Evangelien?
♦ Habt ihr einen Lieblingstext? Wenn ja, welchen?
Wenn die entsprechenden Themen behandelt worden sind, könnt ihr die Fragen im Heft schriftlich beantworten.

1. Gute Nachricht

Situationen,
in denen jemand auf eine gute Nachricht wartet

Kai (16) ist auf dem Weg zur Arbeit mit dem Mofa verunglückt. Ein Auto hat ihn gestreift und zu Boden gerissen. Schwer verletzt wird er in ein Krankenhaus eingeliefert. Nach der Operation fragen seine Eltern voller Sorgen den Arzt.

Tabea (13) fällt das Rechnen schwer. Ihre Versetzung hängt von der letzten schriftlichen Arbeit ab. Sie weiß nicht, ob es zu einem „ausreichend" langt. Die Tage bis zur Rückgabe der Arbeit werden ihr lang.

Ein **Politiker** hat sich seit Wochen im Wahlkampf darum bemüht, die Wähler von seinem Programm zu überzeugen. Gespannt sitzt er am Abend des Wahltages vor dem Fernsehgerät und hört die ersten Hochrechnungen und Ergebnisse.

L Das griechische Wort „**Evangelium**" bedeutet „gute Nachricht", „frohe Botschaft" oder – ganz modern – „lebenswichtige Information".
- Im **Alten Testament** hatten die Propheten eine „gute Botschaft" für das Volk Israel, wenn sie von Gottes Nähe oder Barmherzigkeit sprachen (→ S. 42 ff; Jes 52, 7).
- In der **griechisch-römischen Welt** gebrauchten die Kaiser und Herrscher oft das Wort „Evangelium", wenn sie dem Volk eine gute Nachricht mitteilen wollten, z. B. den Beginn ihrer Herrschaft, die Geburt eines Thronfolgers oder einen Sieg über die Feinde.
- **Heute** steckt in dem Hauptwort „Nachricht" das Tätigkeitswort „**sich nach etwas richten**", und in dem Wort „Information" das Wort „**etwas in Form bringen**".

60 Das Evangelium – Ein Programm fürs Leben

Fragen,
auf die eine gute Antwort gesucht wird

Theo (14) hat im Zorn einen Mitschüler geschlagen und dabei verletzt. Zur Strafe wird er in eine andere Klasse versetzt. Die Tat tut ihm später leid. Er fragt sich, was er seinem Mitschüler sagen soll.

Monika (14) ist gehbehindert und kann sich nur in einem Rollstuhl fortbewegen. Sie fragt sich, womit sie das verdient hat und welchen Sinn ihr Leben hat.

Jens (13) denkt immer wieder über Gott nach. Er fragt sich: Wie ist Gott? Muss ich Angst vor ihm haben, weil ich nicht immer so bin, wie ich sein sollte? Oder … ?

Hellas (13) Mutter ist gestorben. Sie weiß nicht, ob mit dem Tod alles aus ist oder ob sie auf neues Leben für ihre Mutter hoffen darf.

L Das „**Evangelium**" des Neuen Testaments ist die gute Nachricht von Gott. Jesus entwirft darin ein **Programm** für alle, die ihrem Leben einen guten Sinn geben wollen. Wer es hört, darf sich freuen. Wer Trauer und Schmerz hat, soll getröstet werden. Wer Schuld auf sich geladen hat, darf auf Vergebung hoffen. Wer mit Bösem zu tun hat, findet Kraft zum Widerstand. Mit seinem Evangelium ruft Jesus alle Zuhörer auf, sich aus der Kraft des Glaubens an Gott für Liebe und Gerechtigkeit, Frieden und Versöhnung einzusetzen.

A Das sollte man schon wissen

1 Wie würdet ihr die **Fragen** von Theo und Monika, von Jens und Hella beantworten?
2 Erzählt von **Situationen**, in denen Jungen und Mädchen auf eine gute Nachricht warten.
3 Was bedeutet es für Christen, wenn ihre wichtigste Schrift „**Evangelium**" heißt?

Rembrandt (1606–1669), Das „Hundertguldenblatt", um 1648. Der Druck heißt so, weil Rembrandt einst 100 Gulden bezahlen musste, um ein Exemplar zurückzukaufen.

- ♦ Um 70 verfasst **Markus** das erste vollständige Evangelium von Jesus.
- ♦ Um 80 schreibt **Matthäus** sein Evangelium.
- ♦ Um 90 entsteht das Evangelium des **Lukas**.
- ♦ Um 90 liegt das Evangelium des **Johannes** vor.

2. Vom Himmel gefallen?

Ein Bibel-Interview mit Professor Müller

Die Klasse 7 b (K) befragt Herrn Professor Dr. Müller (M), einen ausgezeichneten Bibelfachmann, über die Evangelien:

K: Herr Professor Müller, sind die Evangelien vom Himmel gefallen?

M: Nein! Wir wissen heute genau, dass sie in der alten Welt im ersten Jahrhundert nC entstanden sind.

K: Stammen sie von Jesus?

M: Ja und nein. Jesus selbst hat keine Schriften hinterlassen, obwohl er schreiben konnte. Auch seinen Freunden hat er nicht den Auftrag gegeben, seine Botschaft aufzuschreiben. Trotzdem gehen sie auf ihn zurück.

K: Wie können wir uns das vorstellen?

M: Ich will versuchen, es zu erklären. Im Ganzen können wir drei Stationen oder drei Phasen unterscheiden, in denen die Evangelien allmählich entstanden sind.

K: Das verstehen wir nicht.

M: Ich hoffe, dass ich es zeigen kann.

Die **erste Phase** dauerte ein Jahr, vielleicht auch drei Jahre, also etwa die Zeit um **28–30 nC**. Es ist die Zeit, in der **Jesus** lebte. Damals verkündete Jesus sein Evangelium, das ist seine Frohe Botschaft von Gott, und wirkte Aufsehen erregende Taten. Er rief die Menschen zur Umkehr und zum Glauben auf. In Jerusalem wurde er gekreuzigt. Dort ist er auch auferstanden. Als am Pfingstfest der **Geist Gottes** über seine Anhänger kam, erkannten sie endgültig, wer Jesus ist und was er will: Er ist der Sohn Gottes, der die Ehre Gottes sucht und den Frieden für alle Menschen will.

K: Das also ist die kurze Zeit, in der das Evangelium als mündliche Botschaft Jesu entstanden ist.

M: Ja, so ist es.

A Die Evangelien – Entstehung und Eigenart

1 Erstellt in eurem Religionsheft (→ **M1**) ein dreistufiges Schema. Tragt darin **die drei Etappen** von (1) der Verkündigung des Evangeliums über (2) die Predigten der Zuhörer Jesu bis (3) zur Entstehung der vier Evangelien ein.

2 Warum ist es wichtig, dass man die **zwei Seiten** des einen Evangeliums kennt? Versucht sie genauer zu erklären.

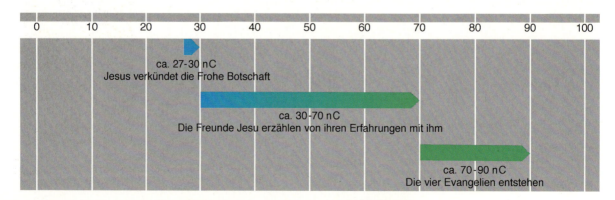

62 Das Evangelium – Ein Programm fürs Leben

K: Und wie ging es weiter?

M: Die **zweite Phase** spielt in den nächsten vier Jahrzehnten, also etwa von **ca. 30–70 nC**. Nun erzählten die **Freunde Jesu** anderen Leuten begeistert weiter, was sie mit ihm erlebt und was sie von ihm gehört hatten. Bald fertigten sie auch **kleine Aufzeichnungen** an, um alles verlässlich im Gedächtnis behalten zu können. So entstanden kleine Schriften von den Worten und Reden Jesu, von seinen Zeichen und Wundern, von seiner Leidensgeschichte und von seiner Auferweckung. Diese Aufzeichnungen wurden z. B. im Gottesdienst oder bei der Spendung der Taufe vorgelesen.

K: Das waren noch nicht die Evangelien, die wir heute in unserer Bibel lesen können?

M: Nein. Die **vier Evangelien** sind erst in der **dritten Phase**, also in den Jahrzehnten zwischen **ca. 70–90 nC** entstanden. Männer wie Markus, Matthäus, Lukas und Johannes sammelten die schon vorhandenen Aufzeichnungen über Jesus. Sie stellten sie zu größeren Schriften zusammen und gaben ihnen zusätzlich eine jeweils ganz persönliche Note. In ihren vier Evangelien lebt das eine Evangelium Jesu fort.

K: Jetzt erst lagen die vier Evangelien endgültig vor?

M: Ja. Sie hatten nun die Form gefunden, in der sie von Generation zu Generation weitergegeben werden konnten.

K: Das ist ja eine Entwicklung, die komplizierter ist als bei normalen Büchern. Aber einleuchtend ist sie schon.

M: Das kann man so sagen.

K: Herr Professor Müller, die Klasse 7b dankt ihnen für dieses Gespräch.

Was haltet ihr von diesen Buchtiteln für die Evangelien? Welchen Titel schlagt ihr vor?

Die beiden Seiten des Evangeliums

Lebensbeschreibung	frohe Botschaft
Geschichte	Glaubenszeugnis
Zeitzeugen	Engel
Bericht aus der Vergangenheit	Erzählung für Gegenwart und Zukunft
nüchtern, sachlich	bildhaft, symbolisch, wunderbar
Erde	Himmel
Zeit	Ewigkeit

und

Jesus ist zugleich

der Mann aus Nazaret	der Sohn Gottes
eine Gestalt der Geschichte	der Mittelpunkt des Glaubens
am Kreuz gestorben	von Gott auferweckt

und

63

3. Markus – Der erste Evangelist

Das erste Evangelium – Start einer neuen Schriftenreihe

Wenn ein Reporter (R) Markus (M) vor mehr als 1935 Jahren – etwa im Jahr 70 – hätte interviewen können:

R: Sie haben soeben eine wichtige Schrift über Jesus von Nazaret in Galiläa veröffentlicht. Darin kann man lesen, dass er vor ca. 40 Jahren in Jerusalem gekreuzigt wurde und kurz danach von den Toten auferstanden ist. Haben Sie Jesus noch persönlich gekannt?

M: Nein, ich selber habe ihn nie gesehen. Aber ich habe schon vor Jahren einige seiner Jünger kennengelernt. Diese Leute haben mir von Jesus erzählt. Daraufhin habe ich mich entschlossen, den Glauben an Jesus anzunehmen.

R: Hatten Sie auch schriftliche Quellen für Ihr Buch?

M: Ja. Ich habe mich nicht allein darauf verlassen, was ich gehört habe. Ich habe auch kleinere Schriften über Jesus vorgefunden, die in christlichen Gemeinden schon vor Jahren zusammengestellt worden sind. Die längste Schrift, die ich vorfand, erzählt ausführlich vom Prozess Jesu, von seinem Leiden, Sterben und kurz von seiner Auferstehung.

R: Das ist interessant. Und was haben Sie mit diesen kleinen Schriften gemacht?

M: Nun, ich habe sie zuerst gesammelt, dann geordnet und schließlich eine zusammenhängende Schrift aus ihnen gemacht, in der alles, was mir von Jesus wichtig erscheint, nacheinander erzählt wird.

R: Dann haben Sie das Buch ja eigentlich gar nicht selbst geschrieben. Die eigentlichen Verfasser sind dann ja doch wohl Leute, die Jesus noch gekannt haben, während Sie selbst offenbar nur die verschiedenen Texte zusammengestellt haben.

M: Ja, das könnte man so sagen. Ich habe die Texte zeitlich so angeordnet, dass die Schrift beim ersten öffentlichen Auftreten Jesu beginnt und mit seiner Auferweckung schließt. Dabei bin ich so vorgegangen, wie es die Redakteure einer Zeitung mit den einzelnen Meldungen gewöhnlich auch tun. Ich glaube aber schon, dass mein eigener Stil an vielen Stellen erkennbar wird.

R: Erlauben Sie mir, dass ich Ihnen an der Stelle leider sagen muss, dass mir Ihr Stil nicht besonders gefällt. In Fachkreisen wird er nicht viel Beifall finden. Manches erzählen Sie sehr unbeholfen, vieles ist ungeschickt, und dann die vielen „und". Wie viel Abschnitte, wie viel Sätze fangen Sie mit „Und dann" an?

M: Das mag sein. Ich habe nicht gerade die beste Ausbildung gehabt. Aber die Christen, für die ich schreibe, sind auch einfache Leute, die mehr auf den Inhalt achten als auf den Stil.

Albrecht Dürer (1471–1528), Markus (Ausschnitt), 1526.

L Das **Jesusbild** des Markusevangeliums ist **voll Kraft und Entschiedenheit.** Jesus kämpft hier so heftig gegen die Mächte des Bösen wie in keinem anderen Evangelium. Die vielen Dämonenaustreibungen (Mk 5, 1–20) und die Krankenheilungen sind dafür ein lebendiges Zeugnis. Selbst gegenüber gefährlichen Wasserfluten und Stürmen erweist er sich als starker Retter (4, 39). Wenn er in seinem Leben lehrt oder heilt, leuchtet in ihm schon die Herrlichkeit der Auferstehung auf.

R: Noch etwas, das mir an Ihrer Schrift auffällt: Sie hat viele Lücken. Ich finde kein Wort von der Kindheit Jesu, nichts von seiner Jugend und auch nur wenig von dem, was sich bei der Auferstehung ereignet haben soll. Warum haben Sie darüber nicht mehr gesagt?

M: Das hat einen ganz einfachen Grund. Darüber habe ich nichts in Erfahrung bringen können. Vielleicht gibt es darüber in anderen Gemeinden noch Unterlagen, die ich nicht kenne. Andere christliche Schriftsteller nach mir werden sicher weitersuchen und noch mehr über Jesus zu sagen haben, als ich es im Moment kann. Vielleicht werden sie auch meine Aufzeichnungen gebrauchen können.

R: Sie haben Ihr Buch „Evangelium" genannt und ihm damit einen Titel gegeben, den es bis heute für ein Buch noch nie gegeben hat. Was haben Sie sich dabei gedacht?

M: Das Wort drückt am ehesten aus, um was es mir geht. Meine Schrift ist nicht einfach ein Geschichtsbuch oder eine Biographie Jesu. Wenn ich so etwas hätte schreiben wollen, hätte ich manches anders machen müssen. Meine Schrift will vielmehr zum Glauben führen. Sie will den Menschen froh machen, indem sie die Frohe Botschaft, d. h. das „Evangelium" Jesu Christi, weitergibt.

R: Das klingt ja großartig. Wenn Sie das fertig bringen, prophezeie ich dem Buch eine große Zukunft. Vielleicht werden Sie ein Bestsellerautor, von dem man noch sprechen wird, wenn die großen Schriftsteller unserer Zeit längst vergessen sind. Haben Sie selbst einen Wunsch für Ihr Buch?

M: Ja, ich möchte, dass es nicht das einzige „Evangelium" bleibt. Ich fände es gut, wenn es noch Konkurrenz bekäme und eine Reihe anderer Evangelien geschrieben würde. So könnte alles, was für den Glauben an Jesus wichtig ist, auch für alle Zukunft schriftlich festgehalten werden.

R: Ich danke Ihnen für dieses Gespräch.

A   Ein Interview durcharbeiten

1 Lest das Interview mit **verteilten Rollen**.
2 Stellt einige **Thesen** aus dem Interview zusammen, die etwas Wichtiges über Markus, das Evangelium und Jesus sagen.
3 Warum nennt Markus seine Schrift nicht „**Leben/Geschichte/Biographie Jesu**", sondern „**Evangelium Jesu Christi**" (1, 1)?
4 Vergleicht die beiden **Markusbilder** miteinander: → **M5**.
5 Eine Einführung in das **Lukasevangelium**: → ZdF S. 118 f.

Evangelist Markus mit Löwensymbol, Hitfred-Evangeliar, Frankreich um 810.

4. Die vier Evangelien

	Markus	**Matthäus**
Alte Angaben über den Verfasser (heute umstritten):	Begleiter des Petrus auf dessen Reisen. Er übersetzt dessen Predigt.	Zöllner, dann Apostel Jesu
Entstehungszeit:	um 70	um 80
Entstehungsort:	Rom (?)	Syrien (?)
Sprache/Stil:	rau, kunstlos	lehrhaft, gut gegliedert
Adressaten:	Christengemeinde in Rom (?)	Syrien (?)
Wie Jesus dargestellt wird	Der Sohn Gottes im Kampf gegen die Mächte des Bösen	Der Messias, in dem die Verheißungen des Alten Testaments erfüllt sind
Besonderheiten:	viele Wundertaten Jesu, Kampf gegen Dämonen	Kindheitsevangelium, Bergpredigt
Symbol des Evangelisten	Löwe	Mensch

Die vier Evangelisten, Evangeliar der Ada, Hofschule Karls des Großen, um 800.

Lukas	**Johannes**
Arzt, später Begleiter des Paulus auf dessen Reisen	der Lieblingsjünger Jesu
um 90	um 90
Alexandrien (?)	Ephesus (?)
anschaulich, elegant	erhaben, feierlich
Gemeinde mit vielen Heidenchristen in der griechischen Welt	jüdisch-christliche Gemeinde
Der Freund und Helfer der Menschen	Christus kommt vom Vater in die Welt; er kehrt zu seinem Vater zurück
Kindheitsevangelium, Gleichnisse, Erwähnung vieler Frauen	Aufsehen erregende Zeichen, Offenbarungsreden und Gebete
Stier	Adler

5. Voneinander abgeschrieben?

L Eine parallele Zusammenstellung ähnlicher Evangelientexte des Markus, Matthäus und Lukas nennt man **„Synopse"** (griech.: „Zusammenschau"). Sie lässt die Gemeinsamkeiten und Verschiedenheiten der Evangelien genau erkennen. Die ersten drei Evangelisten heißen deshalb auch die **„Synoptiker"**, oder **„synoptische Evangelien"**.

A 1 Erklärt die **Formeln**: Mt = Mk + Q + S; Lk = Mk + Q + S.
2 Vergleicht die **drei Texte** über die Auferstehung Jesu miteinander. Welche Unterschiede findet ihr? Ihr könnt die Gemeinsamkeiten und Unterschiede auf einer Kopie mit verschiedenen Farbstiften markieren. Versucht ein paar Erklärungen für diesen Befund.
3 Zu den **Frauen** in Mk 16, 1: → ZdF S. 112; zu Galiläa und Jerusalem: → ZdF S. 98 ff; zur Auferstehung Jesu: → S. 124 ff; ZdF S. 142 f.

Professor Müller über die Synoptiker

Die Evangelien nach Matthäus, Markus und Lukas sind eng miteinander verwandt. In Wortwahl und Aufbau stimmen sie streckenweise überein, weisen aber auch wichtige Unterschiede auf. Wie soll man sich diesen Befund erklären?

Die Bibelwissenschaftler haben für dieses Problem eine Lösung gesucht. Ihren Vorschlag zur Entstehung der synoptischen Evangelien nennt man die **„Zweiquellentheorie"**.

♦ Das **Markusevangelium** ist das älteste der vier Evangelien.

♦ Die **erste Quelle** für das Matthäus- und das Lukasevangelium ist das kurze **Markusevangelium**. Beide Evangelisten übernehmen den Aufbau und viele Texte von da, ohne alle Verse aufzunehmen. Offensichtlich haben die Verfasser des Matthäus- und Lukasevangeliums vom Markusevangelium abgeschrieben.

♦ Die **zweite Quelle** für das Matthäus- und das Lukasevangelium ist eine nicht mehr erhaltene **Quelle** (Abkürzung „Q"), die viele **Jesusworte**, z. B. manche Gleichnisse und die Rede auf dem Berg, enthielt. Diese Quelle Q war dem Markus nicht bekannt.

♦ Matthäus und Lukas haben außerdem eigenes **Sondergut** (Abkürzung „S"), das kein anderer Evangelist kennt, z. B. eigene Erzählungen von der Kindheit Jesu oder Auferstehung.

♦ Alle Synoptiker haben in Nuancen ein anderes **Bild von Jesus** (→ S. 66 f) Sie sind also nicht einfallslose Abschreiber, sondern eher originelle Redakteure, die sich eine eigene Note bewahrt haben.

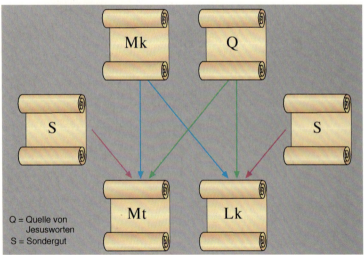

Q = Quelle von Jesusworten
S = Sondergut

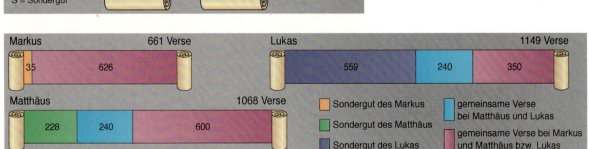

68 Das Evangelium – Ein Programm fürs Leben

Ein synoptischer Vergleich: Die Auferstehung Jesu

Markus 16, 1–8

1 Als der Sabbat vorüber war, kauften Maria aus Magdala, Maria, die Mutter des Jakobus, und Salome wohlriechende Öle, um damit zum Grab zu gehen und Jesus zu salben.
2 Am ersten Tag der Woche kamen sie in aller Frühe zum Grab, als eben die Sonne aufging.

3 Sie sagten zueinander: Wer könnte uns den Stein vom Eingang des Grabes wegwälzen?
4 Doch als sie hinblickten, sahen sie, dass der Stein schon weggewälzt war; er war sehr groß.

5 Sie gingen in das Grab hinein und sahen auf der rechten Seite einen jungen Mann sitzen, der mit einem weißen Gewand bekleidet war; da erschraken sie sehr.
6 Er aber sagte zu ihnen: Erschreckt nicht! Ihr sucht Jesus von Nazaret, den Gekreuzigten. Er ist auferstanden; er ist nicht hier. Seht, da ist die Stelle, wo man ihn hingelegt hatte.
7 Nun aber geht und sagt seinen Jüngern, vor allem Petrus: Er geht euch voraus nach Galiläa; dort werdet ihr ihn sehen, wie er es euch gesagt hat.

8 Da verließen sie das Grab und flohen; denn Schrecken und Entsetzen hatte sie gepackt. Und sie sagten niemandem etwas davon; denn sie fürchteten sich.

Matthäus 28, 1–8

1 Nach dem Sabbat kamen in der Morgendämmerung des ersten Tages der Woche Maria aus Magdala und die andere Maria, um nach dem Grab zu sehen.
2 Plötzlich entstand ein gewaltiges Erdbeben; denn ein Engel des Herrn kam vom Himmel herab, trat an das Grab, wälzte den Stein weg und setzte sich darauf.
3 Seine Gestalt leuchtete wie ein Blitz und sein Gewand war weiß wie Schnee.
4 Die Wächter begannen vor Angst zu zittern und fielen wie tot zu Boden.

5 Der Engel aber sagte zu den Frauen: Fürchtet euch nicht! Ich weiß, ihr sucht Jesus, den Gekreuzigten.

6 Er ist nicht hier, denn er ist auferstanden, wie er gesagt hat. Kommt her und seht euch die Stelle an, wo er lag.

7 Dann geht schnell zu seinen Jüngern und sagt ihnen: Er ist von den Toten auferstanden. Er geht euch voraus nach Galiläa, dort werdet ihr ihn sehen. Ich habe es euch gesagt.
8 Sogleich verließen sie das Grab und eilten voll Furcht und großer Freude zu seinen Jüngern, um ihnen die Botschaft zu verkünden.

Lukas 24, 1–9

1 Am ersten Tag der Woche gingen die Frauen mit den wohlriechenden Salben, die sie zubereitet hatten, in aller Frühe zum Grab.

2 Da sahen sie, dass der Stein vom Grab weggewälzt war;

3 sie gingen hinein, aber den Leichnam Jesu, des Herrn, fanden sie nicht.
4 Während sie ratlos dastanden, traten zwei Männer in leuchtenden Gewändern zu ihnen.
5 Die Frauen erschraken und blickten zu Boden. Die Männer aber sagten zu ihnen: Was sucht ihr den Lebenden bei den Toten?

6 Er ist nicht hier, sondern er ist auferstanden. Erinnert euch an das, was er euch gesagt hat, als er noch in Galiläa war.

7 Der Menschensohn muss den Sündern ausgeliefert und gekreuzigt werden und am dritten Tag auferstehen.

8 Da erinnerten sie sich an seine Worte.
9 Und sie kehrten vom Grab in die Stadt zurück und berichteten alles den Elf und den anderen Jüngern.

6. Bleibende Aktualität

Welcher Evangelientext ist für euch wichtig?

Michaels (13) Antwort:

³ Da brachten die Schriftgelehrten und Pharisäer eine Frau, die beim Ehebruch ertappt worden war. Sie stellten sie in die Mitte
⁴ und sagten zu Jesus: Meister, diese Frau wurde beim Ehebruch auf frischer Tat ertappt.
⁵ Mose hat uns im Gesetz vorgeschrieben, solche Frauen zu steinigen. Nun, was sagst du?
⁶ Mit dieser Frage wollten sie ihn auf die Probe stellen, um einen Grund zu haben, ihn zu verklagen. Jesus aber bückte sich und schrieb mit dem Finger auf die Erde.
⁷ Als sie hartnäckig weiterfragten, richtete er sich auf und sagte zu ihnen: Wer von euch ohne Sünde ist, werfe als Erster einen Stein auf sie.
⁸ Und er bückte sich wieder und schrieb auf die Erde.
⁹ Als sie seine Antwort gehört hatten, ging einer nach dem anderen fort, zuerst die Ältesten. Jesus blieb allein zurück mit der Frau, die noch in der Mitte stand.
¹⁰ Er richtete sich auf und sagte zu ihr: Frau, wo sind sie geblieben? Hat dich keiner verurteilt?
¹¹ Sie antwortete: Keiner, Herr. Da sagte Jesus zu ihr: Auch ich verurteile dich nicht. Geh und sündige von jetzt an nicht mehr.

aus dem Evangelium nach Johannes 8, 3–11

Mareikes (14) Wahl:

¹ Jesus blickte auf und sah, wie die Reichen ihre Gaben in den Opferkasten legten.
² Dabei sah er auch eine arme Witwe, die zwei kleine Münzen hineinwarf.
³ Da sagte er: Wahrhaftig, ich sage euch: Diese arme Witwe hat mehr hineingeworfen als alle anderen.
⁴ Denn sie alle haben nur etwas von ihrem Überfluss geopfert; diese Frau aber, die nur das Nötigste zum Leben hat, sie hat ihren ganzen Lebensunterhalt hergegeben.

aus dem Evangelium nach Lukas 21, 1–4

 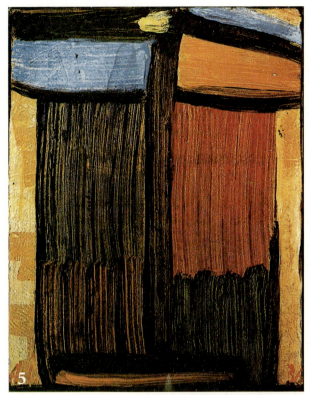

Themen der Evangelien – Bilder der Moderne
1. Leiko Ikemura (geb. 1951), Verkündigung, 1985.
2. Wilhelm Geyer (1900–1968), Geburt Christi, 1939.
3. Siegfried Rischar (geb. 1924), Ich bin bei euch (Abendmahl), 1982.
4. Louis Soutter (1871–1942), Christus am Kreuz, um 1940.
5. Alexej Jawlensky (1864–1941), Meditation auf Goldgrund, 1936.
   Ein Bild, das Kreuz und Auferstehung zugleich zeigt.

L Zu allen Zeiten haben sich Menschen auf das **Evangelium** verlassen. Sie haben gemerkt, dass die Texte zu ihnen sprechen. In vielen Situationen, die in den Evangelien geschildert werden, können sie **sich selbst wiederfinden**. Darum haben sie hier neue Perspektiven für ihr Leben gefunden. Das Evangelium ist auch **heute aktuell**.

Könnt ihr dieses Rätsel lösen?

Die Anfangsbuchstaben der gesuchten Wörter ergeben ein wichtiges Wort aus dem Neuen Testament. Schreibt die Lösung in euer Religionsheft.

a – an – as – be – dre – e – em – ga – glau – is – ja – ka – kas – kus – lä – li – li – lu – mar – maus – na – ot – ri – ret – ser – ter – un – un – va – za

1. Kleiner Ort in der Nähe von Jerusalem, der in den Auferstehungstexten vorkommt
2. Gebet, das die Jünger von Jesus gelernt haben
3. Apostel, Bruder des Petrus
4. Heimatstadt Jesu
5. Nördlicher Teil des Heiligen Landes, in dem Jesus oft wirkte
6. Prophet, mit dem die Leute Jesus manchmal verwechselt haben
7. Verfasser eines synoptischen Evangeliums
8. Beiname des Judas
9. Haltung, die Jesus kritisierte
10. Verfasser des ältesten Evangeliums

A Euer Lieblingstext?
1 Was meint ihr – warum haben **Michael und Mareike** diese Texte gewählt?
2 Welchen Text aus den Evangelien würdet **ihr** wählen? Ihr könnt ihn in der Klasse vorlesen und eure Wahl kurz begründen.
3 Sucht euch einen Evangelientext zu einer stillen **Meditation** aus: → **M 10**.
4 Wo spielen die Evangelien **heute** eine Rolle?
5 Zur Arbeit mit den **Bildern**: → **M 5**.

Du sollst dir kein Bild machen

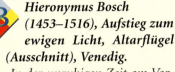

Hieronymus Bosch (1453–1516), Aufstieg zum ewigen Licht, Altarflügel (Ausschnitt), Venedig.

In der unruhigen Zeit am Vorabend der Reformation (→ S. 138 ff) wurden viele Bilder vom Endgericht geschaffen. Die damals üblichen Paradiesbilder zeigen meistens einen blühenden Garten, in dem viele weiße Engel und vornehm gekleidete Heilige singend, betend und kniend Gott anbeten, der auf einem Thron oder auf dem Regenbogen sitzt. Von diesem Muster ist Bosch hier weit abgewichen. Seine Darstellung der Annäherung an das Licht Gottes ist in der Kunstgeschichte einmalig.

Vorschau

Bilder spielen in unserem Leben eine wichtige Rolle. Sie erfreuen und helfen uns in vielen Situationen. Auch die Religionen haben viele Bilder hervorgebracht, die die Vorstellungen der Menschen von der religiösen Welt bestimmen. Deshalb sind viele Leute verwirrt, wenn sie hören, dass **die Bibel Bilder von Gott verbietet**. Warum tut sie das? Was bedeutet das? Gibt es erlaubte Gottesbilder?

Ein guter Weg

1 Zur Bildarbeit: → **M 5**.
2 Was fällt euch auf, wenn ihr die **Gestalten** des Bildes betrachtet? Wen könnt ihr erkennen? Welchen Weg gehen sie? Was bedeutet der große **Tunnel**?
3 Betrachtet die **Farben** des Bildes. Welche beherrschen das Bild? Welche symbolische Bedeutung haben sie?
4 Lasst die Gestalten des Bildes in **Sprechblasen** zueinander und zu euch sprechen.
5 Was hat das Bild mit dem **Thema des Kapitels** zu tun?

Mit Bildern befasst ihr euch meist gern

Lesen · Fragen · Denken · Interviewen · Suchen · Gestalten · Präsentieren

1 Bringt ein paar **Bilder** mit, die euch besonders wichtig sind. Wer kann sein Lieblingsbild vorstellen? Was bewirken Bilder bei euch?
2 Versetzt euch in einen **Blinden** hinein, der von Geburt an nie ein Bild gesehen hat. Worauf ist er angewiesen, um sich im Leben zurechtzufinden? Kann er auch Bilder in sich haben?

1. Mit Bildern leben

> **L** Forscher haben herausgefunden, dass wir jeden Tag zehntausende **Bilder** in uns aufnehmen. Wenn wir Bilder betrachten, geschieht etwas Erstaunliches. Mit unseren Augen nehmen wir etwas **aus der Welt** wahr und lassen es in **unser Inneres** ein. Dort sammeln sich die Bilder der Welt. Jeder hat sein ganz **persönliches Bilderbuch** in sich.

Abbilder

Manche Bilder sind **„Abbilder"**, die etwas zeigen, was wir mit unseren Augen sehen können, z. B. das Foto eines Hauses, der Film über ein

Fußballspiel oder das genau gemalte „Porträt" eines Menschen. Weitere Beispiele: → S. 80 f.

Zeichen

„**Zeichen**" sind meistens von Menschen gemacht oder festgelegt, um auf praktische Weise auf etwas hinzuweisen. Wer die fünf farbigen Ringe sieht, denkt an die Olympischen Spiele. Ein Warndreieck auf einem Straßenschild macht auf Gefahren im Verkehr aufmerksam. Weitere Beispiele findet ihr S. 12.

> **A** Wir sollten auf die Bilder achten, die wir in uns hereinlassen
>
> 1 Betrachtet die **Bilder** dieses Kapitels und überlegt, was sie in euch auslösen.
> 2 Ein **Bild** ist für mich **wie** …
> 3 Was bewirken das **Fernsehen** oder der **Computer** bei Mädchen und Jungen, die täglich stundenlang davor sitzen?
> 4 Was passiert mit einem, der in zehn Minuten **60 Bilder** sieht, und mit einem anderen, der in der gleichen Zeit nur **ein Bild** betrachtet?
> 5 Warum haben manche Zeitungen und Illustrierte nur wenig **Text**, aber viele Bilder?
> 6 Bild (→ **M5**) – Bilderflut – Bilderkonsum – Bildmeditation (→ **M10**) – Bildersturm: Was ist das?
> 7 Fertigt ein **Elfchen** und/oder eine **Mindmap** zu „Bild" an: → S. 226 f.

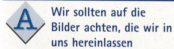

74 Du sollst dir kein Bild machen

Symbole

„**Symbole**" sind Dinge aus unserer Welt, hinter denen wir eine tiefere Dimension entdecken können z. B. das Wasser, die Sonne, ein Kreuz. Ein Beispiel findet ihr S. 76.

Zeichen und Symbole werden in der Sprache nicht immer deutlich unterschieden.

Bilder üben große **Macht** über uns aus. Bilder sind nicht harmlos. Sie bringen uns auf einen guten Weg, können uns aber auch verführen. Bilder decken die Wahrheit auf und Bilder können lügen und uns täuschen. Bilder machen **gebildet, halbgebildet, ungebildet und eingebildet**.

Bilder des inneren Auges

Paul Klee (1879–1940), Rosenwind, 1922.

 Auf Unterschiede der Bildarten achten

1 Sucht in diesem Buch
- Abbilder,
- Zeichen oder Symbole,
- Bilder, die mit dem inneren Auge gesehen werden.
- Welche Bildtypen zeigen die drei Rosenbilder?

3 Was bedeuten **Zeichen** wie
- Kleeblatt
- Hufeisen
- ... ?

4 Was bedeuten **Symbole** wie
- Licht, Schatten, Tür, Schlüssel
- Gold, rot, schwarz
- ... ?

5 Entwerft auf einer **Bildseite** einige Zeichen und Symbole. Schreibt jeweils eine kurze Deutung dazu.

6 Zu welcher der drei Bildarten können **Gottesbilder** gehören?

Kinder und Künstler erschaffen oft **Bilder**, die aus ihrem Inneren kommen und die sie gleichsam mit ihrem „**inneren Auge**" sehen. Wenn sie eine Person oder Sache malen, sehen diese meist anders aus als auf einem Foto. Ihr Werk macht etwas von dem sichtbar, was ihnen eigentümlich, neu und manchmal auch verborgen erscheint. Sie zeigen nicht das, was man genau so mit den Augen wahrnehmen kann, sondern machen etwas sichtbar, das in der Phantasie, der Vorstellung, in Träumen oder im Glauben existiert.

Ein weiteres Beispiel findet ihr S. 77.

Veit Stoß (1447–1533), Gott-Vater. Detail aus „Der Gruß des Engels an Maria", Nürnberg 1517.

2. Ist Gott so?

Wenn Schüler und Schülerinnen in der Schule die Aufgabe bekommen, ihr Haustier, ein Auto oder eine Blume zu malen, wissen sie meist genau, was sie tun sollen, auch wenn sie nicht besonders gut zeichnen/malen können. Schwieriger wird es schon, wenn das Thema „Freundschaft", „Angst" oder „Frieden" lautet. Da muss man sich etwas einfallen lassen, um Unsichtbares sichtbar machen.

Ein nochmal anderes Problem würde wohl entstehen, wenn Schüler im Religionsunterricht die Aufgabe erhielten: **Versucht ein Bild von Gott zu malen.**

Was könnten sie tun?
- Gott als Greis über den Wolken schweben lassen?
- Oder sollte er als junger Vater mit den Engeln auf der Himmelswiese spielen?
- Oder wäre er wie ein Kaiser auf prachtvollem Thron darzustellen?
- Oder wie ein Super-Star mit kräftigen Muskeln?
- Oder wie ein warmes Kuscheltier, an das man sich anschmiegen kann?
- Oder wie ein Garantieschein zum Glück oder eine preiswerte Lebensversicherung?
- Oder wie ein Mega-Computer, der alles weiß und berechnen kann?
- Oder?

Ist Gott so?

1 Wie würdet ihr die **Aufgabe** lösen, ein Bild von Gott zu malen?

2 Sammelt **Bilder und Vorstellungen von Gott**, die ihr kennt, z. B.
- ein alter Mann mit Bart
- ein Auge, dem nichts entgeht
- eine leuchtende Sonne
- ...

Was haltet ihr davon? Ist Gott so?

3 Malt auf ein schönes **Schmuckblatt** nur die eine Farbe, die für euch am meisten auf Gott hinweist. Schreibt einen Satz darunter und hängt eure Bilder als Wandtapete in der Klasse auf.

4 Betrachtet die **drei Bilder**. Was zeigen sie? Was bedeuten sie? Geht vor allem darauf ein, wie jeweils Gott ins Bild kommt. Schreibt darüber je einen Satz und fügt hinzu, ob ihr das Gottesbild für berechtigt haltet. Zum Umgang mit Bildern → **M 5**.

5 Anregung zu einer **Meditation** über das Engelbild: → **M 10**

6 Gestaltet **Gottes Homepage** für das Internet.

Hand Gottes, Wandgemälde, Spanien 1123.

76 Du sollst dir kein Bild machen

Hildegard von Bingen (1098–1179; → S. 130 f), Die neun Chöre der Engel, um 1147. Das Bild, das nach Hildegards Angaben von einem Mönch gemalt wurde, zeigt die neun Engelchöre, die sie in einer ihrer Visionen geschaut hat. Sie sind von außen nach innen angeordnet: Engel, Erzengel, Kräfte, Mächte, Fürstentümer, Herrschaften, Throne, Cherubim und Seraphim.

Ein Wort der Bibel

Wir dürfen nicht meinen,
das Göttliche sei wie ein goldenes oder silbernes oder
steinernes Gebilde menschlicher Kunst und Erfindung …

aus der Apostelgeschichte 17, 29

 Gott ist unsichtbar. Darum kann es kein Bild von ihm geben, das ihn zeigt, wie er ist.

Wohl gibt es **Symbole**, die auf ihn hinweisen, z. B. Feuerflammen, Wolken oder ein Regenbogen über der Welt.

Manche Künstler haben auch Bilder geschaffen, auf denen sie **auf Gott hinweisen, ohne ihn darzustellen**, z. B. durch einen Kreis, ein Licht o. Ä.

77

> In fast allen **Religionen** gibt es **Bilder von Gott, Göttern und Göttinnen.** Nicht wenige haben das Aussehen von Männern und Frauen, von Herrschern und Priestern. Manche gewähren Schutz, andere drohen Strafen an. Götter und Göttinnen sind zuständig für die Fruchtbarkeit des Bodens, die Liebe, die Gesundheit, den Krieg, die Jagd, das Wetter, den Tod usw., also für Erscheinungen, über die die Menschen keine Macht haben.
>
> Die meisten Gottesbilder sehen in Europa wie Europäer, bei den Indianern wie Indianer und in Afrika wie Afrikaner aus.

EINEN GOTT, DEN WIR UNS VOR-STELLEN KÖNNEN, KÖNNEN WIR AUCH WIEDER WEG-STELLEN.

*Dietrich Bonhoeffer (1906–1945),
→ S. 201.*

René Magritte (1898–1967), Das ist kein Apfel, 1964.

3. Das erste Gebot

Das erste der Zehn Gebote – das Bilderverbot

Du sollst dir kein Gottesbild machen
und keine Darstellung von irgendetwas am Himmel droben
auf der Erde unten oder im Wasser unter der Erde.

aus dem Buch Exodus 20,4

Das Bilderverbot ist von großer Bedeutung

- ♦ **In der alten Welt** gibt es nirgendwo sonst ein Bilderverbot. Im Gegenteil: Die Ägypter, Babylonier oder Griechen meinten, die Juden seien gottlos, weil sie keine Götterbilder hatten. Bis heute stellen sie kein Gottesbild her.
- ♦ Für die **Juden** war das Bilderverbot nicht leicht einzuhalten. Immer wieder waren sie versucht, sich wie die anderen Völker Gottesbilder zu machen. Bilder waren ein Beweis dafür, dass man etwas für Gott tat. Die Bibel erzählt, dass sich die Israeliten schon kurz nach der Verkündigung der Zehn Gebote am Sinai, als Mose noch auf dem Gottesberg weilte, ein **Kalb aus Gold** anfertigten und dieses Gottesbild in wilder Begeisterung verehrten (Ex 32). – Auch die biblischen **Propheten** (→ S. 42 ff) mussten immer wieder gegen Gottesbilder in Israel einschreiten, bis das Bilderverbot im Judentum endlich akzeptiert wurde.
- ♦ Vom Judentum hat auch der **Islam** (→ S. ZdF 200 ff) das Bilderverbot übernommen. Dort wird es bis auf den heutigen Tag strikt eingehalten.
- ♦ **In unserer Zeit** wird das alte Bilderverbot hoch geschätzt, da es klar macht, dass kein Bild Gott darstellen kann, wie er ist. Von Gott kann es kein Abbild geben. Wo Gottesbilder angefertigt werden, sagen sie meist nicht viel von Gott aus, sondern eher von den Vorstellungen, die sich die Menschen von Gott machen.

A   **Das Bilderverbot – ein Zentrum des biblischen Gottesglaubens**

1 Warum sagt der Maler **Magritte**, dass sein Apfel kein Apfel ist. Stellt ein paar Unterschiede zwischen dem gemalten Apfel und dem wirklichen Apfel heraus. Was meint ihr: Könnte man ebenso unter oder in jedes Gottesbild schreiben: „Das ist nicht Gott"?

2 Sucht ein paar **Gottesbilder** aus den verschiedenen Religionen: → S. 46; ZdF S. 55, 59: → **M2.**

3 Welche Bedeutung hat das **Bilderverbot** für den Glauben an Gott?

4 Wie **schwer** das Bilderverbot gewesen ist, kann ein Vergleich zeigen. Stellt euch vor, heute wollte der Staat das Fernsehen verbieten. Welchen Erfolg hätte ein solches Bilderverbot?

5 Wie findet ihr es, wenn man sich **von euch** ein Bild macht?

6 Zur Erzählung von den **Blinden** und dem **Elefanten:** → **M4**

Ceci n'est pas une pomme

Die Blinden und der Elefant

Vor langer Zeit stritten sich in einer Stadt im fernen Indien die Leute darüber, wie die Götter aussähen. Viele meinten, sie seien so, wie die Bilder, die sie von ihnen zuhause oder in den Tempeln verehrten. Manche hielten die mütterliche Erde, den sanften Mond oder die strahlende Sonne für die Gottheit, andere dachten mehr an einen starken Herrscher oder einen unsichtbaren Geist. Die Einfältigen stellten sich Gott als einen alten Mann mit Bart vor, der hoch oben im Himmel vor allem damit beschäftigt ist, die Wolken zu verschieben. Die meisten hellhäutigen Landesbewohner hielten die Götter für hell, die meisten dunkelhäutigen für dunkel. Als der Streit kein Ende nahm, baten sie ihren alten König, die Frage zu entscheiden. Dieser befahl einem seiner Diener: „Geh und versammle alle Blinden, die es an diesem Ort gibt."

Der Diener tat, wie ihm befohlen war. Er ließ alle Blinden der Stadt suchen, führte sie zum König und sagte diesem: „Herr, da sind die Blinden, die du hier haben wolltest." Der König ließ nun den größten Elefanten herbeischaffen, den er besaß. Dann sagte er den Blinden: „Sagt, was ist das für ein Wesen, das ich hier für euch herbeigeschafft habe?" Da begannen sie den Elefanten mit ihren Händen zu berühren und zu betasten. Einige ergriffen das Haupt und die Ohren, andere den Rüssel, wieder andere packten den Schwanz oder das Bein. Als sie so eine Weile den Elefanten berührt hatten, fragte der König sie nach der Gestalt dieses Wesens.

Der Blinde, der den Kopf berührt hatte, meinte, der Elefant sei ein großer Topf. Derjenige, der das Ohr gepackt hatte, sagte: „Hier ist ein rauher, breiter, flacher Lappen." Und der, dessen Hand den Rüssel betastet hatte, rief: „Ein langes Rohr, das sich bewegt wie eine Schlange." „Nein", schrie der, der an den Schwanz geraten war, „ich hatte einen großen Besen in der Hand." Und der Blinde, der das Bein des Elefanten umfasst hatte, hielt ihn für eine aufrechte Säule.

Als die Blinden hörten, dass jeder etwas anderes sagte, gerieten sie untereinander in einen heftigen Streit und ereiferten sich sehr. Jeder meinte, die anderen redeten Unsinn und er allein habe Recht.

Als die Leute dieses Schauspiel sahen, wussten sie auf einmal, weshalb der König es so eingerichtet hatte.

Erzählung aus Indien

Marc Chagall (1887–1985), Die Israeliten beten das Goldene Kalb an (Ex 32), 1931.

L Das **Bilderverbot** untersagt dem Volk Israel alle Gottesbilder. Es lässt nicht zu, dass **der unendliche Gott** in endlichen Bildern fassbar gemacht wird. Darum wird Gott im Tempel bildlos verehrt. Es will auch verhindern, dass Bilder wie **Zaubermittel** benutzt werden („Magie", → S. 194 f), mit deren Hilfe Macht über Menschen oder die Natur ausgeübt werden soll. Man sollte mit einem Gottesbild nicht Fruchtbarkeit über die Äcker, Gesundheit und Glück für die Familie, Erfolg in der Liebe oder Fluch über die Feinde herabflehen. Niemand darf versuchen, durch ein Bild das Geheimnis Gottes in den Alltag herabzuziehen.

4. Der Glanz seiner Herrlichkeit

Gott schauen

Einerseits verbietet die Bibel jedes Gottesbild. Andererseits weiß dieselbe Bibel, dass Menschen **Hinweise auf Gott** brauchen, wenn sie an ihn glauben sollen. Dies ist kein Widerspruch, weil ein Bild Gottes und ein Hinweis auf Gott nicht dasselbe sind. Dafür ein paar Beispiele:
- Dinge unserer Welt können als **Symbole** (→ S. 74) für Gott stehen und von ihm bildhaft etwas andeuten, was man nicht sehen kann, z. B. der Sternenhimmel oder ein Thron.
- Ereignisse des Lebens können zu **Spuren** werden, die zu Gott hinführen, z. B. eine große Liebe oder die wieder erlangte Gesundheit.
- Es gibt **Gleichnisse**, die von Gott erzählen, z. B: Jesu Erzählung vom guten Vater (Lk 15, 11–24; → S. 98 f.)

In einem fernen Land lebte einst ein König, den am Ende seines Lebens Schwermut befallen hatte. „Schaut", sprach er, „ich habe in meinem Leben alles, was nur ein Mensch erleben und mit seinen Sinnen erfassen kann, erfahren und vernommen. Nur etwas habe ich in meinem ganzen Leben nicht schauen können. Gott habe ich nicht gesehen. Ihn wünschte ich noch zu sehen! **Wie kann man Gott wahrnehmen?"**
Und der König befahl allen Machthabern, Weisen und Priestern ihm Gott nahezubringen. Schwerste Strafen wurden ihnen angedroht, wenn sie das nicht könnten. Der König stellte eine Frist von drei Tagen. Trauer breitete sich unter allen Bewohnern des königlichen Palastes aus und alle erwarteten ihr baldiges Ende. Genau nach Ablauf der dreitägigen Frist, um die Mittagsstunde, ließ der König sie vor sich rufen. Der Mund der Machthaber, der Weisen und Priester blieb jedoch stumm und der König war in seinem Zorn bereit, das Todesurteil zu fällen.
Da kam ein Hirte vom Felde, der des Königs Befehl vernommen hatte, und sprach: „Gestatte mir, o König, dass ich deinen Wunsch erfülle." – „Gut", entgegnete der König, „aber bedenke, dass es um deinen Kopf geht." Der Hirte führte den König auf einen freien Platz und wies auf die Sonne. „Schau hin", sprach er. Der König erhob sein Haupt und wollte in die Sonne blicken, aber der Glanz blendete seine Augen und er senkte den Kopf und schloss die Augen. – „Willst du, dass ich mein Augenlicht verliere?", sprach er zu dem Hirten. „Aber König, das ist doch nur ein Ding der

Schöpfung, ein kleiner Abglanz der Größe Gottes, ein kleines Fünkchen seines strahlenden Feuers. Wie willst du mit deinen schwachen, tränenden Augen Gott schauen? Suche ihn mit anderen Augen."

Der Einfall gefiel dem König und er sprach zu dem Hirten: „Ich erkenne deinen Geist und sehe die Größe deiner Seele. Beantworte mir nun meine zweite Frage: **Was war vor Gott?**" Nach einigem Nachsinnen meinte der Hirte: „Zürne mir nicht wegen meiner Bitte, aber beginne zu zählen!" Der König begann: „Eins, zwei, drei ..." „Nein", unterbrach ihn der Hirte, „nicht so, beginne mit dem, was vor eins kommt." „Wie kann ich das? Vor eins gibt es doch nichts." „Sehr weise gesprochen, o Herr. Auch vor Gott gibt es nichts."

Diese Antwort gefiel dem König noch weit besser als die vorhergehende. „Ich werde dich reich beschenken; vorher aber beantworte mir noch eine dritte Frage: **Was macht Gott?**" Der Hirte bemerkte, dass das Herz des Königs weich geworden war. „Gut", antwortete er, „auch diese Frage kann ich beantworten. Nur um eins bitte ich dich: Lass uns für ein Weilchen die Kleider wechseln." Der König legte die Zeichen seiner Königswürde ab und kleidete damit den Hirten. Sich selbst zog er den unscheinbaren Rock an und hängte sich die Hirtentasche um. Der Hirte setzte sich nun auf den Thron, ergriff das Szepter und wies damit auf den an den Thronstufen stehenden König: „Siehst du, das macht Gott: Die einen erhebt er auf den Thron, die anderen heißt er herunterzusteigen!" Und daraufhin zog der Hirte wieder seine eigene Kleidung an.

Der König aber stand ganz versonnen da. Seine Schwermut war verflogen. Das letzte Wort dieses schlichten Hirten brannte in seiner Seele. Plötzlich sagte er unter dem sichtbaren Zeichen der Freude: „Jetzt schaue ich Gott!"

Leo N. Tolstoi (1828–1910), russischer Dichter, frei nacherzählt

A Spuren von Gottes Herrlichkeit suchen

1 Sucht **Bilder** (Fotos u. a.) unserer Welt oder aus eurem Leben, auf denen ihr Hinweise auf Gott entdecken könnt, z. B.

♦ die unvorstellbare Weite des Kosmos
♦ die Herrlichkeit des menschlichen Leibes
♦ die Weite des menschlichen Geistes
♦ das Wunder von Freundschaft und Liebe
♦ ...

Ihr könnt mit euren Bildern eine kleine **Ausstellung** zum Thema „Spuren von Gottes Herrlichkeit in der Welt" machen: → **M6**.

2 Die **Schöpfung** und der **Mensch** als Zeugen der Herrlichkeit Gottes: Lest dazu die Psalmen 8 und 104: → S. 113.

81

> **L** Die Bibel erzählt oft von geisterfüllten Wesen, die Gott den Menschen schickt und durch die sie Wichtiges von Gott erfahren. Sie nennt solche Gestalten **„Engel"** (lat.: **„Boten"**). Sie haben Anteil an Gottes Liebe, Schönheit und Kraft.

5. Auf den Spuren der Engel

Was man über Engel alles so hören kann

- Engel können fliegen, weil sie sich selbst so leicht nehmen.
- Auf Erden nehmen Engel manchmal menschliche Gestalt an, um ihr wahres Wesen zu verbergen.
- Engel sind wie Funken, die Gottes Unendlichkeit aufleuchten lassen.
- Engel finden überall Einlass.
- Auf dem Weg zum Himmel würden sich die Toten ohne die Hilfe der Engel verirren.
- Engel sind Boten, die den Absender bringen.
- Engel tauchen plötzlich aus dem Nichts auf, flüstern ihre Nachricht dem Empfänger zu und verschwinden ebenso schnell, wie sie gekommen sind.
- Engel sind ideale Wächter, weil sie niemals schlafen.
- Alle Taten eines Menschen werden von seinem Engel gewissenhaft in das Buch des Lebens notiert.
- Gottes Engel brauchen keine Flügel. Jeder kann für den anderen zum Engel werden.

links: Rogier van der Weyden (1399–1464), Der Erzengel Michael (Jüngstes Gericht, Ausschnitt), um 1450.

rechts: Christian Rohlfs (1849–1938), Der Engel, der Licht in die Gräber trägt, 1925.

82 Du sollst dir kein Bild machen

Ernst Barlach (1879–1938), Engel, Güstrower Ehrenmal, 1927.

Der Engel in dir

Der Engel in dir
freut sich über dein Licht

weint über deine Finsternis

Aus seinen Flügeln rauschen
Liebesworte Gedichte Liebkosungen

Er bewacht
deinen Weg

Lenk deinen Schritt
engelwärts

Rose Ausländer

Eine himmlische Anweisung

Gott befiehlt seinen Engeln dich zu behüten auf all deinen Wegen.
Sie tragen dich auf ihren Händen,
damit dein Fuß nicht an einen Stein stößt.
Psalm 91, 11 f

Nicht wie auf den bunten Bildchen

Ein irischer Mathematiker mit dem Künstlernamen „Fynn" hat vor einigen Jahren eine wahre Geschichte unter dem Titel „Hallo, Mister Gott, hier spricht Anna" geschrieben. Er erzählt hier von seinen Gesprächen mit Anna, einem Mädchen, das von seinen Eltern weggelaufen war, weil es sie nicht mehr ertragen konnte (→ S. 100; ZdF S. 80)

Anna war sicher, dass es einen Himmel gab mit Engeln und alldem. Und sie wusste mehr oder weniger, wie es dort aussah; oder sagen wir besser, sie wusste eher, wie es dort nicht aussah. Vor allem sahen die Engel sicher nicht so aus wie auf den bunten Bildchen, die es von ihnen gab. Was Anna am meisten störte, waren nicht die bunten Flügel, die diese Wesen trugen, sondern die Tatsache, dass sie den Menschen glichen. Und die Möglichkeit, dass Engel ihr Engelleben mit Trompetenblasen und Singen verbrachten, erfüllte sie mit tiefer Bestürzung und großem Zweifel.
Einmal sagte Anna: „Der Unterschied von einen Mensch und einen Engel ist leicht. Das meiste von ein Engel ist innen und das meiste von ein Mensch ist außen." ...

Fynn, „Hallo, Mister Gott, hier spricht Anna"

L Engel sind **Himmelswesen**, die von Gott kommen und wieder zu ihm hinführen. Sie sagen den Menschen, was Gott zu sagen hat. Engel trösten Menschen, wenn sie trauern. Sie mahnen Menschen, wenn sie vom rechten Weg abkommen. Menschen, die Gottes Hilfe spüren, schreiben dies oft dem „**Schutzengel**" zu.

A Sich mit Engeln befassen
1 Welche **biblischen Szenen** kennt ihr, in denen Engel etwas tun oder sagen? Ein paar Anregungen: Lk 1, 26–38; 2, 8–15; 22, 39–46; 24, 1–6
2 Oft werden die Engel mit **Flügeln** dargestellt. Denkt darüber nach und überlegt, was die „Flügel" bedeuten können.

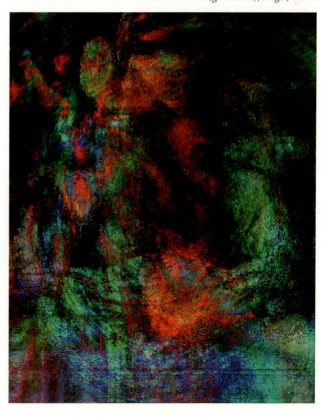

Tobias Trutwin (geb. 1964), Engel, 1997.

> Für die Bibel ist der **Mensch Gottes Bild**. Wer den Menschen anblickt, findet einen Hinweis auf Gott. Das Wort besagt:
> - Der Mensch hat eine einzigartige **Würde. Alle Menschen** sind **vor Gott gleich**. Es gibt keinen Wertunterschied zwischen Frauen, Männern und Kindern, zwischen Gesunden und Behinderten, zwischen den Völkern und Nationen.
> - Der Mensch soll als **Stellvertreter Gottes** auf Erden wie Gott („als sein Bild") behutsam mit der Welt umgehen, sie pflegen sowie für alle wohnlich machen und erhalten.

6. Gottes Bild

Mann und Frau

Im Schöpfungslied des Ersten Testaments (→ S. 108 f) gibt es ein unerhörtes Wort.

Gott schuf den Menschen als sein Bild.
Als Mann und Frau erschuf er sie.

aus dem 1. Buch Mose, der Genesis 1, 27

Die Alte, die auf den lieben Gott wartete

Es war einmal eine alte Frau, der hatte der liebe Gott versprochen sie zu besuchen. Darauf war sie nicht wenig stolz. Sie scheuerte und putzte, backte und kochte. Und dann fing sie an auf den lieben Gott zu warten.

Eins, zwei, drei klopfte es an die Tür. Geschwind öffnete die Alte, aber als sie sah, dass da draußen nur ein armes Kind stand, sagte sie: „Nein, in Gottes Namen, geh deiner Wege! Ich warte eben auf den lieben Gott, ich kann dich nicht aufnehmen." Und damit ließ sie das Kind gehen und warf die Tür zu.

Nach einer Weile klopfte es von neuem. Die Alte öffnete diesmal noch geschwinder als beim ersten Mal. Aber wen sah sie draußen stehen? Nur einen armen, kranken Mann. „Ach, ich warte auf den lieben Gott. Wahrhaftig, ich kann dich nicht bei mir aufnehmen." Sprach´s und machte dem Kranken die Tür vor der Nase zu.

Aber eine Weile später klopfte es von neuem an die Tür. Doch als die Alte die Tür öffnete – wer stand da? Ein zerlumpter und hungriger Bettler, der sie inständig um ein wenig Brot und ein Dach überm Kopf für die Nacht bat. „Ach, ich warte auf den lieben Gott. Ich kann dich nicht bei mir aufnehmen." Und der Bettler musste weiterwandern und die Alte fing aufs neue an zu warten.

Die Zeit ging hin. Stunde um Stunde. Es ging schon auf den Abend zu und immer noch war der liebe Gott nicht zu sehen. Die Alte ward immer bekümmerter. Wo mochte der liebe Gott geblieben sein? Zu guter Letzt musste sie betrübt zu Bett gehen. Bald schlief sie ein, im Traum aber erschien ihr der liebe Gott und sagte zu ihr: „Dreimal habe ich dich aufgesucht und dreimal hast du mich abgewiesen!"

Ein altes Volksmärchen, frei nacherzählt

Masolino (1383–1447), Adam und Eva.

84 Du sollst dir kein Bild machen

Jesus Christus

Das Neue Testament sagt von Jesus Christus:

Christus ist das Ebenbild des unsichtbaren Gottes.
Wer Christus sieht, sieht den Vater.

Kol 1, 15; Joh 14, 9

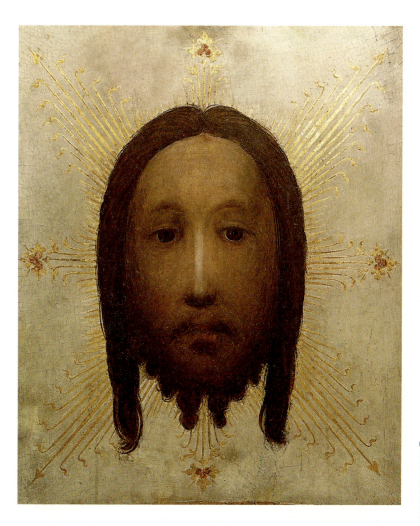

Das nicht von Menschenhand gemalte Bild (Schweißtuch der Veronika), Köln, um 1400.
In der Ikone Christi sehen die Gläubigen der orthodoxen Kirchen (→ S. 140 f) das „wahre Bild Christi", das nach alten Legenden nicht von Menschenhand gemalt worden ist, sondern von Christus selbst stammt, als er sein Antlitz in ein Tuch des Königs Abgar drückte. Die Gläubigen der Westkirche verehren darin das Schweißtuch der Veronika, das diese Jesus auf seinem Kreuzweg reichte. Als er ihr das Tuch zurückgab, soll sein Gesicht darin abgebildet sein. Die Farben der Ikonen sind von leuchtendem Glanz. Ihr Hintergrund besteht bisweilen aus echtem Gold, der Farbe Gottes. Dazu kann man hören: Gold rostet nicht – wie Gott nicht rostet.

A **Gottesbilder – Menschenbilder – Christusbilder**

1. Lest Mt 25, 31–46. Vergleicht den Text mit dem Volksmärchen. Zum Text: → **M 4**.
2. Als **Gottes Bild** soll der Mensch … Ergänzt den Satz mit Beispielen.
3. Denkt über **zwei Aussagen** nach, die sich zu widersprechen scheinen:
   ♦ Kein einzelner Mensch kann ein vollkommenes Bild Gottes sein.
   ♦ Jeder Mensch ist mit all seinen Grenzen und Schwächen auf eine ganz einmalige Weise ein Bild Gottes.
4. Sucht in diesem Buch einige Bilder/Zeichen/Symbole von Gott und Jesus Christus. Ergänzt sie aus eigenen Beständen und macht in der Klasse eine kleine Ausstellung zum Thema „**Gottesbilder**" und „**Christusbilder**": → **M 6**. Sprecht darüber, ob die Bilder dem Bilderverbot entsprechen oder nicht. Anregungen findet ihr auch → S. 86 ff.
5. Kommt noch einmal auf das Bild von **Hieronymus Bosch** (→ S. 72) zurück und beurteilt es nun aus der Perspektive des Bilderverbots.

L Christen glauben, dass es ein **Bild Gottes** gibt, das ihm näher kommt als alle anderen Bilder: **Jesus Christus**. An ihm kann man sehen, wer Gott ist und wie Gott an uns handelt. Sein Handeln zeigt, wie Gott handelt. Wer ihn hört, hört Gott. Darum ist Jesus nicht, wie alle anderen Menschen, **ein** Bild Gottes, sondern **das** Bild Gottes.

Gottesbilder verstoßen dann **nicht gegen das Bilderverbot**, wenn sie **Jesus Christus** zeigen. In ihm wurde der unsichtbare Gott selbst sichtbar.

Jesus – Brücke zwischen Gott

Zwei ungewöhnliche Jesusbilder genauer betrachten

1. Zur **Arbeit** mit beiden Bildern: → **M 5**.
2. Warum zeigen die Bilder **Jesus** nicht in seiner eigenen Umwelt und Zeit?
3. Was ist an den Bildern ungewöhnlich? Was meint ihr – darf man Jesus so darstellen?
4. Beide Bilder haben etwas Unterschiedliches mit „Sehen" zu tun. Versucht das herauszufinden.
5. Warum kann man mit dem **Fotoapparat** nie ein solches Bild wie das von Masereel erhalten? Warum gibt der Künstler dem Bild einen **Titel**, der aus der Bibel (Joh 1, 26) stammt? Sucht einen neuen Titel für das Bild.
6. Wo kann man Jesus in unserer **Welt** finden?
7. Versucht auch selbst ein Bild von Jesus in unserer Zeit zu **malen**.

und den Menschen

 Wolf Vostell (geb. 1932), Jesus fotografiert das Unrecht der Menschen, 1978/79.
Frans Masereel (1889–1972), Mitten unter euch ist einer, den ihr nicht seht, um 1958.
Beide Bilder sind von Künstlern des 20. Jahrhunderts geschaffen, die dem Christentum nicht nahe standen. Trotzdem haben sie sich für die Person Jesu interessiert.

Einiges solltet ihr schon wissen

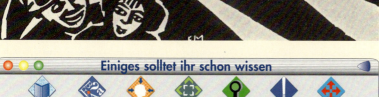

Lesen – Fragen – Denken – Interviewen – Suchen – Gestalten – Präsentieren

1 **Wiederholt** kurz die Kapitel: → S. 58 ff; ZdF 96 ff; 116 ff.
2 Fertigt im Lauf der Arbeit mit diesem Kapitel einen **Jesus-Pass** an. Klebt ein Bild von Jesus ein, das ihr als Passbild für geeignet haltet. Füllt in dem Pass einige Angaben zur Person aus, z. B. Namen – Geburtstag – Geburtsort – Mutter – Vater – Religionszugehörigkeit – Nationalität – Muttersprache – äußere Merkmale – Beruf – Titel usw.
3 Versucht, einen kurzen **Artikel** für ein **Lexikon** über Jesus zu schreiben. Er sollte etwa 8 bis 12 Zeilen lang sein und das Wichtigste über Jesus enthalten.

Vorschau

Jesus hat wunderbare Taten vollbracht, anspruchsvolle Gleichnisse vom Reich Gottes erzählt, Menschen in seine Gemeinschaft gerufen und einen unerhörten Anspruch erhoben. Sein wichtigstes Gebot ruft zur Gottes-, Nächsten- und Selbstliebe auf. Er ist gekreuzigt worden und von den Toten auferstanden. Als Gottes Sohn, der Mensch wurde, ist er wie eine **Brücke, die die Menschen mit Gott verbindet**. Darum ist er für Christen auch „Retter", „Heiland" und „Sohn Gottes". In ihm sind in einmaliger Weise Gott und Mensch eins.

87

> Um genauer zu erfahren, wer **Jesus** ist, muss man auf das **Neue Testament** zurückgreifen. Es enthält die ältesten und zugleich wichtigsten Schriften über Jesus: die vier **Evangelien** (→ S. 62 ff). Sie sind nicht in erster Linie Lebensbeschreibungen, sondern „Frohe Botschaft", die aus dem **Glauben an den Auferstandenen** entstanden sind und die die Menschen zum Glauben an ihn rufen. Die Evangelisten sind davon überzeugt: Jesus kann dem Leben eine neue sinnvolle Richtung geben.

1. Was ist das für ein Mensch?

Die Zeitgenossen Jesu:

Er ist verrückt *Mk 3, 21*

Meister/Rabbi *Lk 10, 25*

Sohn Gottes *Mk 1, 11*

Vom Teufel besessen *Mk 3, 22*

Johannes der Täufer, Elija oder sonst ein Prophet *Mk 8, 27*

Sohn Davids *Mt 21, 9*

Messias *Mt 16, 16*

Fresser und Säufer *Mt 11, 19*

Herr und Gott *Joh 20, 28*

Herrscher in Ewigkeit *Lk 1, 33*

 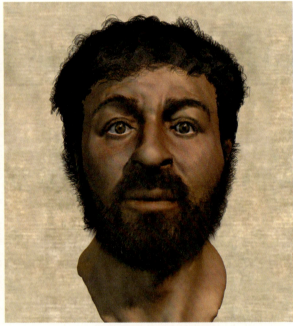

links: Grabtuch von Turin (1260–1380?), Das Linnen, das eine Zeit lang als Grabtuch Jesu angesehen wurde, ist heute in seiner Echtheit umstritten. Wenn es echt wäre, wäre es ein authentisches Jesusbild.

rechts: Computeranimation der BBC (2001). Das Bild soll zeigen, wie Jesus ausgesehen haben könnte. Es entstand, indem man den Schädel eines Zeitgenossen Jesu aus Jerusalem und Bildnisse aus antiken Synagogen heranzog.

1 Diskutiert die Meinungen der **Zeitgenossen** Jesu und der **Schülerinnen und Schüler**. Wie sind sie zu erklären? Ordnet sie in verschiedene Gruppen.

2 Gesetzt den Fall, ihr hättet einen **Muslim**, eine **Jüdin** zum Freund/zur Freundin: Was könnt ihr ihm/ihr in einem kurzen Brief über Jesus schreiben, damit er/sie einen ersten Eindruck bekommt?

3 Führt bei Leuten aus eurer Umgebung eine kleine **Befragung** zu Jesus durch: → **M7**. Folgende Fragen sind so oder ähnlich möglich: Wann und wo hat Jesus gelebt? – Welche Schriften erzählen von seinem Leben? – Wie stellt ihr euch Jesus äußerlich vor? – Welche Stationen seines Lebens kennt ihr? – Nennt ein Wort Jesu, das euch wichtig ist. – Welche Tat Jesu ist euch wichtig? – Was bedeutet Jesus für das Leben? Beantwortet den Fragebogen auch selbst.

88 Jesus – Brücke zwischen Gott und den Menschen

Schülerinnen und Schüler:

Laura (12): Für mich ist er ein Vorbild.

Robert (14): Ich meine, er sei frei erfunden und eine Märchenfigur.

Svenja (13): Ein Ausgeflippter mit Bart, weißem Hemd und Sandalen.

Ulli (12): Er zeigt, dass man in dreckigen Situationen nicht verzagen soll.

Anke (12): Mir sagt er nichts.

Nina (13): Eine überirdische Gestalt.

Harald (13): Er hatte tolle Wunderkraft, aber trotzdem hat man ihn umgebracht.

Christa (12): So einen Typ kann man nicht erfinden.

Kai (12): Ein guter Freund.

„Jesus", Inschrift auf einem jüdischen Sarkophag (Steinsarg), 1. Jh. nC.
Der Name Jesus war damals in Judäa weit verbreitet. Er bedeutet: „Gott hilft".

Albert Paris Gütersloh (1887–1973), Der zwölfjährige Jesus im Tempel (Lk 2, 41–52), 1937.

2. Wunder – Zeichen zum Glauben

 In **unserer Sprache** wird das Wort „**Wunder**" unterschiedlich gebraucht, z. B.:

- Ein Wunder ist ein **erfreuliches Geschehen**, das **unerwartet** eintritt, z. B. die plötzliche Rettung aus einer Gefahr.
- Die großen **Werke der Natur und der Menschen** sind Wunder. z. B. der Sternenhimmel oder Albert Einsteins Erkenntnisse über unsere Welt.
- Ein Wunder ist ein Ereignis, das die **Gesetze der Natur übersteigt** oder durchbricht und grundsätzlich unerklärbar ist, z. B. eine Totenerweckung.

Für die **Bibel** hat ein „Wunder" drei Elemente:
- ein **ungewöhnliches** Ereignis,
- in dem der **Glaube**
- **Gott** am Werk weiß.

Bekannte Sprüche

Wer nicht an Wunder glaubt, ist kein Realist.

Naturgesetze sind regelmäßig wiederkehrende Wunder.

Es gibt kein Wunder für den, der sich nicht wundern kann.

Ich weiß, es wird einmal ein Wunder geschehen.

 Sich über Wunder wundern

1 Sprecht über die drei verschiedenen **Wunder-Definitionen** und vergleicht sie mit dem biblischen Wunderverständnis und seinen **drei Elementen**. Welche Beispiele dieser Seite könnten im biblischen Sinn Wunder sein, welche nicht?

2 Für mich ist ein **Wunder** …

3 Ergänzt die **Reihe**: Wunderdoktor, Meereswunder, wundervoll …

4 Warum wollen heute viele **Menschen** nichts von Wundern wissen? Warum sehnen sich heute viele Menschen nach Wundern?

Wunder oder nicht?

- **Heidi** (4) ist aus dem Fenster im dritten Stock eines Wohnhauses gefallen. Sie hat dabei nur harmlose Prellwunden davongetragen.
- Das ganze **Weltall** hat unvorstellbare Dimensionen.
- **Lene** (54) leidet seit zwei Jahrzehnten an Schlafstörungen. Sie fährt zu dem französischen Marienwallfahrtsort Lourdes. Dort wird sie geheilt.
- **Stefan** (16) will Elektriker werden, findet aber lange keinen Ausbildungsplatz. Bei der Vorstellung in einer Firma gibt es 44 andere Bewerber um die gleiche Stelle. Stefan bekommt den Platz.
- Ein **Zauberer** zieht ein Kaninchen aus seinem Zylinder.

Gibt es wirklich Wunder?

Hella (13): Wunder gibt es nur im Märchen.

Martin (14): Wunder gibt es nicht, und Wunder hat es nie gegeben.

Mirjam (14): Unser ganzes Leben ist voll von Wundern. Denkt an das Sonnensystem, ein Baby, unsere Augen.

Jochen (13): Wunder werden nur selten von Gott oder den Heiligen gewirkt.

Franzi (12): In allen Religionen gibt es Wunder.

Wer hat recht?

Wundererzählungen sind mehr als Reportagen

Der Gang Jesu auf dem Wasser

²² Gleich nach der Vermehrung der Brote forderte Jesus die Jünger auf, ins Boot zu steigen und an das andere Ufer des Sees Gennesaret vorauszufahren. Inzwischen wollte er die Leute nach Hause schicken.
²³ Nachdem er sie weggeschickt hatte, stieg er auf einen Berg, um in der Einsamkeit zu beten. Spät am Abend war er immer noch allein auf dem Berg.
²⁴ Das Boot aber war schon viele Stadien vom Land entfernt und wurde von den Wellen hin und her geworfen; denn sie hatten Gegenwind.
²⁵ In der vierten Nachtwache kam Jesus zu ihnen; er ging auf dem See.
²⁶ Als ihn die Jünger über den See kommen sahen, erschraken sie, weil sie meinten, es sei ein Gespenst, und sie schrien vor Angst.
²⁷ Doch Jesus begann mit ihnen zu reden und sagte: Habt Vertrauen, ich bin es; fürchtet euch nicht!
²⁸ Darauf erwiderte ihm Petrus: Herr, wenn du es bist, so befiehl, dass ich auf dem Wasser zu dir komme.
²⁹ Jesus sagte: Komm! Da stieg Petrus aus dem Boot und ging über das Wasser auf Jesus zu.
³⁰ Als er aber sah, wie heftig der Wind war, bekam er Angst und begann unterzugehen. Er schrie: Herr, rette mich!
³¹ Jesus streckte sofort die Hand aus, ergriff ihn und sagte zu ihm: Du Kleingläubiger, warum hast du gezweifelt?
³² Und als sie ins Boot gestiegen waren, legte sich der Wind.
³³ Die Jünger im Boot aber fielen vor Jesus nieder und sagten: Wahrhaftig, du bist Gottes Sohn.

aus dem Evangelium nach Matthäus 14, 22–33

Viele **Wundererzählungen** sind Glaubenserzählungen, die sagen, dass **Jesus auferstanden** ist (→ S. 124 ff). Das gilt vor allem für die 9 Texte, in denen die Gesetze der Natur außer Kraft gesetzt sind, z. B. Gang auf dem Wasser, Seesturm, Weinwunder in Kana und 3 Totenerweckungen. Ihnen liegen ungewöhnliche Erfahrungen mit Jesus zugrunde. In anschaulichen Erzählungen zeigen diese Texte, **was der Auferstandene bewirkt** und was Auferstehung für die Glaubenden bedeutet: Heilung, Licht, Leben.

Salvador Dali (1904–1989, zugeschrieben), Seesturm, um 1965. → S. 42, 54,

1 Zur **Deutung des Textes** Mt 14, 22–33: → **M4**. Wieso ist der Text eine Auferstehungserzählung?

2 Erarbeitet in kleinen Gruppen die Zeugnisse des Glaubens an den „**Auferstandenen**":
- Die Verklärung Jesu (Mt 17, 1–9)
- Die Auferweckung der Tochter des Jairus (Mk 5, 21–43)
- Die Auferweckung eines jungen Mannes in Nain (Lk 7. 11–17)
- Der reiche Fischfang (Joh 21, 1–14)

Schreibt offene Fragen dazu auf und stellt eure Arbeit in der Klasse vor. Fertigt auch Bilder dazu an. Anregungen: → **M4**.

A
1 Zum Bibeltext Mk 10, 46–52: → **M4**. Wer die Erzählung von der Heilung eines besessenen Jungen (Lk 9, 37–43a) wiederholen will: → ZdF S. 130 f.
2 Erarbeitet in kleinen Gruppen die Heilungswunder des Markusevangeliums, schreibt offene Fragen auf und stellt eure Arbeit in der Klasse vor. Fertigt auch ein paar Bilder dazu an.

* der Messias; zu David: → ZdF S. 76.

Jesus hat Menschen von ihrem Leiden befreit

Die Heilung eines Blinden bei Jericho

⁴⁶ Als Jesus mit seinen Jüngern und einer großen Menschenmenge Jericho wieder verließ, saß an der Straße ein blinder Bettler, Bartimäus, der Sohn des Timäus.
⁴⁷ Sobald er hörte, dass es Jesus von Nazaret war, rief er laut: Sohn Davids*, Jesus, hab Erbarmen mit mir!
⁴⁸ Viele wurden ärgerlich und befahlen ihm zu schweigen. Er aber schrie noch viel lauter: Sohn Davids, hab Erbarmen mit mir!

Rembrandt (1606–1669), Jesus heilt den Blindgeborenen, 1655.

⁴⁹ Jesus blieb stehen und sagte: Ruft ihn her! Sie riefen den Blinden und sagten zu ihm: Hab nur Mut, steh auf, er ruft dich.
⁵⁰ Da warf er seinen Mantel weg, sprang auf und lief auf Jesus zu.
⁵¹ Und Jesus fragte ihn: Was soll ich dir tun? Der Blinde antwortete: Meister, ich möchte wieder sehen können.
⁵² Da sagte Jesus zu ihm: Geh! Dein Glaube hat dir geholfen. Im gleichen Augenblick konnte er wieder sehen, und er folgte Jesus auf seinem Weg.
aus dem Evangelium nach Markus 10, 46–52

L Wer die Bibeltexte von den **17 Krankenheilungen** Jesu unvoreingenommen liest, kann nicht daran zweifeln, dass **Jesus ungewöhnliche Taten** vollbracht hat. Wo Jesus Glauben fand, hat er Blinde, Lahme, Gichtbrüchige und Aussätzige geheilt und Menschen, die schwere seelische Schäden („Dämonen", „unreine Geister") hatten, von ihrem Leiden befreit Von ihm selbst sind wunderbare Kräfte ausgegangen. Indem Jesus die Menschen heilte, hat er ihnen einen neuen Anfang ihres Lebens und einen Zugang zu Gott ermöglicht.

Andere Heilungen im Markusevangelium

♦ Die Heilung eines Aussätzigen *Mk 1, 40–45*
♦ Die Heilung eines Gelähmten *Mk 2–12*
♦ Die Heilung eines Mannes mit verdorrter Hand *Mk 3, 1–6*
♦ Die Heilung eines Besessenen von Gerasa *Mk 5, 1–20 (sehr spannend)*
♦ Die Heilung eines Taubstummen *Mk 7, 31–37*

92 Jesus – Brücke zwischen Gott und den Menschen

als jesus den blinden heilte
da ist er ganz nahe
an den blinden herangegangen
und dann hat jesus
ihn angeschaut
und dann hat er ihm eine brille
nach der anderen
von der nase
von den augen genommen
eine falsche brille
nach der anderen
die milieubrille
die parteibrille
die kirchliche brille
die brille mit diesem vorurteil
die brille mit jenem vorurteil
und danach musste jesus
noch näher herantreten
und dem blinden
noch ein paar richtige häute
von den augen ziehen
denn manches vorurteil
war schon an den
augäpfeln festgewachsen
und dann
hat jesus den mann
wieder angeschaut
ganz tief
bis auf den grund

und dann brach ein quell hervor
aus den augen des mannes
er weinte
das war seine rettung
seine letzte rettung
und dieser quell
der aus seinen augen hervorbrach
spülte den letzten dreck
aus seinen augen
den stolz
und das nichtsehenwollen
das ja bekanntlich
das sehen am meisten behindert
und der blinde erkannte in jesus
einen menschen
einen wirklichen menschen
der sehen kann
ganz tief sehen
und vor allem auch
übersehen
und einsehen
und dann
konnte der blinde mann
wieder sehen
als er einen menschen
gesehen hatte
der sehen konnte
der ihn richtig sehen konnte

Wilhelm Willms

L **Beweise – nein**

Manche nehmen an, die Wunder Jesu seien **unwiderlegbare Beweise** dafür, dass er Gottes Sohn ist. Gegen diese Annahme sprechen gewichtige Gründe.

♦ Die Bibel sagt, dass auch **andere Menschen** Wunder gewirkt haben, ohne Sohn Gottes zu sein, z. B. Mose, Elija oder Petrus.
♦ Die Bibel spricht von Leuten, die Wunder Jesu gesehen haben, ohne zum **Glauben** gekommen zu sein, z. B. Mt 12, 22–24.
♦ Jesus hat sich mehrmals **geweigert**, Wunder zu wirken, nur um andere auf sich aufmerksam zu machen, z. B. Lk 23, 6–12.

Zeichen – ja

Die **Wunder** Jesu sind Zeichen

♦ des **Reiches Gottes** (→ ZdF S. 128, 130). Im Reich Gottes werden Welt und Menschen so sein, wie Gott sie haben will: der Hunger wird beendet, die Krankheiten werden geheilt, das Leid anderer wird gesehen, das Böse wird vernichtet, der Tod besiegt.
♦ **für Christus**. Sie zeigen dem Glaubenden, dass Jesus der Sohn Gottes ist und dass er den Tod in der Auferstehung besiegt hat.
♦ **für die Christen**. Sie sind gerufen, wie Jesus menschliches Leid zu vermindern, gegen das Böse zu kämpfen und die Hoffnung auf Gottes gutes Wirken zu stärken.

> **L** Jesus hat eine **Gemeinschaft** begründet, die umfassender ist als Familie, Sippe und Volk. In ihr haben alle Menschen Platz. Niemand darf ausgestoßen werden, weil alle von Gott geliebt sind. Er pflegte Kontakt besonders mit denen, die damals verachtet waren. Damit hat er sich oft gegen Einstellungen seiner Zeit gewandt.
>
> Die **Kirche** versteht sich als diese universale Gemeinschaft (→ S. ZdF 175 ff), die auf Jesus zurückgeht. Darum können in ihr Frauen und Männer, alle Hautfarben, Völker und Kulturen gleichberechtigt zusammen leben, ohne dass sie ihre Eigenarten aufgeben müssten.

3. Die neue Gemeinschaft

Wen wollte Jesus in seiner Gemeinschaft haben?

- Jesus hat mutig **Aussätzige**, von denen man sich wegen der Ansteckungsgefahr fern hielt, berührt, geheilt und ihnen ein neues Zusammenleben mit den Gesunden ermöglicht.
- Er hat sich energisch für eine **Ehebrecherin** eingesetzt, die von Männern gesteinigt werden sollte (Joh 8, 1–11; → S. 70).
- Er machte problemlos **Leute aus Samaria** (→ ZdF S. 99) zum Vorbild, die vielen Juden wegen religiöser Auffassungen verhasst waren (Lk 10, 25–37).
- Er nahm **Frauen** (→ ZdF S. 112 f) in seine Jüngerschar auf, obwohl dies damals bei den Rabbinen nicht üblich war.
- Er war **Kindern** (→ ZdF S. 31) liebevoll zugetan.
- Er mied nicht den Kontakt mit Leuten, die man „**Sünder**" nannte und deshalb ausgrenzte, weil irgendwelche Vergehen von ihnen bekannt geworden waren.

Jesus ruft Matthäus, Codex Aureus von Echternach, um 1030.

94 Jesus – Brücke zwischen Gott und den Menschen

Die Berufung von Leuten, die keinen guten Ruf hatten

Schon bald nach dem Beginn seines öffentlichen Wirkens berief Jesus Leute in seine Gemeinschaft, die öffentlich in keinem guten Ruf standen. Er setzte sich mit ihnen an einen Tisch, obwohl es anstößig war, mit denen zu essen, die manche Gesetze Gottes offen missachteten.

⁹ Als Jesus weiterging, sah er einen Mann namens Matthäus am Zoll sitzen und sagte zu ihm: Folge mir nach! Da stand Matthäus auf und folgte ihm¹.
¹⁰ Und als Jesus in seinem Haus beim Essen war, kamen viele Zöllner² und Sünder und aßen zusammen mit ihm und seinen Jüngern.
¹¹ Als die Pharisäer³ das sahen, sagten sie zu seinen Jüngern: Wie kann euer Meister zusammen mit Zöllnern und Sündern essen?
¹² Er hörte es und sagte: Nicht die Gesunden brauchen den Arzt, sondern die Kranken.
¹³ Darum lernt, was es heißt: Barmherzigkeit will ich, nicht Opfer. Denn ich bin gekommen, um die Sünder zu rufen, nicht die Gerechten.

aus dem Evangelium nach Matthäus 9, 9–13

1 Ein Bild zu dieser Szene: → S. 128
2 Zöllner: → S. ZdF 109
3 Pharisäer: → S. ZdF 106 f

 Da nützen schöne Worte nichts. Da kommt es auf das Tun an.

1 Zum **Text** Mt 9, 9–13: → **M 4**.
2 Macht eine Liste über **Ausgestoßene und Verachtete** („Schwarze Schafe") in eurem Umfeld, denen man auch noch nachsagt, sie seien an ihrer Ausgrenzung selbst schuld. Notiert dazu, wie diese Außenseiter behandelt werden und wie Christen dem Beispiel Jesu folgen könnten. (→ S. 190 f)
3 Wo habt ihr schon einmal **Ausländerfeindlichkeit oder Rassismus** bemerkt? Was müsst und könnt ihr dagegen tun?
4 Wie kommt die **Kirche** ihrem Auftrag nach, die Gemeinschaft Jesu zu sein? (→ S. 160 f)

Jesus isst mit Zöllnern und Sündern, Codex Aureus von Echternach, um 1030.

4. Das Prinzip Liebe

Meinungen heute

Jochen (13): Ich tue alles, was mir einen Vorteil bringt.
Klaus (14): Man darf sich nichts gefallen lassen.
Edith (12): Wie du mir, so ich dir.
Gisela (14): Jeder soll tun, was er will.
Frank (13): Gut ist, was mir Spaß macht.

Vincent van Gogh (1853–1890), Der gute Samariter, 1890. Zur Deutung des Bildes: → **M5**.

96 Jesus – Brücke zwischen Gott und den Menschen

Die Botschaft Jesu – Ein barmherziger Samariter

²⁵ Da stand ein Gesetzeslehrer auf, und um Jesus auf die Probe zu stellen, fragte er ihn: Meister, was muss ich tun, um das ewige Leben zu gewinnen?
²⁶ Jesus sagte zu ihm: Was steht im Gesetz? Was liest du dort?
²⁷ Er antwortete: Du sollst den Herrn, deinen Gott, lieben mit ganzem Herzen und ganzer Seele, mit all deiner Kraft (Dtn 6, 4 f) und all deinen Gedanken, und: Deinen Nächsten sollst du lieben wie dich selbst (Lev 19, 18).
²⁸ Jesus sagte zu ihm: Du hast richtig geantwortet. Handle danach und du wirst leben.
²⁹ Der Gesetzeslehrer wollte seine Frage rechtfertigen und sagte zu Jesus: Und wer ist mein Nächster?
³⁰ Darauf antwortete ihm Jesus: Ein Mann ging von Jerusalem nach Jericho hinab und wurde von Räubern überfallen. Sie plünderten ihn aus und schlugen ihn nieder; dann gingen sie weg und ließen ihn halb tot liegen.
³¹ Zufällig kam ein Priester[1] denselben Weg herab; er sah ihn und ging weiter.
³² Auch ein Levit[2] kam zu der Stelle; er sah ihn und ging weiter.
³³ Dann kam ein Mann aus Samarien[3], der auf der Reise war. Als er ihn sah, hatte er Mitleid,
³⁴ ging zu ihm hin, goss Öl und Wein auf seine Wunden und verband sie. Dann hob er ihn auf sein Reittier, brachte ihn zu einer Herberge und sorgte für ihn.
³⁵ Am andern Morgen holte er zwei Denare[4] hervor, gab sie dem Wirt und sagte: Sorge für ihn, und wenn du mehr für ihn brauchst, werde ich es dir bezahlen, wenn ich wiederkomme.
³⁶ Was meinst du: Wer von diesen dreien hat sich als der Nächste dessen erwiesen, der von den Räubern überfallen wurde?
³⁷ Der Gesetzeslehrer antwortete: Der, der barmherzig an ihm gehandelt hat. Da sagte Jesus zu ihm: Dann geh und handle genauso!

aus dem Evangelium nach Lukas 10, 25–37

1 Der **Priester** hätte sich für seinen Dienst unrein gemacht, wenn er einen überfallenen, vielleicht sogar blutenden Mann berührt hätte. Für Jesus ist die Nächstenliebe wichtiger als dieser Dienst.
2 Die **Leviten** halfen den Priestern beim Tempeldienst. Für den Leviten galt dasselbe wie für den Priester.
3 Die **Samariter** waren den Juden verhasst (→ ZdF S. 99). Dass Jesus einen Samariter zum Vorbild wählt, musste seine jüdischen Zuhörer schocken.
4 Ein **Denar** ist eine kleine römische Silbermünze, die etwa dem Taglohn eines Handwerkers oder Bauern entspricht.

L Der **Maßstab Jesu** für alles menschliche Handeln lautet: Die Menschen sollen in allem, was sie tun, **Gott und den Nächsten wie sich selbst lieben.**

Die **Liebe**, die Jesus meint, ist **nicht ein romantisches Gefühl** wie das Verliebtsein. Sie kommt aus Herz und Verstand, aus Gefühl und Wille. Die Liebe, die Jesus will, vertraut auf Gott und meint es gut mit den anderen und auch mit sich selbst. Zur Liebe gehören für Jesus Tatkraft, Hilfsbereitschaft, der Wille zur Versöhnung, Wahrhaftigkeit, Mut und Widerstand gegen böse Mächte. Sie ist **keineswegs Schwäche,** die alles wehrlos hinnimmt, sondern innere **Stärke**.

A Worauf es Jesus letztlich ankommt

1 Ergänzt die **Meinungen** von Jochen, Klaus, Edith, Gisela und Frank und nehmt Stellung dazu. Vergleicht das biblische Hauptgebot der Bibel mit deren Meinungen.
2 Zum **Textverständnis Lk 10, 28–37**: → **M4**. Zu den Gleichnissen: → S. 126 ff. Bereitet ein **Rollenspiel** zu dem Text vor: → **M8**. Verfasst dazu in Gruppen ein Drehbuch, in dem alle Personen zu Wort kommen.
3 Viele sagen: Wenn das Gebot der **Gottes-, Nächsten- und Selbstliebe** überall beachtet würde, sähe es in der Welt anders aus. Was meint ihr dazu?
4 Jesus nahm nicht nur das eigene Leid, sondern **das Leid anderer** wahr. Was bedeutet das für uns?
5 In der **Rede Jesu vom Weltgericht** (Mt 25, 31–46) findet ihr wichtige Beispiele der Nächstenliebe. Schreibt die Beispiele heraus und sucht oder entwerft dazu Bilder aus unserer heutigen Welt. (→ **M6**)
6 Zu der **jüdischen Herkunft** des Gebotes: → S. 207.

5. Die Güte Gottes

Der Gott Jesu

Jesus lebte ganz in der Gegenwart Gottes. Er hat nicht versucht, die Existenz Gottes zu beweisen. Schwierige Fragen nach Gott hat er nicht mit ausgeklügelten Reden beantwortet. Er wusste wohl, dass unser Herz und unser Verstand mit Überlegungen allein nicht zufrieden zu stellen sind. Er sprach mit Gott wie zu einem Vater und erzählte von ihm in unvergleichlich schönen Gleichnissen. Dabei entwarf er ein Bild von Gott, das seinesgleichen in der Menschheit sucht.

Werner Juza (geb. 1924), Der verlorene Sohn, 1975.

Max Beckmann (1885–1950), Der verlorene Sohn, 1949.

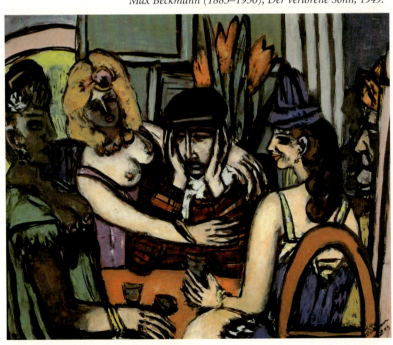

L Der **Gott, von dem Jesus spricht**, ist kein unnahbares jenseitiges Wesen, das unbeteiligt über allem Geschehen thront. Er ist ein **Vater**, der seine Kinder kennt und ohne Wenn und Aber liebt. Er akzeptiert sie, wie sie sind. Seine **Zuwendung zu den Menschen** hängt nicht davon ab, ob sie immer richtig handeln, wenn sie sich nur zu ihm aufmachen.

Aber der Gott Jesu ist nicht der „liebe Gott" im harmlosen Sinn. Er steht **gegen Gewalt und Ungerechtigkeit**. Er will nicht, dass die Menschen falschen Göttern wie z. B. dem Geld nachlaufen. Er steht vor allem auf Seiten der Armen und Unterdrückten und richtet alle Ungerechtigkeit und brutale Machtausübung.

Das Gleichnis vom gütigen Vater

¹¹ Weiter sagte Jesus: Ein Mann hatte zwei Söhne.
¹² Der jüngere von ihnen sagte zu seinem Vater: Vater, gib mir das Erbteil, das mir zusteht. Da teilte der Vater das Vermögen auf.
¹³ Nach wenigen Tagen packte der jüngere Sohn alles zusammen und zog in ein fernes Land. Dort führte er ein zügelloses Leben und verschleuderte sein Vermögen.
¹⁴ Als er alles durchgebracht hatte, kam eine große Hungersnot über das Land, und es ging ihm sehr schlecht.
¹⁵ Da ging er zu einem Bürger des Landes und drängte sich ihm auf; der schickte ihn aufs Feld zum Schweinehüten.
¹⁶ Er hätte gern seinen Hunger mit den Futterschoten gestillt, die die Schweine fraßen; aber niemand gab ihm davon.
¹⁷ Da ging er in sich und sagte: Wie viele Tagelöhner meines Vaters haben mehr als genug zu essen und ich komme hier vor Hunger um.
¹⁸ Ich will aufbrechen und zu meinem Vater gehen und zu ihm sagen: Vater, ich habe mich gegen den Himmel und gegen dich versündigt.
¹⁹ Ich bin nicht mehr wert dein Sohn zu sein; mach mich zu einem deiner Tagelöhner.
²⁰ Dann brach er auf und ging zu seinem Vater. Der Vater sah ihn schon von weitem kommen und er hatte Mitleid mit ihm. Er lief dem Sohn entgegen, fiel ihm um den Hals und küsste ihn.
²¹ Da sagte der Sohn: Vater, ich habe mich gegen den Himmel und gegen dich versündigt; ich bin nicht mehr wert dein Sohn zu sein.
²² Der Vater aber sagte zu seinen Knechten: Holt schnell das beste Gewand und zieht es ihm an, steckt ihm einen Ring an die Hand und zieht ihm Schuhe an.
²³ Bringt das Mastkalb her und schlachtet es; wir wollen essen und fröhlich sein.
²⁴ Denn mein Sohn war tot und lebt wieder, er war verloren und ist wiedergefunden worden. Und sie begannen ein fröhliches Fest zu feiern.

aus dem Evangelium nach Lukas 15, 11–24

Rembrandt (1606–1669), Heimkehr des verlorenen Sohnes, 1636.
(→ S. 164 f)

A Hier sind wir im Zentrum der Botschaft Jesu

1 Das **Gleichnis** vom gütigen Vater geht noch weiter. Lest das Ende in der Bibel nach: Lk 15, 25–32. Zum Verständnis: → **M4**. Zum Thema Gleichnis: → ZdF S. 126 ff. Versucht das ganze Gleichnis oder einzelne Szenen zu **spielen**: → **M8**. Welche Personen können auftreten? Deutet auch die Bilder: → **M5**.

2 Wählt auch eine Szene, die ihr **malt oder zeichnet**. Stellt eure Bilder in der Klasse aus: → **M6**.

3 Von Gott kann man auch reden wie von einer **Mutter**. Ergänzt den Satz: Gott ist wie eine Mutter, die ... Erfindet dazu ein neues Gleichnis.

6. In vielen Bildern

> Man hätte **Jesus** zu seinen Lebzeiten malen können. Aber es ist kein **Bild** von ihm überliefert. Wenn diese Tatsache auch bedauerlich ist, so hat sie doch auch einen Vorteil. Die Künstler sind, wenn sie Jesus ins Bild bringen, nicht an eine Vorlage gebunden, die sie beachten müssen. **Jesusbilder** zeigen darum Jesus **nicht so, wie er war**, sondern **wie er geglaubt wird**.

„Was is mit Jesus?"

In Fynns Roman „Hallo Mister Gott, hier spricht Anna" (→ S. 83) gibt es eine Szene, in der ein fünfzehnjähriges Mädchen namens Skipper stirbt. Während ihrer Beerdigung entfaltet sich ein Gespräch zwischen ihren Freundinnen und Freunden:

„Was is mit Jesus?"
„Was soll mit dem sein?"
„Na guck dir mal die Bilder von dem an. Sieht aus wie´n Süßer."
„In Wirklichkeit hat der bestimmt nicht so ausgesehen."
„Sein Alter war Zimmermann."
„Und er selber auch."
„Na, stell dir mal vor, den ganzen Tag Holz sägen, da kriegste ganz schön Muskeln. Jesus hatte bestimmt auch Muskeln. Dem sein Alter hat ihn nicht rumgammeln lassen, der musste auch arbeiten."
„Der war bestimmt ein ganz dufter Typ."
„Klar. Und konnte schwer einen heben."
„Woher weißt du das?"
„Steht in der Bibel. Hat Wasser in Wein verwandelt."
„Das is prima. Mein Alter kann sowas nicht."
„Dein Alter kann überhaupt nix."

Fynn „Hallo Mister Gott, hier spricht Anna"

A Mit Jesus im Bild sein

1 Was meint ihr: Ist es schade, dass wir **kein Bild von Jesus** aus seiner Zeit haben oder ist es gut?
2 Für die Europäer ist Jesus meist ein **Weißer**, für die Afrikaner ein **Schwarzer**, für die Asiaten ein **Gelber**. Wie erklärt ihr euch diese Tatsache?
3 Sammelt **Jesusbilder** und stellt sie in der Klasse aus. In diesem Buch findet ihr manche Beispiele. Sucht auch zuhause, bei den Großeltern, im Internet, in Bibliotheken usw. Auch eigene Versuche sind erwünscht. (→ **M2** und **M6**)
4 **Welches Bild** kommt eurer Vorstellung von Jesus am nächsten?

100 Jesus – Brücke zwischen Gott und den Menschen

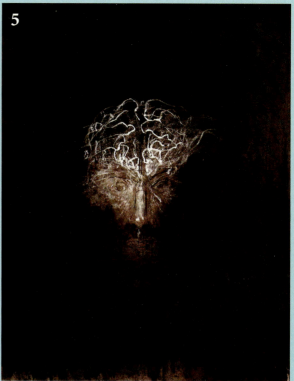

1 *Jüdischer Rabbi*
2 *Otto Pankok (1893–1966), Christus zerbricht das Gewehr, 1950.*
3 *„Jesus of Montreal", Film 1989*
4 *Georges Rouault (1871–1958),*
  Ecce homo (lat.: „Seht, welch ein Mensch!"), um 1913.
5 *Herbert Falken (geb. 1932), Christuskopf*
  (als Identifikation mit sich selbst), 1981.
6 *Guter Hirte, Katakombenmalerei, Ende 3. Jh.*
7 *Francis Hook, Ein lächelnder Jesus, USA.*
8 *Galiläischer Fischer*
9 *Poster für ein Musical*

101

Gottes wunderbare Schöpfung

 Meister Bertram von Minden (ca. 1340–1414), Erschaffung der Gestirne, um 1379.
Die Erde und das Weltall, Astronautenfotos.

1 Zur Arbeit mit den **Bildern:** → **M5**.
2 Mit welchem **Thema** beschäftigen sich die Bilder? Worin **unterscheiden** sie sich?
3 Was zeigen die Bilder von **Gott** und der **Welt**? Wie tun sie es?
4 Versucht selber ein Bild der **Schöpfung** zu malen/zeichnen. Heftet eure Arbeiten an eine Pinnwand in der Klasse unter der Überschrift „Unsere Welt-Bilder".
5 Ergänzt so weit wie möglich das „Schöpfungs-ABC": A Auge, B Blumen ... Z Zeit
6 Verfasst ein Elfchen zu den Stichwörtern „Weltall" – „Erde" – „Mensch" – „Gott": → S. 220.

Im Anfang schuf Gott
Himmel und Erde ...
Gott sah, dass alles,
was er gemacht hatte,
sehr gut war.

Gen 1, 1.31

Vorschau

Zu den großen Fragen unseres Lebens gehören die Fragen: **Woher kommt die Welt? Woher kommen wir Menschen? Wie sollen wir mit der Schöpfung umgehen?** Heute sind es vor allem die **Naturwissenschaften**, die auf diese Fragen antworten. Was sie zu sagen haben, führt unvorstellbar weit in die Vergangenheit zurück. Es ist von hoher Bedeutung, aber sie können nicht alles sagen.

Die Fragen betreffen auch den Glauben der Juden und Christen.

1. Der Urknall: Welt und Erde

Der Naturwissenschaftler Dr. Stein informiert über die Entstehung der Welt und der Erde

Alles, was wir heute über die Entstehung der Welt und der Erde wissen, ist zwar wahrscheinlich, aber letztlich nicht gewiss. Und alles ist viel komplizierter, als es hier dargestellt werden kann.

♦ Am Anfang, als noch alles, was später einmal Energie und Materie wurde, in einem Punkt von höchster Dichte zusammengepresst war, kam es spontan zu einer unvergleichlich gewaltigen Explosion, die wir „Urknall" („Big Bang") nennen. An diesem „Zeitpunkt Null", bei dem unsere Zeit beginnt, wurde eine unvorstellbar große Energie freigesetzt. Danach dehnte sich das nun entstehende Universum in rasanter Geschwindigkeit aus und kühlte sich dabei im Lauf der Zeit so ab, dass allmählich stabile Atome entstehen konnten. Neben der Strahlung bestimmte nun auch die Materie das Universum. Sie brachte eine Entwicklung in Gang, die zur Entstehung von Sternen, Sonnen, Planeten und Milchstraßen führte. Erst nach unvorstellbar langen Zeiträumen fand das Universum zu seiner heutigen Form. Seine Entwicklung geht in einem rasanten Tempo weiter.

♦ Das jetzige Weltall besteht **nicht ewig**, sondern hat einen **Anfang**, der nach heutigen Schätzungen vor ca. 15 bis 20 Milliarden Jahren anzusetzen ist. Unser Universum wird auch ein **Ende** haben, das sich aber heute nicht berechnen lässt. Möglicherweise geht es ihm wie einem Luftballon, der aufgeblasen wird und aus dem die Luft wieder entweicht. Manche Forscher sprechen auch von einem **Kältetod**, der nach dem Verbrauch aller Energien eintritt. Am Ende steht das Chaos oder die totale Leere.

♦ Das Weltall ist **nicht unendlich**. Aber seine Ausdehnung übertrifft alle menschlichen Vorstellungen. Sie beträgt 15 bis 20 Milliarden Lichtjahre. Ein Lichtjahr gibt die Entfernung an, die ein Lichtstrahl – das Schnellste, was wir kennen – in einem Jahr zurücklegt. Das sind ca. 9,5 Billionen Kilometer.

♦ Unsere **Erde** ist erst vor ca. 4 bis 5 Milliarden Jahren aus Urnebeln oder aus Weltraummaterie entstanden, die bei der Entstehung der Sonne übrig blieb. Ihre gemäßigte Temperatur war die Voraussetzung für die Entstehung von Leben.

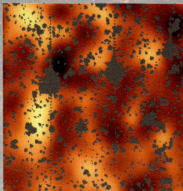

Schnappschuss vom Urknall?
Ein amerikanisches Astronomenteam hat den schwachen Schimmer der ersten Sterne im Universum beobachtet. Die Forscher filterten den Milliarden Jahre alten Nachschein aus der allgegenwärtigen Infrarot-Hintergrundstrahlung heraus. Alle Versuche, den schwachen Schimmer der frühesten Sterne zu isolieren, waren bislang gescheitert. Das US-Team hat nun mit großer Sorgfalt den Beitrag aller anderen Sterne und Galaxien entfernt. Die verbleibende, ungleichmäßig über den Himmel verteilte Infrarotstrahlung zeigt die Verteilung der ersten Sterne im All.

 Schwierige Fragen

1 Fertigt eine **Zeittafel** an, die vom Urknall bis zur Gegenwart reicht. Sie soll nur die wichtigsten Stationen der Entwicklung der Welt und der Erde zeigen. Zur Materialsuche: → **M2**.
2 Auf dieser Doppelseite sind ganz unterschiedliche Erkenntnisse aufgezählt. Von welcher möchtet ihr ein **Bild** versuchen? Vom Urknall oder … ?
3 Gelten die Einsichten der **Wissenschaftler** auch für **Christen**?

> **L** Viele **Naturwissenschaftler** versuchen, sich ein Bild von den Anfängen der Welt und der Menschen zu machen. Eine heute weithin vertretene Auffassung besagt: Am Anfang steht der **Urknall**. Das **Weltall** ist unvorstellbar groß und vor unvorstellbar langen Zeiten entstanden. Unsere **Erde** ist winzig klein wie ein Stäubchen im All.

Die Whirlpool-Galaxie (M51).

Aufnahmen vom Stern V838 Monocerotis. Der rote gigantische Stern in der Mitte leuchtete im Jahr 2002 für mehrere Wochen besonders intensiv. Die Staubwolken um ihn herum, die er beleuchtet, stammen aus einer vorangegangenen Explosion in diesem Stern.

105

2. Die Entwicklung des Menschen

> **L** Der englische Naturforscher **Charles Darwin** (1809–1882) lehrte erstmals, dass der **Mensch** innerhalb einer großen Naturgeschichte steht und sich von anderen Lebewesen herleitet. Man nennt diese Auffassung **„Abstammungslehre"** oder **„Evolutionslehre"** (von lat.: „Entwicklung").

Die Biologin Frau Dr. Micha spricht über die Entwicklung des Menschen

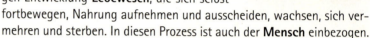

Die Wissenschaft von der Entstehung des Menschen entwickelt sich seit ca. 150 Jahren in atemberaubendem Tempo. Ständig gewinnen wir neue Erkenntnisse. Der gegenwärtige Erkenntnisstand sieht so aus:

- Die **ersten Lebewesen**, die auf der Erde vor ca. 3,9 Milliarden Jahren entstanden, waren primitive Einzeller. Aus diesen bildeten sich zunächst Mehrzeller und dann in einer langen Entwicklung **Lebewesen**, die sich selbst fortbewegen, Nahrung aufnehmen und ausscheiden, wachsen, sich vermehren und sterben. In diesen Prozess ist auch der **Mensch** einbezogen.
- Viele Atome in unserem Körper haben ihren Ursprung im Inneren eines Sterns im Weltall. Sie wurden nach dessen Explosion in den Weltraum geschleudert, bis sie schließlich auf der Erde landeten. Wir bestehen buchstäblich aus **Sternenstaub**.
- Es gibt eine auffällige Ähnlichkeit des Menschen mit dem Schimpansen und Gorilla, z. B. in Körperform und Blutkreislauf. Darum haben der Mensch und diese beiden **Menschenaffen** wohl einen gemeinsamen Stammbaum und leiten sich von gemeinsamen Ahnen ab, die etwa vor 8 Millionen Jahren gelebt haben.
- Der **Übergang vom Tier zum Vormenschen** vollzog sich vor drei bis vier Millionen Jahren. Der heutige Mensch ist etwa 160 000 Jahre alt. Er verfügt über ein größeres Gehirn als seine Vorfahren und begann aufrecht zu gehen, eine reiche Sprache zu entwickeln, sich selbst angefertigter Werkzeuge zu bedienen und seine Umwelt gezielt zu verändern. Er allein kann rechnen und lesen. Er allein schickt seine Kinder in die Schule. Er allein hat auch Religion. Er ist das am höchsten entwickelte Lebewesen.

- Vieles spricht dafür, dass die Geschichte des Menschen in **Ostafrika** begonnen und sich zuerst über lange Zeiten in Afrika abgespielt hat. Von da aus haben sich vor ca. 50 000 Jahren die Menschen auf die Wanderschaft begeben und über die ganze Erde verbreitet.
- Wann es ein **Ende der Menschheit** geben wird, weiß niemand. Manche Wissenschaftler befürchten, dass die Menschheit sich selbst zerstört und kein weiteres Jahrtausend überleben wird. Andere Wissenschaftler sind davon überzeugt, dass es der Menschheit gelingen wird, das Leben auf der Erde wirksam zu schützen.

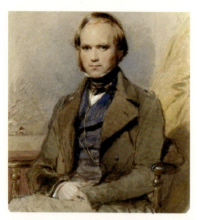

Charles Darwin (1809–1882)

 Entwicklung der Menschen – Vergleich mit den Tieren

1. Fertigt eine **Zeittafel** an, in der ihr die Entwicklung von den ersten Lebewesen bis zum heutigen Menschen eintragt. Nehmt dazu auch euer Biologiebuch zur Hilfe: → **M2**.
2. Tragt in euer Religionsheft ein,
   - worin sich **Menschen** und **Tiere** ähnlich sind
   - worin sie sich unterscheiden.
3. Was sagt **Konrad Lorenz** über das Verhältnis von Mensch und Tier? Sucht **Beispiele**, die zeigen, worin einzelne Tiere mehr können als die Menschen. Was können Menschen besser?
4. Was sagen die Wissenschaften und was sagt **Erich Kästner** zur Entwicklung der Menschen? Zum Text: → **M4**.

106 Gottes wunderbare Schöpfung

Die Entwicklung der Menschheit

Einst haben die Kerls auf den Bäumen gehockt,
behaart und mit böser Visage.
Dann hat man sie aus dem Urwald gelockt
und die Welt asphaltiert und aufgestockt,
bis zur dreißigsten Etage.

Da saßen sie nun, den Flöhen entflohn,
in zentralgeheizten Räumen.
Da sitzen sie nun am Telefon.
Und es herrscht noch genau derselbe Ton
wie seinerzeit auf den Bäumen.

Sie hören weit. Sie sehen fern.
Sie sind mit dem Weltall in Fühlung.
Sie putzen die Zähne. Sie atmen modern.
Die Erde ist ein gebildeter Stern
mit sehr viel Wasserspülung.
Sie schießen die Briefschaften durch ein Rohr.

Sie jagen und züchten Mikroben.
Sie versehn die Natur mit allem Komfort.
Sie fliegen steil in den Himmel empor
und bleiben zwei Wochen oben.

Was ihre Verdauung übrig lässt,
das verarbeiten sie zu Watte.
Sie spalten Atome. Sie heilen Inzest.
Und sie stellen durch Stiluntersuchungen fest,
dass Cäsar Plattfüße hatte.

So haben sie mit dem Kopf und dem Mund
den Fortschritt der Menschheit geschaffen.
Doch davon mal abgesehen und
bei Lichte betrachtet, sind sie im Grund
noch immer die alten Affen.

Erich Kästner

Der Dreikampf

Wollte der Mensch die ganze Klasse der Säugetiere zu einem sportlichen Wettbewerb herausfordern, der auf Vielseitigkeit ausgerichtet ist und beispielsweise aus den Aufgaben besteht, 30 km weit zu marschieren, 15 m weit und 5 m tief unter Wasser zu schwimmen, dabei ein paar Gegenstände gezielt heraufzuholen und anschließend einige Meter an einem Seil emporzuklettern, was jeder durchschnittliche Mann kann, so findet sich kein einziges Säugetier, das ihm diese drei Dinge nachzumachen imstande ist.

Konrad Lorenz, Naturwissenschaftler und Tierforscher

3. Im Anfang schuf Gott Himmel und Erde

1 ¹ Im Anfang schuf Gott Himmel und Erde;
² die Erde aber war wüst und wirr, Finsternis lag über der Urflut und Gottes Geist schwebte über dem Wasser.
³ Gott sprach: Es werde Licht. Und es wurde Licht.
⁴ *Gott sah, dass das Licht gut war.* Gott schied das Licht von der Finsternis
⁵ und Gott nannte das Licht Tag und die Finsternis nannte er Nacht. Es wurde Abend und es wurde Morgen: **erster Tag**.

2 ⁶ Dann sprach Gott: Ein Gewölbe entstehe mitten im Wasser und scheide Wasser von Wasser.
⁷ Gott machte also das Gewölbe und schied das Wasser unterhalb des Gewölbes vom Wasser oberhalb des Gewölbes. So geschah es
⁸ und Gott nannte das Gewölbe Himmel. Es wurde Abend und es wurde Morgen: **zweiter Tag**.

3 ⁹ Dann sprach Gott: Das Wasser unterhalb des Himmels sammle sich an einem Ort, damit das Trockene sichtbar werde. So geschah es.
¹⁰ Das Trockene nannte Gott Land und das angesammelte Wasser nannte er Meer. *Gott sah, dass es gut war.*
¹¹ Dann sprach Gott: Das Land lasse junges Grün wachsen, alle Arten von Pflanzen, die Samen tragen, und von Bäumen, die auf der Erde Früchte bringen mit ihrem Samen darin. So geschah es.
¹² Das Land brachte junges Grün hervor, alle Arten von Pflanzen, die Samen tragen, alle Arten von Bäumen, die Früchte bringen mit ihrem Samen darin. *Gott sah, dass es gut war.*
¹³ Es wurde Abend und es wurde Morgen: **dritter Tag**.

4 ¹⁴ Dann sprach Gott: Lichter sollen am Himmelsgewölbe sein, um Tag und Nacht zu scheiden. Sie sollen Zeichen sein und zur Bestimmung von Festzeiten, von Tagen und Jahren dienen;
¹⁵ sie sollen Lichter am Himmelsgewölbe sein, die über die Erde hin leuchten. So geschah es.
¹⁶ Gott machte die beiden großen Lichter, das größere, das über den Tag herrscht, das kleinere, das über die Nacht herrscht, auch die Sterne.
¹⁷ Gott setzte die Lichter an das Himmelsgewölbe, damit sie über die Erde hin leuchten,
¹⁸ über Tag und Nacht herrschen und das Licht von der Finsternis scheiden. *Gott sah, dass es gut war.*
¹⁹ Es wurde Abend und es wurde Morgen: **vierter Tag**.

> **L** Die Schöpfungserzählung am Anfang der Bibel zählt nicht zu den ältesten Kapiteln der Bibel. Wahrscheinlich wurde sie um **520 vC** von jüdischen **Priestern** verfasst, als große Teile des Volkes Israel noch in der **babylonischen Gefangenschaft** lebten. Die Babylonier hatten 586 vC Jerusalem zerstört (→ S. 50 ff) und viele Juden nach Babylon verschleppt. In dieser Situation will der Text den Juden Mut machen, indem er darlegt, dass die ganze Welt, auch Babylon, von Gott kommt. Der Text ist **nicht in erster Linie eine Sacherklärung der Welt**, sondern ein **Dokument des Gottvertrauens**.

108 Gottes wunderbare Schöpfung

⁵ ²⁰ Dann sprach Gott: Das Wasser wimmle von lebendigen Wesen und Vögel sollen über dem Land am Himmelsgewölbe dahinfliegen.
²¹ Gott schuf alle Arten von großen Seetieren und anderen Lebewesen, von denen das Wasser wimmelt, und alle Arten von gefiederten Vögeln. *Gott sah, dass es gut war.*
²² Gott segnete sie und sprach: Seid fruchtbar und vermehrt euch und bevölkert das Wasser im Meer und die Vögel sollen sich auf dem Land vermehren.
²³ Es wurde Abend und es wurde Morgen: **fünfter Tag**.
⁶ ²⁴ Dann sprach Gott: Das Land bringe alle Arten von lebendigen Wesen hervor, von Vieh, von Kriechtieren und von Tieren des Feldes. So geschah es.
²⁵ Gott machte alle Arten von Tieren des Feldes, alle Arten von Vieh und alle Arten von Kriechtieren auf dem Erdboden. *Gott sah, dass es gut war.*
²⁶ Dann sprach Gott: Lasst uns Menschen machen als unser Abbild, uns ähnlich. Sie sollen herrschen über die Fische des Meeres, über die Vögel des Himmels, über das Vieh, über die ganze Erde und über alle Kriechtiere auf dem Land.
²⁷ Gott schuf also den Menschen als sein Abbild; als Abbild Gottes schuf er ihn. Als Mann und Frau schuf er sie.
²⁸ Gott segnete sie und Gott sprach zu ihnen: Seid fruchtbar und vermehrt euch, bevölkert die Erde, unterwerft sie euch und herrscht über die Fische des Meeres, über die Vögel des Himmels und über alle Tiere, die sich auf dem Land regen.
²⁹ Dann sprach Gott: Hiermit übergebe ich euch alle Pflanzen auf der ganzen Erde, die Samen tragen, und alle Bäume mit samenhaltigen Früchten. Euch sollen sie zur Nahrung dienen.
³⁰ Allen Tieren des Feldes, allen Vögeln des Himmels und allem, was sich auf der Erde regt, was Lebensatem in sich hat, gebe ich alle grünen Pflanzen zur Nahrung. So geschah es.
³¹ Gott sah alles an, was er gemacht hatte: *Es war sehr gut.* Es wurde Abend und es wurde Morgen: der **sechste Tag**.
⁷ ¹ So wurden Himmel und Erde vollendet und ihr ganzes Gefüge.
² Am **siebten Tag** vollendete Gott das Werk, das er geschaffen hatte, und er ruhte am siebten Tag, nachdem er sein ganzes Werk vollbracht hatte.
³ Und Gott segnete den siebten Tag und erklärte ihn für heilig; denn an ihm ruhte Gott, nachdem er das ganze Werk der Schöpfung vollendet hatte.

aus dem Buch Genesis 1, 1–2, 3

Prager Bibel, Bilder der Schöpfung, 1400–1410.

1 Zum **Textverständnis**: → **M4**. Erstellt in eurem Religionsheft (→ **M1**) ein **Schema**, in dem ihr aufzeichnet, was Gott im Einzelnen an den sechs Tagen tut. Vergleicht die ersten drei Tage mit den weiteren drei Tagen.
2 Wie unterscheidet sich die **Erschaffung des Menschen** von der Erschaffung der anderen Werke? Achtet auf die Worte, die Gott im Text spricht.
3 Wie denkt ihr über den **siebten Tag**? Wie haltet ihr es selbst damit?
4 Wo weichen die **acht Schöpfungsbilder** der Prager Bibel vom Text ab?

> **L** **Schöpfung** besagt, dass **die Welt** von Gott hervorgebracht wurde, von ihm erhalten und ständig neu hervorgebracht wird. Sie ist und bleibt von ihm abhängig und ist beständig in seiner Hand. Das heißt nicht, dass Gott jedes einzelne Ding wie ein Handwerker hervorgebracht hat, sondern dass er **alles möglich gemacht** hat, auch die Evolution mit ihren Gesetzen. Er hat die Voraussetzungen dafür geschaffen, dass die Welt so werden konnte, wie sie ist.

Hand Gottes im Strahlenkranz des Universums, Fresko der Clemenskirche in Ohrid, Makedonien, 15. Jh.

4. Vom Sinn der Welt und von der Würde des Menschen

Ein Priester deutet den Schöpfungstext

Vielleicht hat einer der Priester, der in Babylon an der Entstehung des Schöpfungstextes mitgewirkt hat, einmal versucht, in einer Synagoge den Leuten, die in der Verbannung leben mussten, den Text zu erklären.

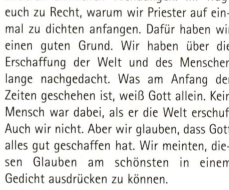

Liebe Jüdinnen, liebe Juden!
Ich möchte euch den langen und feierlichen Text von Gottes Schöpfung in mehreren Schritten erläutern.

Ein Gedicht von Gottes Schöpfung
Dass es ein **Gedicht** ist, habt ihr sicher gleich an den Strophen und vielen Wiederholungen bemerkt, z. B. „Gott sprach ...", „Es werde ... usw." und an anderen ähnlichen Wendungen. Ihr fragt euch zu Recht, warum wir Priester auf einmal zu dichten anfangen. Dafür haben wir einen guten Grund. Wir haben über die Erschaffung der Welt und des Menschen lange nachgedacht. Was am Anfang der Zeiten geschehen ist, weiß Gott allein. Kein Mensch war dabei, als er die Welt erschuf. Auch wir nicht. Aber wir glauben, dass Gott alles gut geschaffen hat. Wir meinten, diesen Glauben am schönsten in einem Gedicht ausdrücken zu können.

Nicht Forschungsergebnis, sondern Sinndeutung der Welt
Ganz sicher werden die Menschen in Zukunft viel genauere Aussagen über die Anfänge der Welt machen können. Aber auch dann wird das, worauf es uns ankommt, nicht überholt sein. Wir wollen nicht einzelne Erkenntnisse über das Alter und die Entstehung der Welt liefern. Dazu sind andere berufen. Wir wollen zeigen, was die Welt ist, wenn man sie mit den Augen des Glaubens betrachtet. Und das ist das Ergebnis: Die Welt kommt von Gott. Sie ist ein Geschenk Gottes für seine Geschöpfe.

Sieben Tage
In unserem Gedicht erschafft Gott die Welt in sechs Tagen, am siebten Tag ruht er. Natürlich behaupten wir nicht, dass Gott die Welt wirklich in sechs Tagen geschaffen hat. Wir müssen mit viel längeren Zeiten

rechnen. Aber darum geht es uns nicht. Wir haben in unserem Gedicht die Woche gewählt, weil Gott so für uns zum Vorbild werden kann. Auch wir sollen sechs Tage arbeiten und am siebten Tag, dem Sabbat, ruhen. So ist es ja auch in den Zehn Geboten (→ ZdF S. 68) festgehalten.

Welt und Mensch sind keine Zufallsprodukte
Die Welt ist nicht von selbst entstanden, wie man es manchmal hören kann. Auch wir Menschen sind keine Zufallsprodukte, die sinnlos leben und vergehen. Wir sind ein „sehr gutes" Werk Gottes. Alle Geschöpfe sind von großem Wert.

Mann und Frau sind gleichwertig
Gott hat den Mann und die Frau in derselben Weise geschaffen. Der Mann ist so viel wert wie die Frau. Mädchen und Jungen sind gleichberechtigt. Wer etwas anders sagt, hat nichts von unserem Glauben verstanden. Mann und Frau sollen Kindern das Leben schenken und so Gottes Schöpfung weiterführen.

Wir tragen Verantwortung für die Schöpfung
Wir Menschen sollen uns die Erde zu eigen machen. Das ist eine schöne, lebenslange Aufgabe. Aber es wäre ein großes Unrecht vor Gott, wenn wir die Welt beschädigen oder gar zerstören würden. Die Welt ist unser Haus und unsere Heimat, in der sich alle Lebewesen wohl fühlen sollen. Die Menschen sollen für die Welt sorgen, wie Gott für die Welt gesorgt hat. Das meint der tollkühne Satz: Gott schuf den Menschen als sein Abbild.

Vertrauen zum Schöpfergott
Vielleicht erscheint euch vieles, was ihr hier in der Fremde erleiden müsst, sinnlos. Vielleicht meint ihr, die babylonischen Götter seien stärker als der Gott Israels. Unser Lehrgedicht will euch Mut machen und in eurem Glauben stärken. Der Schöpfergott steht zu seinem Werk und sagt Ja zum Leben. Er überwindet das Chaos und kann alle Finsternis vertreiben und zu Licht machen, wann immer er will. Darauf dürfen wir gerade in schwerer Zeit hoffen. Amen.

Barnett Newman (1905–1970), Der erste Tag, 1951–1952.

Bei den jüdischen Priestern in Babylon in der Schule

1 Was könnt ihr aus der **Predigt** des Priesters über die Entstehungszeit, die Verfasser, die Adressaten dieses Lehrgedichts lernen?

2 **Kopiert** den Text Gen 1, 1–2, 4 (→ S. 108 f) und sucht alle Formulierungen heraus, die öfter vorkommen. Ihr könnt sie mit verschiedenen Farben unterstreichen. Was zeigen diese Wiederholungen? Klebt den Text in euer Religionsheft (→ **M1**) ein.

3 Stellt selbst gemachte **Bilder oder Fotos** zu den sechs Schöpfungstagen zusammen und macht daraus eine kleine Ausstellung zum Thema: „Unsere Bilder zum biblischen Schöpfungsgedicht". Gottes Schöpfungsworte könnt ihr in Sprechblasen dazu schreiben. (→ **M6**)

4 Manche **Schülerinnen und Schüler** sagen:
„Die Welt ist vor ca. 15–20 Milliarden Jahren durch den Urknall entstanden" und
„Der Mensch stammt aus dem Tierreich".
Die **Bibel** sagt:
„Im Anfang schuf Gott Himmel und Erde" und
„Der Mensch ist ein ganz besonderes Schöpfungswerk Gottes, das sich von den Tieren unterscheidet".
Wer hat recht?

5 Was meint ihr: Ist der Bibeltext **überholt** oder hat er auch heute eine Bedeutung?

6 **Zum Bild** „Der erste Tag": Warum verzichtet der moderne jüdische Maler Newman auf jede figürliche Darstellung (→ S. 78 f)? Was hat die Farbe mit dem ersten Tag der Schöpfung zu tun? Was seht ihr am Rand des Bildes? Stellt die anderen Schöpfungstage ähnlich dar.

Gott macht, dass sich die Dinge selber machen.

Teilhard de Chardin (1881–1955), Jesuit, Naturwissenschaftler

5. Das Geschenk Gottes für die Menschen

Klaus Staeck (geb. 1938), 1983.

> **L** Die **Erde** ist von Gott geschaffen. Sie ist ein **Geschenk Gottes** für uns Menschen. Wir sollen uns an den Gestirnen, an der Natur, an Pflanzen und Tieren und vor allem auch an den Menschen erfreuen.
> Weil die Erde Gottes **Schöpfung** ist, müssen wir mit ihr **liebevoll und sorgsam** umgehen. Wir sollen sie schön erhalten, damit sich auch in Zukunft die Menschen im Haus der Schöpfung wohl fühlen können.

MIETVERTRAG

Rechtliche Bestimmungen:
Der Eigentümer räumt den Menschen auf seinem Planeten Erde ein Wohn- und Nutzungsrecht ein.

Dieses Recht wird gewährt:

Name:

_____

Dauer: auf Lebenszeit
Entgelt: unentgeltlich

Besondere Vereinbarungen:
Sonnenlicht, Sonnenwärme, Atemluft und Trinkwasser werden bereitgestellt. Nahrungsmittel, Kleidung und Wohnbedarf können nach eigenem Geschmack produziert werden.
Der Eigentümer erwartet Sorgfalt in der Behandlung der Erde, Pflege der Einrichtungen (Wasser, Luft, Boden etc.) sowie unbeschädigte Weitergabe an den Nachmieter bei Beendigung des Lebens.

Mögliche Anschlussverträge:
Der Eigentümer bietet jedem Erdenbürger nach Beendigung der irdischen Lebenszeit die Aufnahme in die himmlischen Wohnungen an.

Das Wunder der Schöpfung

¹ Lobe den Herrn, meine Seele! Herr, mein Gott, wie groß bist du! Du bist mit Hoheit und Pracht bekleidet.
² Du hüllst dich in Licht wie in ein Kleid, du spannst den Himmel aus wie ein Zelt.
³ Du verankerst die Balken deiner Wohnung im Wasser. Du nimmst dir die Wolken zum Wagen, du fährst einher auf den Flügeln des Sturmes.
⁴ Du machst dir die Winde zu Boten und lodernde Feuer zu deinen Dienern.
¹⁰ Du lässt die Quellen hervorsprudeln in den Tälern, sie eilen zwischen den Bergen dahin.
¹¹ Allen Tieren des Feldes spenden sie Trank, die Wildesel stillen ihren Durst daraus.
¹² An den Ufern wohnen die Vögel des Himmels, aus den Zweigen erklingt ihr Gesang.
¹³ Du tränkst die Berge aus deinen Kammern, aus deinen Wolken wird die Erde satt.
¹⁴ Du lässt Gras wachsen für das Vieh, auch Pflanzen für den Menschen, die er anbaut, damit er Brot gewinnt von der Erde und Wein, der das Herz des Menschen erfreut …
²⁷ Sie alle warten auf dich, dass du ihnen Speise gibst zur rechten Zeit.
²⁸ Gibst du ihnen, dann sammeln sie ein; öffnest du deine Hand, werden sie satt an Gutem.
²⁹ Verbirgst du dein Gesicht, sind sie verstört; nimmst du ihnen den Atem, so schwinden sie hin und kehren zurück zum Staub der Erde.
³⁰ Sendest du deinen Geist aus, so werden sie alle erschaffen, und du erneuerst das Antlitz der Erde.
³¹ Ewig währe die Herrlichkeit des Herrn; der Herr freue sich seiner Werke.

Psalm 104, 1–4. 10–15. 27–30 f

A Die Schönheit der Welt bewundern

1 Wie beschreibt der **Psalmist** in Ps 104 die Schönheit der Schöpfung? Auf welche Naturerscheinungen geht er ein? Welche Bilder braucht er? (→ S. 80 f)

2 Vergleicht den Psalm mit dem **Schöpfungslied** Gen 1, 1–2, 4 (→ S. 108 f).

3 Wie könnten wir **heute** einen Schöpfungspsalm schreiben? Zu den Psalmen: → ZdF S. 84.

4 Bringt **Blumen, Steine, Bilder, Fotos** usw. mit, die die Schönheit der Welt zeigen.

5 Schreibt Gott einen kleinen **Brief**, in dem ihr ihm sagt, weshalb euch die Welt gefällt und für welches Geschenk ihr besonders dankbar seid.

L

Der **Psalm 104** ist ein **Schöpfungslied**, das jüdische Weisheitslehrer nach dem babylonischen Exil (586–538 vC) in der wieder erlangten Heimat verfasst haben. In dichterischer Sprache beschreibt der Psalm die Erde und die Geschöpfe. Er benutzt dabei das Wissen, das damals in Israel, Ägypten und Babylonien vorhanden war. Vor allem kommt es ihm darauf an, die Herrlichkeit Gottes und die Wunder der Schöpfung dankbar zu loben, die der Schöpfer täglich erneuert.

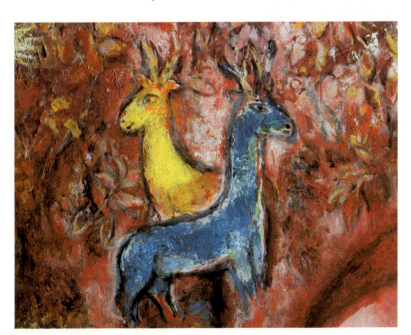

Marc Chagall (1887–1985), Ausschnitt aus „Das Hohe Lied I", 1957 (→ S. 37).

Der Baum

Zu fällen einen schönen Baum
braucht's eine halbe Stunde kaum.
Zu wachsen, bis man ihn bewundert,
braucht er, bedenk es, ein Jahrhundert.
Eugen Roth

6. Die bedrohte Schöpfung

Der Reuschebach

Als mein Urgroßvater zur Schule ging,
hat er noch das Trinkwasser
für die ganze Familie im großen Tonkrug
aus dem Reuschebach geholt.
Als mein Großvater Schuljunge war,
hat man das Reuschebachwasser
nicht mehr trinken können.
Aber Forellen hat er geangelt
und Krebse gefangen.
Als mein Vater Schuljunge war,
gab's keine Forellen und Krebse mehr
im Reuschebach. Aber die Kinder
haben da noch gebadet.
Das Baden ist jetzt verboten
im Reuschebach. Unser Lehrer sagt,
man kriegt davon Ausschlag und Pusteln.
Was wird mit dem Reuschebach sein,
wenn meine Kinder in die Schule gehen,
meine Enkel?
Gudrun Pausewang

Wir haben die Erde gekränkt, sie nimmt
ihre Wunder zurück
Wir, der Wunder
eines
Reiner Kunze

P „Gottes Schöpfung – Verantwortung der Geschöpfe"

Das Projekt sollte – evtl. in einer „Umweltwoche" – zusammen mit anderen Fächern durchgeführt werden. Zur Projektarbeit: → **M 9**.

Bilder, Filme und Texte, Statistiken und Zahlen, sind im Internet, in Illustrierten, Bibliotheken und Zeitungsarchiven zu finden und bei politischen Parteien oder bei der Stadtverwaltung erhältlich. Das Projektziel kann eine Ausstellung in der Klasse oder Schule sein, in der ihr Bilder, Videos, Texte und Statistiken zeigt. Ihr könnt auch eine größere Mappe anlegen und die Ergebnisse in einer Sondernummer der Schulzeitung vorstellen. Noch besser wäre es, ihr würdet etwas für eure Umwelt tun, z. B. für Schönheit, Sauberkeit, Gestaltung, Artenschutz usw. im Klassenraum, auf dem Schulhof, in der Umgebung der Schule oder in eurer Stadt. Mögliche Schwerpunkte:

1 **Informationen** zum Umgang der Menschheit (Politik, Wirtschaft, Tourismus, Verkehr usw.) mit Tieren, Rohstoffen, Landschaft, Wäldern, Energie, Boden, Wasser und Luft suchen: → **M 2**.

2 Eine **Ausstellung** zum Thema **„Gottes bedrohte Schöpfung"** erstellen, die zeigt, wie unverantwortlich die Menschen mit der Natur umgehen. Beispiele: verschmutztes Wasser, verpestete Luft, Müll am Strand, Waldsterben usw. Schreibt **Gründe** für dieses Verhalten auf. Stellt auch die **Folgen** dar, die sich aus unserem Umgang mit der Erde, ihren Lebewesen und Gütern schon jetzt und für die Zukunft abzeichnen: → **M 6**.

3 Eine **Arche Noach** bauen und sie mit Namen und Bildern bedrohter Tiere und Pflanzen ausstatten.

4 In eurer Schule/Klasse konkrete Aufgaben übernehmen
 ♦ zur besseren Lebenshaltung der Tiere
 ♦ zur Eindämmung unserer maßlosen Verschwendung. Stichworte: Abfall, Müll, Flaschen, Energie, Heizung, Licht, Batterien, Wände, Straße, Wald usw.
 ♦ einen Plakatwettbewerb ausschreiben
 ♦ an der Aktion „Jugend forscht" teilnehmen

5 Eine **Talkshow mit Politikern, Wirtschaftsvertretern** und **Journalisten** zu Fragen wie diesen veranstalten:
 ♦ Was müsste heute in unserer Stadt/in unserem Ort geschehen?
 ♦ Wie müssen wir unser Denken ändern, wenn wir die Welt ändern wollen?
 ♦ Warum tun wir nicht alles, um die schon heute erkennbaren Katastrophen zu vermeiden?
 ♦ Warum haben junge Leute, die die Konsequenzen der heutigen Praxis zu tragen haben, so wenig Einflussmöglichkeiten auf zukunftsträchtige Entscheidungen?

6 Den **Beitrag der Christen** zu diesem Thema aufzeigen. Beispiele: Warum sprechen Christen lieber von „Schöpfung" als von „Umwelt"? Welche Motivation haben sie für ihr Leben in der Welt? Was sagt die Bibel über die Schöpfung in Gen 1, 1–2, 4 und in den Psalmen 8 und 104? Wer kann ein Schöpfungsgebet oder ein Schöpfungslied schreiben?

L Heute ist die **Erde in Gefahr**. Wir Menschen sind dabei, gewaltsam mit ihr umzugehen, ihre Schätze auszuplündern, ihre Schönheit zu zerstören. Schon sind **Luft und Boden, Flüsse und Meere, Pflanzen, Tiere und Menschen** an vielen Stellen der Erde ernsthaft bedroht.

Alle Menschen – insbesondere Christen – tragen heute eine große Verantwortung für die **Bewahrung der Schöpfung**. Auch **Mädchen und Jungen** können dabei schon mitwirken.

115

Geheimnis Leben

Marc Chagall (1887–1985), Das Leben (Ausschnitt), 1964.
Pablo Picasso (1881–1973), Das Ende der Straße, 1898–1899.

Der Maler Marc **Chagall** (→ ZdF S. 47 ff) zeigt auf diesem Bild als Symbol des Lebens ein junges Paar unter einem für die jüdische Tradition typischen Hochzeitsbaldachin.

Picasso, der wohl größte Künstler des 20. Jahrhunderts, hat dieses Bild als junger Mann gemalt. Dem Bild liegt die Idee zugrunde, dass der Tod auf alle wartet.

Bilder vom Leben und Tod

1 Zur **Arbeit** mit den Bildern: → **M 5**.

2 Wie sind Frau, Mann und Kind von **Chagall** gemalt? Was spielt sich in ihrer Umgebung ab? Welchen Eindruck macht das Bild auf euch?

3 Wie ist **Picassos** Bild aufgebaut? Welche Gestalten könnt ihr auf beiden Wegen ausmachen? Worin unterscheiden sie sich? Wer steht am Ende der Straße?

4 **Vergleicht** beide Bilder miteinander. Beachtet Aufbau und Farben. Worin unterscheiden sie sich? Warum können beide Bilder Symbole sein? Betrachtet auch die Bilder: → S. 119–121.

5 Welche **Ideen** habt ihr, das menschliche Leben zu malen?

Über unser Leben nachdenken

Lesen – Fragen – Denken – Interviewen – Suchen – Gestalten – Präsentieren

1 Schreibt einen kleinen **Aufsatz** zum Thema: „Was in meinem Leben wichtig war und wichtig sein wird." Diesen Aufsatz braucht ihr nicht unbedingt in der Klasse vorzulesen.

2 Setzt eine **Zettellawine** mit der Frage „Warum ist unser Leben ein Geheimnis?" in Gang. Oder fertigt ein **Elfchen** zum Stichwort „Leben" an: → S. 226 f.

3 Was erfahrt ihr in den anderen Fächern über das Leben und Sterben der Menschen? Wie kann der **Religionsunterricht** dieses Wissen ergänzen?

**Das Leben eines Menschen
dauer höchstens hundert Jahre.
Wie ein Wassertropfen im Meer
und wie ein Körnchen im Sand,
so verhalten sich
die wenigen Jahre zur Ewigkeit.**

Sir 18, 9–10

Vorschau

Je mehr man sich mit dem **Leben** befasst, umso mehr gerät man ins Staunen. Wir wissen wenig über uns selbst. Wir haben weder eine Erinnerung an unsere **Geburt** noch eine Ahnung von unserem **Tod**. Und auch von dem, was zwischen Geburt und Tod geschieht, wissen wir nur wenig. So können wir leicht zu der Erkenntnis kommen: Unser **Leben** ist ein **Geheimnis**. Es geht nicht in den vielen kleinen und großen Ereignissen des Alltags auf, die uns oft so wichtig erscheinen und uns manchmal daran hindern, Fragen wie diese zu stellen: **Was bedeuten Leben und Tod?**

1. Im Strom des Lebens

Unter den vielen Milliarden Menschen gibt es niemanden zweimal.

Hakan (13)

Das Leben ist uns von den Eltern weitergegeben worden.
Und die hatten es von ihren Eltern, und die wiederum von ihren Eltern. Und so geht es immer weiter.
Und wir können es später weitergeben.

Bahar (13)

Das Leben wird von den Genen, dem Erbgut des Menschen, bestimmt.

David (14)

Was ist das – das Leben?

Stationen des Lebens: Kindheit, Jugend, Erwachsensein, Alter und Tod, wenn es nicht schon vorher durch Krankheit, Unglück oder Gewalt ein Ende findet.

Steffi (12)

Alles Leben kommt von Gott.

Beate (12)

Meine Oma sagt immer: Das Leben geht so rasch vorüber.

Teresa (13)

Das Leben verändert sich stets und bleibt keine Minute dasselbe.

Denis (14)

Das Leben ist vielfach bedroht, z. B. von den kleinsten Viren und Bakterien oder den größten Naturkatastrophen und Kriegen.

Petra (14)

♦ Christen glauben, dass alles Leben von Gott kommt und sich alle Menschen an der **Schönheit der Schöpfung** (→ S. 80 f) erfreuen dürfen.

♦ Christen sehen aber auch: Es gibt **kein Leben ohne Schmerzen und ohne Tod**. Vielfach gilt als Gesetz des Lebens: Fressen oder Gefressen werden. Auch Menschen beteiligen sich daran. Darum ist das Leben der **Schöpfung nicht vollendet**. Christen sind aufgerufen, alles dafür zu tun, dass das Leben lebenswert wird. Sie glauben, dass Gott am Ende der Tage die Schöpfung von allem Schmerz befreien wird (Röm 8, 18–25).

Was die Bibel über das Leben sagt

♦ Adam nannte seine Frau Eva (d. h. Leben), denn sie wurde die Mutter aller Lebendigen. *Gen 3, 20*

♦ Meine Lebenszeit ist vor dir wie ein Nichts. *Ps 32, 4*

♦ Folge meinen Geboten und du wirst leben. *Spr 4, 4*

♦ Auf, lasst uns die Güter des Lebens genießen. *Weish 2, 6*

♦ Die Gerechten aber leben in Ewigkeit. *Weish 5, 15*

♦ Der Mensch lebt nicht nur vom Brot, sondern von jedem Wort, das aus Gottes Mund kommt. *Mt 4, 4*

♦ Der Sinn des Lebens besteht nicht darin, dass ein Mensch aufgrund seines großen Vermögens im Überfluss lebt. *Lk 12, 15*

♦ Jesus: Ich bin gekommen, dass sie das Leben haben und es in Fülle haben. *Joh 10, 10*

♦ In ihm (Gott) leben wir, bewegen wir uns und sind wir. *Apg 17, 28*

Mensch

Und der Mensch heißt Mensch,
Weil er irgendwann erkämpft,
Und weil er hofft und liebt,
Weil er mitfühlt und vergibt.
Und weil er lacht,
Und weil er lebt,
Du fehlst.

Und der Mensch heißt Mensch
Weil er vergisst,
Weil er verdrängt.
Und weil er schwärmt und glaubt,
Sich anlehnt und vertraut.
Und weil er lacht,
Und weil er lebt,
Du fehlst.

Und der Mensch heißt Mensch,
Weil er erinnert, weil er kämpft,
Und weil er hofft und liebt,
Weil er mitfühlt und vergibt.
Und weil er lacht,
Und weil er lebt,
Du fehlst.

Herbert Grönemeyer

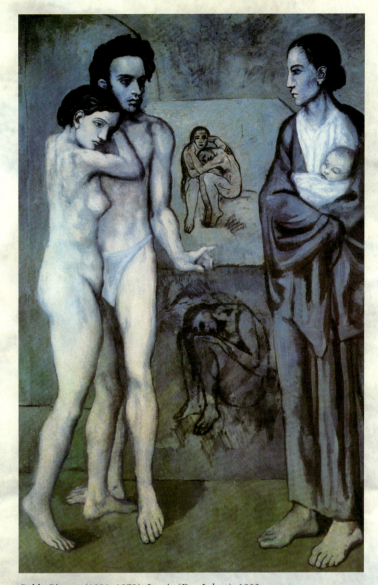

Pablo Picasso (1881–1973), La vie (Das Leben), 1903.

 Das Leben – ein unerschöpfliches Thema

1 Welche **Äußerungen der Schülerinnen und Schüler** passen zu den Bibelworten? Welche nicht?

2 Welches **Bibelwort** gefällt euch am besten? Fertigt dazu ein **Schmuckblatt** an. Welches versteht ihr nicht? Stellt die Bibelstellen in eine **andere Reihenfolge**. Das Wort, das euch am wichtigsten ist, soll dabei zuerst genannt werden usw.

3 Zum Verständnis des Songs „Mensch" ist es nützlich zu wissen, dass Herbert **Grönemeyer** kurz vorher seine Frau und seinen Bruder verlor. Beide starben an Krebs. Was gehört hier für ihn alles zum Menschsein? Was könnt ihr ergänzen? Schreibt auch einen eigenen **Text** zum Thema „Und der Mensch heißt Mensch".

4 Zum Leben **brauchen** wir …

5 Zur **Entwicklung** des menschlichen Lebens: → S. 106 f; zur Würde des Menschen: → S. 84 f.

Christen glauben: **Gott ist das Leben**. Gott schenkt das Leben. Gott nimmt das Leben. Gott bewahrt das Leben über den Tod hinaus. Niemand ist Herr über das Leben als Gott allein. Weil das Leben mit Gott zu tun hat, ist es ein **Geheimnis**, das man letztlich nicht ergründen kann, auch wenn man noch so viel darüber zu wissen meint.

2. Der Tod – das Ende des Lebens

Was wir über den Tod wissen

Der Tod ist gewiss,
die Stunde des Todes ist ungewiss.

Der Tod hat viele Gesichter.

Der Tod macht alle Menschen gleich.

Der Mensch weiß, dass er sterben muss.

Der Tod ist der Preis für das Leben.

Zum Tod verurteilt

Man stelle sich eine Anzahl Menschen vor, in Ketten gelegt und alle zum Tode verurteilt, von denen immer einige Tag für Tag vor den Augen der anderen hingerichtet werden; so dass die, die zurückbleiben, ihre eigene Lage in der ihresgleichen sehen und voller Schmerz und ohne Hoffnung aufeinander schauen und warten, dass die Reihe an sie kommt. Das ist ein Bild der Lage des Menschen.

Blaise Pascal

Edvard Munch (1863–1944), Am Totenbett, 1896.

Einfach nicht mehr da

Tot. Ende, Schluss, aus vorbei.
Tot. So viele Träume nicht
mehr gelebt.
Tot. Endgültig.
Tot, tot.
Tot. Nur noch
der nackte Name
in einer Zeitungsannonce.
Tot. Fremd, unfassbar.
Tot. Einfach nicht mehr da.
Tot, tot.
Tot. Gestern noch
ganz fröhlich und lebhaft,
heute schon ganz kalt.
Tot. Warum?
Tot. Selbst die Erinnerung
bleibt ohne Hoffnung.
Tot.

Viola Voss (14)

A   **Dem Thema Tod dürfen wir nicht ausweichen**

1 Stellt die **Bibelstellen** in eine andere Reihenfolge. Das Wort, das euch am wichtigsten ist, soll dabei zuerst genannt werden usw. Schreibt es in schöner Schrift auf ein Blatt oder eine Postkarte.
2 Sammelt aus einer Zeitung oder Illustrierten Bilder, Nachrichten und Anzeigen, die etwas mit dem Tod zu tun haben. Macht daraus eine **Ausstellung** mit dem Thema „Der Tod eines Tages": → **M 6**.
3 Sterben **bedeutet** …

120 Geheimnis Leben

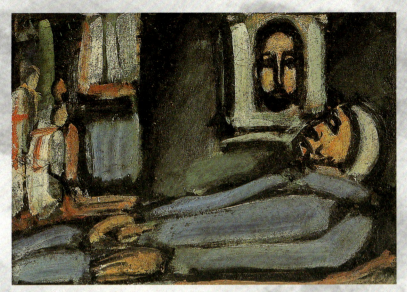

Georg Rouault (1871–1958), De profundis (lateinischer Anfang des Psalms 130: Aus der Tiefe rufe ich, Herr, zu dir), 1939.

Worte der Bibel über Sterben und Tod

- Wenn einer stirbt, lebt er dann wieder auf? *Ijob 14, 14*
- Der eine stirbt in vollem Glück, ist ganz in Frieden, sorgenfrei. Der andere stirbt mit bitterer Seele und hat kein Glück genossen. *Ijob 21, 23. 25*
- Weise sterben; genauso gehen Dumme und Narren zugrunde. *Ps 49, 11*
- Menschen und Tiere haben ein und dasselbe Geschick. Wie diese sterben, so sterben jene. *Koh 3, 19*
- Stark wie der Tod ist die Liebe. *Hld 8, 6*
- Gott hat den Tod nicht gemacht und hat keine Freude am Untergang der Lebenden. *Weish 1, 13*
- Stirbt ein Mensch, so wird ihm Moder zuteil, Maden, Geschmeiß und Gewürm. *Sir 10, 11*
- Es ist ein ewiges Gesetz: Alles muss sterben. *Sir 14, 17*
- Wenn das Weizenkorn nicht in die Erde fällt und stirbt, bleibt es allein; wenn es aber stirbt, bringt es reiche Frucht. *Joh 12, 24*
- Der Tod wird nicht mehr sein. *Offb 21, 4*

---

4 Was könntet ihr **jemandem schreiben**, der einen Menschen verloren hat, an dem er sehr gehangen hat?

5 Wer war schon einmal beim **Sterben** eines Menschen dabei? Welche Erfahrungen habt ihr da gemacht?

6 Führt in eurer Klasse eine **Befragung** zu dem Thema durch „Was würde ich tun, wenn ich noch einen Tag zu leben hätte."

7 Was wisst ihr über das **Sakrament**, das bei einer schweren Krankheit gespendet wird? → ZdF S. 182.

Wenn ich gestorben bin

wenn ich gestorben bin
hat sie gewünscht
feiert nicht mich
auch nicht den tod
feiert den
der ein gott von lebendigen ist

wenn ich gestorben bin
hat sie gewünscht
zieht euch nicht dunkel an
das wäre nicht christlich
kleidet euch hell
singt heitere lobgesänge

wenn ich gestorben bin
hat sie gewünscht
preiset das leben
das hart ist und schön
preiset den
der ein gott von lebendigen ist

Kurt Marti

L Über den **Tod** wissen wir viel und wenig zugleich.

- Wenn es für uns eine Gewissheit gibt, so ist es diese: Wir alle müssen sterben. In jedem Augenblick unseres Lebens gehen wir auf den Tod zu, ob wir daran denken oder nicht. Wenn der Tod da ist, trennt er uns endgültig von unseren Lieben. Er durchkreuzt unsere Lebenspläne und nimmt uns alles, was wir im Leben geschaffen haben. Wir möchten vor ihm fliehen, obwohl wir doch wissen, dass er unabwendbar ist.

- Über den **Tod** selbst **wissen wir nichts Verlässliches**. Denn niemand, der über den Tod spricht oder nachdenkt, hat den Tod selbst erlebt. Der Tote aber spricht nicht mehr über seinen Tod. Er kann uns nicht mitteilen, was ihm widerfahren ist.

3. Der Tod Jesu

Joseph Beuys (1921–1986), Zeitung mit Kreuz, 1962.

Die Passionserzählungen

Um die Leidensgeschichte Jesu kennen zu lernen, solltet ihr ein Projekt angehen. Anregungen dazu: → S. **M 9**. Ihr könnt dabei vier Arbeitsgruppen bilden, die sich jeweils mit einem der vier Evangelien befassen: Mt 26–27; Mk 14–15; Lk 22–23; Joh 18–19. Zu den vier Evangelien: → S. 66 f. Zum Umgang mit der Bibel: → **M 3** und **M 4**.

Dabei solltet ihr die **Orte, Personen und Worte Jesu**, die in den Evangelien erwähnt werden, genauer untersuchen. Schreibt heraus, was dazu im Einzelnen zu sagen ist und stellt alles, nach Evangelien geordnet, in der richtigen Reihenfolge auf einer Pinnwand oder einem Plakat zusammen. Hilfen zu den Orten und Personen findet ihr → ZdF S. 98–101, 106–115.

1 **Orte** auf dem Leidensweg Jesu: Abendmahlssaal – Ölberg usw.
2 **Menschen** in der Passionsgeschichte: Barabbas, Judas usw.
3 **Worte Jesu**: Schreibt vor allem die sieben Worte Jesu am Kreuz aus den vier Evangelien auf und deutet deren Sinn.

 **Den Tod Jesu bedenken**

1 Zur Leidensgeschichte des **Lukasevangeliums**: → ZdF S. 136 ff
2 Stellt die eine oder andere Szene in einem **Standbild** oder als **Rollenspiel** dar, z. B. den Verrat des Judas oder die Verleugnung des Petrus. Anregungen: → **M 8**.
3 Wo kommt das **Kreuz** im Leben der Christen und in unserer Umwelt vor? Sammelt Bilder, Postkarten, Fotos und vergleicht die Darstellungen miteinander. Warum ist das Kreuz das wichtigste Zeichen der Christen geworden?
4 Manche junge Leute tragen an einer Kette ein kleines Kreuz? Warum tun sie das? Was hat es mit dem christlichen Kreuz zu tun?
5 In der **Liturgie** der Karwoche, der Woche vor Ostern, erinnern sich die Christen an das Leiden und Sterben Jesu (→ ZdF S. 186 f). Was wisst ihr davon?
6 Welche **Lieder** vom Leiden und Sterben Jesu kennt ihr?
7 Warum sollen Christen, wenn sie das Leiden Jesu betrachten, auf **das Leiden anderer Menschen** achten?
8 Zu den Bildern: → **M 5**.

Ein römischer Offizier sagt über die Kreuzigung:

Für uns Römer (→ ZdF S. 104 f) ist die **Kreuzigung** die brutalste und schändlichste Strafe, die wir gegen Verbrecher verhängen. Sie darf nicht gegen römische Bürger, sondern nur gegen Fremde und Sklaven angewandt werden. Die entsprechende jüdische Strafe ist die Steinigung.

Der Kreuzigung geht oft eine **Geißelung** voran, bei der unsere Legionäre mit Lederpeitschen auf den Verurteilten so lange einschlagen, bis seine Haut in Fetzen hängt. Dann muss er selbst den Querbalken des Kreuzes bis zum Hinrichtungsplatz schleppen. Wir verlegen den Weg dahin nach Möglichkeit durch eine dicht bewohnte Gegend, damit auf die **schaulustigen Zuschauer** von der Strafe eine abschreckende Wirkung ausgeht. Von ihnen wird der Verurteilte oft böse verspottet. An der Hinrichtungsstelle wird der Gekreuzigte meist unbekleidet mit beiden Armen an den Querbalken genagelt, wobei die **Nägel** nicht durch die Hände, sondern die Handgelenke am Unterarm getrieben werden. Das ist schon grausam. Der **Balken** wird dann an einem senkrecht stehenden **Pfahl** befestigt. Die Füße werden entweder angebunden oder angenagelt. Meist unterstützt ein **Sitzpflock** den Körper. Auf ihm soll sich der Gekreuzigte abstützen, was ein rasches Ende verhindert. Die **Qualen** der Wunden, des Durstes und der Hitze sind furchtbar. Oft tritt der Tod ein, wenn der Gekreuzigte nicht mehr atmen kann und **erstickt**. Da schaue ich meistens weg. Wer an einer Kreuzigung teilnimmt, muss schon starke Nerven haben.

122 Geheimnis Leben

Wer ist für den Tod Jesu verantwortlich?

- Jesus wurde von dem römischen Statthalter **Pontius Pilatus** (→ ZdF S. 105) als „König der Juden" zum Tod verurteilt, weil er ein Drohwort gegen den Tempel in Jerusalem (→ ZdF S. 96, 100) gesprochen hatte. Dieser war für die Römer Symbol der politischen Stabilität im Land und der Ort, wo für den römischen Kaiser gebetet wurde. Ein Tempelvergehen war Rebellion.
- Es ist falsch und zugleich absurd, alle damaligen **Juden** oder gar das ganze **jüdische Volk** für den Tod Jesu verantwortlich zu machen. Diese unerhörte Anschuldigung der Christen hat in der Geschichte oft zu blutigen Judenverfolgungen geführt.
- Der Glaube sagt, dass Jesus letztlich für die Sünden **aller Menschen** gestorben ist.

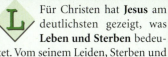

L Für Christen hat **Jesus** am deutlichsten gezeigt, was **Leben und Sterben** bedeutet. Vom seinem Leiden, Sterben und Tod erzählen die **Passionsgeschichten** (Passion, lat.: „Leiden") der vier Evangelien (→ S. 66 f) auf unterschiedliche Weise. Sie sind ausführlicher und zusammenhängender als alle Themen, die sonst in den Evangelien zur Sprache kommen.

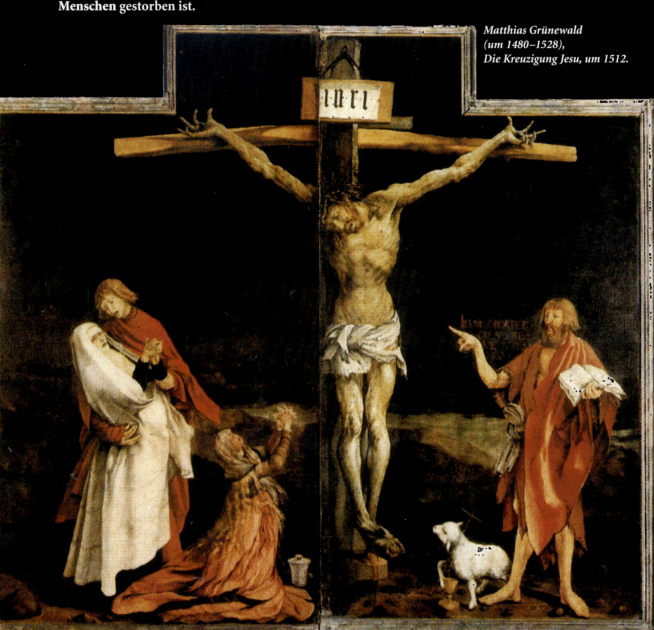

Matthias Grünewald (um 1480–1528), Die Kreuzigung Jesu, um 1512.

4. Die Auferweckung Jesu

 Mit dem Tod Jesu hätte seine Sache wohl ein Ende gehabt, wenn nicht bald danach eine unerhörte Botschaft verkündet worden wäre, die das ganze Leben Jesu in einem ganz neuen Licht sehen ließ. Sie lautet: Der gekreuzigte **Jesus wurde von Gott auferweckt** und lebt. Damit fing für die Freunde Jesu eine neue Zeit an. Sie begannen voll Freude von Jesus und seiner Auferweckung zu erzählen. Aus diesem Glauben entstand das **Neue Testament** (→ S. 62 f; ZdF S. 36 f) und auch die Kirche (→ S. 154 ff).

1 Er ist gestorben, damit wir durch ihn bei und mit Gott leben dürfen.
2 „Am dritten Tag" bezeichnet kein kalendarisches Datum, sondern den Augenblick, in dem Gott wirkt und Heil schafft (Hos 6, 2).
3 „Erschien" bedeutet auch: „Jesus wurde gesehen von …"
4 Zu Petrus und den Zwölf: → ZdF S. 114
5 Zu Paulus: → ZdF S.148 ff

A
1 Wiederholt, was ihr **schon früher** über die Auferstehung Jesu erfahren habt: → ZdF S. 142 ff.
2 Geht genau auf den **Paulus-Text 1 Kor 15, 3–8** ein und sucht heraus, was er (1) über Jesus, (2) Petrus und die Zwölf, (3) andere Gläubige und (4) Paulus sagt.
3 Eine synoptische Zusammenstellung der Auferstehungstexte findet ihr → S. 69. An ihr lassen sich viele interessante Beobachtungen machen. Die dort genannten Aufgaben könnt ihr auch hier angehen.
4 Zu einem faszinierenden Auferstehungstext mit einer **Frau, die als Erste am Grab Jesu war:** → ZdF S. 112. Ein anderer Text: → S. 15.
5 Macht in kleinen Gruppen anhand jeweils eines der vier Evangelien eine **Aufstellung aller Szenen**, die von der Auferweckung Jesu erzählen. Achtet dabei auf die verschiedenen Situationen, Personen, Erscheinungen und Worte.

Das älteste Zeugnis von der Auferweckung Christi

Das älteste Zeugnis von der Auferweckung Jesu findet sich im 1. Brief des Paulus (→ ZdF S. 156 f) an die Korinther, der um ca. 56/57 nC geschrieben wurde. Die im Text erwähnte „Überlieferung" von der Auferweckung ist gewiss noch älter und geht auf die Zeit unmittelbar nach dem Tod Jesu zurück.

[3] Denn vor allem habe ich euch überliefert, was auch ich empfangen habe: Christus ist für unsere Sünden[1] gestorben, gemäß der Schrift,
[4] und ist begraben worden. Er ist am dritten Tag[2] auferweckt worden gemäß der Schrift,
[5] und erschien[3] dem Kephas (Petrus), dann den Zwölf[4].
[6] Danach erschien er mehr als fünfhundert Brüdern zugleich; die meisten von ihnen sind noch am Leben, einige sind entschlafen.
[7] Danach erschien er dem Jakobus, dann allen Aposteln.
[8] Als letztem von allen erschien er auch mir[5], dem Unerwarteten, der „Missgeburt".
[10] Denn ich bin der geringste von den Aposteln; ich bin nicht wert, Apostel genannt zu werden, weil ich die Kirche Gottes verfolgt habe.

aus dem 1. Brief des Paulus an die Korinther 15, 3–8

Ein Bibelwissenschaftler spricht über die Auferstehungstexte

Ohne Fernsehteam

Die Auferstehungstexte der **Evangelien** sind nicht exakte Berichte von Journalisten, sondern gläubige **Deutungen** eines Geschehens, das von unserer sichtbaren Welt in die unsichtbare Welt Gottes führt. Darum lässt sich von der Auferstehung letztlich nur in **Bild, Gleichnis und Symbol** (→ S. 74 f) reden. Ein Fernsehteam hätte von ihr nichts aufnehmen können, wie ja auch die Evangelisten die Auferweckung selbst nicht beschreiben oder gar ausmalen, sondern nur von den Begleitumständen sprechen, z. B. vom leeren Grab oder von den Erscheinungen des Auferstandenen. Da ist von keiner Lichtgestalt die Rede, die sich im Dunkel der Nacht zum Himmel hin bewegt. Solche Vorstellungen finden sich erst viel später in Predigten und auf Bildern.

Glaubenserzählungen

Die Auferstehungstexte der **Evangelien** sind nicht die ältesten, sondern die jüngsten biblischen Zeugnisse für diesen Glauben. Sie entstanden, weil die Gemeinden mit der Zeit über die Auferstehung Jesu mehr hören wollten, als Paulus in seinem Brief mit wenigen Worten wiedergibt. Manche Einzelheit über die Ostertage wird sich auf Erinnerungen stützen und somit auch historisch von Wert sein. Aber in den Texten geht es vor allem darum, vom Glauben an die Auferweckung Jesu anschaulich zu erzählen.

Matthias Grünewald (um 1480–1528), Auferstehung Jesu, um 1512.

124 Geheimnis Leben

125

Der Auferstehungsglaube verändert die Welt

Viele Menschen meinen:

Gott Ob Gott existiert, wissen wir nicht. Wenn er existiert, ist er weit weg und kümmert sich nicht um uns. Das Leben wird nicht von ihm, sondern von den unerbittlichen Gesetzen der Natur bestimmt.

Jesus Jesus war eine große Gestalt der Geschichte. Er wollte, dass die Menschen besser miteinander zurecht kommen. Aber er ist, wie viele andere Große der Geschichte auch, an der Ungerechtigkeit dieser Welt gescheitert. Nur im Gedächtnis der Menschen lebt er weiter.

Mensch Das Leben des Menschen ist dem Zufall und den Naturgesetzen unterworfen. Manche Menschen haben im Leben Reichtum und Erfolg, andere leben in Armut und Misserfolg. Wer im Leben wenig Freude hatte, hatte Pech. Am Ende steht der Tod. Was danach kommt, weiß keiner. Darum ist es verständlich, dass jeder nur für sich selbst sorgt und versucht, möglichst viel vom Leben zu haben.

Christen glauben:

Gott Gott existiert und hat sich uns in der Geschichte zugewandt. Er erweckte Jesus zu neuem Leben. Das Gesetz des Todes gilt nicht mehr. So erweist sich Gott als ein „Gott des Lebens", der nicht will, dass der Tod das Ende von allem ist, sondern das ewige Leben.

Jesus Der Tod Jesu war nicht sein Ende. Gott schenkte ihm neues Leben. Damit hat er die Taten und Worte Jesu endgültig bestätigt. Jesus ist nicht gescheitert. Er ist mehr als nur eine große Gestalt der Weltgeschichte. Er ist eine Brücke zwischen Gott und den Menschen. Er ist der verlässliche Weg zu Gott.

Mensch Weil Jesus auferweckt wurde, dürfen die Menschen auf ihre eigene Auferstehung hoffen. Die Auferstehung gibt dem Leben einen Sinn, der über den Tod hinausreicht. Auch das Leben derer, die nur Not und Ungerechtigkeit erfahren haben, ist zuletzt bei Gott gut aufgehoben. Die Auferweckung Jesu verpflichtet aber auch alle Christen, mit allen Kräften gegen Not und Tod anzugehen.

Raupe – Puppe – Schmetterling: Ein Symbol für Tod und Auferstehung. Begebt euch auf eine Fantasiereise zu den einzelnen Stationen.

Alfred Manessier (1911–1993), Auferstehung, 1949.

L Wer an die **Auferstehung Jesu** glaubt, weigert sich, das Leben allein aus den Gesetzen der Natur verstehen zu wollen. Als Gott Jesus von den Toten auferweckte, hat er sich als ein **„Gott des Lebens"** erwiesen, der nicht will, dass am Ende Tod und Vernichtung stehen.

In der Auferweckung Jesu liegt die Verheißung, dass alles Leben der **Menschen** von Gott bewahrt wird. So kann der Glaube aus Ratlosigkeit und Verzweiflung zu Gewissheit und Hoffnung führen.

Das **Leben** erweist sich als ein gutes **Geheimnis**, weil es in Gott gründet.

A **Bedeutung der Auferstehung – Bilder des Auferstandenen**

1 Betrachtet die Abbildungen über die Auferstehung in diesem Kapitel und sucht auch noch andere **Bilder/Symbole** (→ S. 15; ZdF S. 143 ff) zu diesem Thema. Welche Abbildung gefällt euch am besten? Welche entspricht den Bibeltexten am ehesten?

2 Macht selbst einen Versuch, die Auferstehung zu **malen** oder zu **zeichnen**. Es gibt mehrere Möglichkeiten, z. B. (1) eine indirekte Darstellung, wo der auferstandene Jesus Frauen oder Männern erscheint, (2) eine symbolische Darstellung, z. B. ein leeres Grab, eine Sonne oder ein Mensch, der sich von seinen Fesseln befreit. Überlegt selbst, wie ihr das Thema bearbeitet.

3 Was wisst ihr über die **Liturgie** der Osternacht, über Osterbräuche und Osterlieder? → ZdF S. 186 f.

4 Welche **Schwierigkeiten**, welche Chancen hat der christliche Auferstehungsglaube in der heutigen Welt?

5 Sprecht über den Satz: „Die **Menschen** lebten früher 50 Jahre plus ewig, heute leben sie nur noch 90 Jahre."

6 Heute erwarten viele Leute eine zukünftige **Wiedergeburt** in dieses Leben („Reinkarnation"). Was sagt der christliche Auferstehungsglaube dazu?

Frauen und Männer

128 Frauen und Männer in der Nachfolge Jesu

in der Nachfolge Jesu

 Caravaggio (1571–1610), Die Berufung des Matthäus, 1599–1600.

Das überaus große Ölgemälde (322 x 340 cm) eines der berühmtesten italienischen Barockmaler, das in einer Kapelle der römischen Kirche San Luigi dei Francesi hängt, fand schon kurz nach seiner Entstehung in Rom ein überwältigendes Echo. Man bewunderte zugleich die Lichtführung, den Realismus und die Dynamik des Bildes – Eigenschaften, wie man sie bisher auf Kirchenbildern noch nicht gesehen hatte. Manche kritisierten aber auch heftig, dass Caravaggio die biblische Szene (Mt 9, 9; → S. 95) in eine römische Taverne oder an einen anderen düsteren Ort verlegte, wo die Zöllner in barocker Kleidung erscheinen. Jesus betritt diesen Raum, um mit einer schwungvollen Handbewegung Matthäus zu berufen, der (vielleicht) rechts am Tisch sitzt und gerade aufspringen will. Vor dem Arm Jesu steht mit dem Rücken zum Betrachter Petrus.

Vorschau

Jesus hat Männer und Frauen gerufen, **ihm nachzufolgen**. Er wollte, dass sie aus seinem Geiste leben und seine Botschaft nicht nur mit Worten, sondern durch das Beispiel ihres Lebens weitergeben. Im Lauf der Zeit haben zahllose Frauen und Männer, Jugendliche und Kinder diesen Ruf gehört. Sie alle sahen in Jesus „den Weg, die Wahrheit und das Leben" (Joh 14, 6) und glaubten, dass er sie zu Gott führt und sie dazu anleitet, den Menschen Gutes zu tun. Einige, die ihm auf besonders auffällige Weise folgten, zählen zu den **Heiligen** der Kirche.

1 Zur Betrachtung des Bildes: → **M5**.
2 Beschreibt die einzelnen Gestalten des Bildes, vor allem Jesus. Wen haltet ihr für Matthäus?
3 Darf man Jesus so in eine Welt versetzen, die ganz anders ist, als seine Heimat war?
4 Wie hättet ihr diese Berufungsgeschichte gemalt?

1 Welche **Vorbilder** haben Mädchen und Jungen heute? Stellt sie, wenn möglich mit ihren Bildern, auf einer Pinnwand vor. Warum sucht ihr Vorbilder? Warum stimmt ihr in der Wahl eurer Vorbilder (nicht) überein?
2 Wer über eine hohe Brücke fährt oder geht, weiß, wie wichtig **Leitplanken** sind. Sie schützen vor allem im Dunkeln vor Unfällen oder Katastrophen. Manche Personen sind für uns wie Leitplanken. Erklärt den Vergleich.
2 Drei aufschlussreiche **Bibelstellen** zur Nachfolge Jesu: Mt 4, 18–20; 19, 16–22; Lk 9, 23. Erarbeitet in kleinen Gruppen die Aussage der Texte: → **M 4**.
3 Schreibt auf der Tafel oder auf einer Pinnwand auf, (1) wen Jesus in seine Nachfolge beruft und (2) was die, die ihm nachfolgen, tun und wie sie leben sollen.
4 Beispiele für die Nachfolge Jesu aus der **Geschichte** und **Gegenwart**: → ZdF S. 110 ff, 158 ff; Frauen und Männer, die etwas gewagt haben: → S. 56, 168 f; die Schwestern der Nächstenliebe: → S. 164 f.
5 **Dietrich Bonhoeffer** – ein ökumenischer Heiliger: → S. 201.

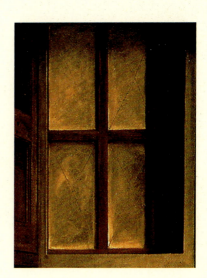

> **L** Hildegard von Bingen (1098–1179) war eine Äbtissin, die ungewöhnliche Erfahrungen mit Gott gemacht hat. Mit ihrer reichen Begabung ist sie zu einer der eindrucksvollsten Frauen des Mittelalters geworden. Heute gehen viele Menschen innerhalb und außerhalb der Kirchen ihren Spuren wieder nach. Die Kirche feiert das Fest der heiligen Hildegard am **17. September**.

1. Hildegard von Bingen – Eine Frau mit Visionen

Der erste Lebensabschnitt

Das Leben der **Hildegard von Bingen** zeigt, dass eine Frau zugleich fromm und emanzipiert und dass eine Nonne zugleich besinnlich und ein Energiebündel voll Schwung und Originalität sein kann.

Hildegard wurde **1098** als zehntes und letztes Kind einer adligen Familie zu Bermersheim bei Alzey in Rheinhessen geboren. Mit acht Jahren wurde sie in Disibodenberg nahe ihrem Heimatort der Einsiedlerin **Jutta von Sponheim** übergeben, wo sie in einer Klause in der Nähe eines Benediktinerklosters wohnte und zusammen mit anderen Mädchen erzogen wurde. Das war ein Schritt, der damals durchaus üblich war, weil die Klöster die besten Stätten der Bildung, Frömmigkeit und Kultur waren. Schon **1112–1115** legte Hildegard ihre **Ordensgelübde** ab. Fast 30 Jahre lang war sie Schülerin Juttas. Nach deren Tod wurde sie **1136** Nachfolgerin Juttas und erzog nun ihrerseits die jungen Mädchen, die dort lebten. Da sie als Frau nicht so viel lernen durfte wie Männer, war es nicht nur Bescheidenheit, wenn sie sich selbst als ungebildet und einfältig bezeichnete.

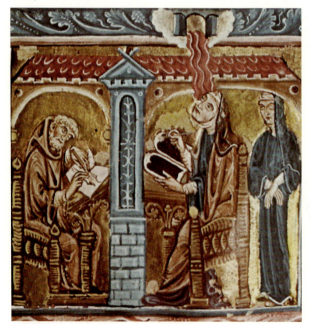

Hildegard von Bingen zwischen ihren Gehilfen, um 1230.

Mystische Erfahrungen

Schon als Kind besaß sie die **Gabe der visionären Schau**, in der sie Dinge des göttlichen Bereichs sah, die anderen verborgen sind. Zunächst sprach sie nicht darüber. Erst später schrieb sie das auf, was sie sah, weil sie im Jahr **1141** den inneren Befehl vernahm: „Sage und schreibe nieder, was du siehst und hörst!" In den Jahren bis **1147** hatte sie Visionen, in denen sie auf geheimnisvolle Weise Bilder, Klänge und Worte empfing, die sich auf Gott, Christus, die Engel, den Himmel und das Ewige Leben bezogen. Diese mystischen Erfahrungen hat sie in der Schrift **„Scivias"** (lat.: „Wisse die Wege") festgehalten.

Äbtissin

Im Alter von ca. 50 Jahren, zwischen **1148 und 1150**, gab Hildegard ihrem Leben eine Wende. Gegen viele Widerstände rodete und bebaute sie mit 20 Nonnen in der Nähe von Bingen den **Rupertsberg** und zog dann mit ihnen dahin. Hier gründete sie ein Frauenkloster in der Tradition der Benediktiner (→ ZdF S. 164 f). Dass sie dies als Frau tat, war für die damalige Zeit ungewöhnlich, da die Klöster im Allgemeinen von Männern gegründet wurden.

In dem neuen Kloster bei Bingen hörte das stille Ordensleben für Hildegard endgültig auf. Unerhört waren die Strapazen, die sie auf ihren vielen Reisen zu Schiff oder zu Pferd auf sich nahm, um in großen Städten predigen zu können. Dass sie öffentlich vor begeisterten

130 Frauen und Männer in der Nachfolge Jesu

Volksmassen das Wort ergriff, war nicht ohne Risiko, weil das damals vor allem Leute taten, die als Ketzer angesehen wurden. Darum wurde auch sie von kirchlichen und weltlichen Mächten verdächtigt.

Vielseitige Interessen

Hildegard beschäftigte sich im Kloster häufig mit naturkundlichen Fragestellungen. Dabei entstand ihre Schrift **„Physika"**, in der sie Pflanzen, Edelsteine und Metalle untersuchte. Wo sie sich auf eigene Beobachtungen stützt, war sie ge-

Hildegard von Bingen (1098–1179), Der Menschensohn, Tafel 31 aus „Wisse die Wege", um 1230.

nauer als alle ihre Zeitgenossen. Vor allem wollte sie zeigen, welche Heilkräfte in der Natur liegen. Sie interessierte sich auch für die **Medizin**, so dass sie auch als Ärztin gilt. Unermüdlich fragte sie nach den Ursachen der Krankheiten und war auf der Suche nach Heilmitteln. In der Klosterzeit entstanden auch ihre musikalischen **Kompositionen und 77 Lieder**, in denen sie Gott, Christus und viele Heilige verehrte. Für Hildegard ist die Musik zur Ehre Gottes da. Sie ist zugleich eine besondere Gabe Gottes auf dem Lebensweg der Menschen.

Die letzten Lebensjahre

1165 gründete Hildegard noch ein zweites Kloster in **Eibingen** bei Rüdesheim. Sie war nun Äbtissin zweier Klöster. Zweimal wöchentlich überquerte sie mit ihren Nonnen in einem Kahn den Rhein, um auch in Eibingen am klösterlichen Gotteslob teilzunehmen.
Mit 80 Jahren ist sie im Jahr **1179** im Kloster Rupertsberg gestorben.

Worte Hildegards

Über sich selbst: Ich bin ständig von zitternder Furcht erfüllt. Denn keine Sicherheit irgendeines Könnens erkenne ich in mir. Doch strecke ich meine Hände zu Gott empor, dass ich von ihm gehalten werde wie eine Feder, die ohne jedes Gewicht von Kräften sich vom Wind dahinwehen lässt.
Über Kirchenmänner: Bei euren Predigten fehlen ... die Lichter, wie wenn die Sterne nicht leuchten. Ihr seid Nacht, die Finsternis aushaucht ... kein Halt für die Kirche. ... Und wegen eures ekelhaften Reichtums und Geizes sowie anderer Eitelkeiten unterweist ihr eure Untergebenen nicht ...
aus einer Rede an den Klerus und einer Predigt über den Klerus

---

L Mit **Mystik** (von griech.: „sich schließen", „Augen und Ohren schließen") bezeichnet man den Bereich **außerordentlicher religiöser Erfahrungen mit Gott**. Der Mystiker fühlt sich spürbar von Gott ergriffen. Er kann z. B. Licht sehen und Bilder schauen („Visionen") sowie Worte und Klänge hören („Auditionen"), die nicht von dieser Welt sind. Wenn diese Erfahrung auf das innere Einswerden mit dem Göttlichen zielt, weist das mystische Erlebnis ähnliche Züge auf wie eine große **Liebe** zwischen Frau und Mann. Es erfüllt den Mystiker mit tiefem **Glück**. Manche Mystiker fallen aber auch in ein dunkles seelisches **Tief**, wenn die einmal erlebte Beziehung zu Gott sich nicht wiederholt oder selten wird.
Oft schenkt man den Erfahrungen der Mystiker keinen Glauben.

A Eine mittelalterliche Frau – noch immer aktuell

1 Fertigt eine **Zeitleiste** mit allen **Daten** Hildegards an und schreibt zu den Daten, was jeweils passiert ist: 1098–1106 – ...

2 Wie erklärt ihr euch, dass Hildegard, eine Frau der Kirche, oft Priester, Äbte und Bischöfe scharf **kritisiert** hat?

3 Ladet eine **Ordensschwester** – evtl. auch eine Ärztin und Apothekerin – in eure Klasse ein, die euch erzählen können, was Hildegard ihnen heute bedeutet. Zur Vorbereitung solltet ihr einen Fragenkatalog erstellen.

4 Ein anderes **Bild** aus den mystischen Visionen der Hildegard: → S. 77.

5 Woran zeigt sich, dass Hildegard **Jesus** nachgefolgt ist?

2. Franz und Klara von Assisi – Die Liebe zur Armut

Cimabue (um 1240–nach 1320), Franz von Assisi.

Ein lebenslustiger Junge

In der umbrischen Stadt **Assisi** lebte im Mittelalter der reiche Tuchhändler Pietro Bernardone mit seiner Frau Piva, die aus Südfrankreich stammte. Ihren **1182** geborenen Sohn tauften sie auf den Namen „Giovanni" („Johannes"), nannten ihn aber meist „Francesco", was „Französlein" („Franz") bedeutet. Damit spielten sie auf die Herkunft seiner lebenslustigen Mutter an. Der Junge war intelligent, musisch begabt, lustig und liebenswürdig zugleich. Mit seinem vielen Geld finanzierte er schöne Feste. Weil er gut singen und tanzen konnte, stand er bei den jungen Leuten Assisis hoch im Kurs.

Als Franz bei einem Krieg zwischen Assisi und dem benachbarten Perugia **1202** gefangen wurde und dort für ein Jahr in Kerkerhaft kam, fand er Zeit zum Nachdenken. Hier wurde ihm klar, dass er sein Leben ändern müsse. Zwar kaufte ihn der Vater los, aber Franz geriet in eine tiefe dreijährige Krise.

Drei ungewöhnliche Erlebnisse

♦ Im Jahr **1206** traf er auf einen **Aussätzigen**. Der Gestank, der von den Wunden ausging, rief seinen Ekel hervor. Aber er überwand seinen Widerwillen, schenkte dem Kranken eine Goldmünze und küsste ihm die Hand. Auch der Aussätzige gab ihm einen Kuss. Dieses Erlebnis wandelte Franz völlig um. Von nun an fühlte er sich wie Jesus zu den Armen und Schwachen hingezogen.

♦ Als er kurz darauf in der baufälligen Kirche San Damiano nahe bei Assisi betete, hörte er, wie Jesus zu ihm sagte: **„Geh und richte meine Kirche wieder auf!"** Erschrocken dachte er zunächst nur an die alte Kirche, in der er gebetet hatte. Darum begann er, Mörtel und Steine heranzuschleppen, um die Mauern zu reparieren. Erst später wurde ihm klar, dass sich sein Auftrag auf die ganze Kirche bezog, die sich damals dem Reichtum und der Macht verschrieben hatte.

♦ Um den bettelarmen Priester von San Damiano zu unterstützen, verkaufte Franz **1206** einige Tuchballen aus dem Geschäft seines **Vaters**. Da der Priester die Gabe nicht annehmen wollte, warf Franz das Geld in die Kirche. Der Vater war empört und wollte sein Geld zurückhaben. Weil er es nicht bekam, ließ er Franz einsperren und vor Gericht bringen. Der Bischof der Stadt, ein weiser Mann, redete mit freundlichen Worten auf Franz ein, das Geld zurückzuholen und dem Vater zu erstatten. Tatsächlich holte Franz das Geld aus San Damiano herbei. Aber dann passierte etwas Ungeheuerliches. Franz sagte: „Nicht nur das **Geld**, das meinem Vater gehört, will ich ihm zurückgeben, sondern auch die **Kleider**." Er zog sich aus und legte nackt in der Gegenwart vieler Zeugen die Münzen und die Kleider vor dem Bischof und dem Vater auf den Boden. Dabei sagte er: „Bis heute

---

L **Franz von Assisi** (1182–1226) hat wie kein anderer Heiliger gezeigt, was es heißt, Jesus nachzufolgen. Er hat die Welt geliebt und gepriesen; gegen die Macht des Geldes hat er mit seinem ganzen Leben protestiert. Vor allem hat er die Armut geliebt. Er war radikal und fröhlich zugleich. Er konnte singen und tanzen, überzeugen, kämpfen und beten.

Sein Fest wird am **4. Oktober** gefeiert.

habe ich Pietro Bernardone meinen Vater genannt. Aber da ich vorhabe, dem Herrn ganz zu dienen, gebe ich ihm sein Geld zurück, das ihm so viel Sorgen macht, und auch die Kleider, die ich von ihm habe. Von nun an will ich nicht mehr sagen: Vater Pietro Bernardone, sondern Vater unser im Himmel." Der Vater nahm betroffen das Geld und die Kleider zu sich. Der Bischof aber schloss Franz in die Arme, weil er in dieser Tat ein Zeichen Gottes sah.

Freiwillige Armut

Franz wurde immer mehr klar, dass er so leben sollte, wie er es im **Evangelium** las. Seit **1209** verstand er einige Bibelstellen wörtlich und verzichtete auf allen Besitz. Wenn er durch Umbrien zog, nahm er keinen Vorrat mit, kein zweites Hemd und auch keinen Wanderstab. Er trug nur noch einen Kittel aus grobem Stoff, gürtete sich mit einem billigen Strick und lief im Sommer und Winter barfuß über die Straßen. Die Armut nannte er seine Braut.
Bald fanden sich andere junge Leute, die sich ihm anschlossen. Die junge Bettel-Bewegung wuchs rasch zu einer **größeren Gemeinschaft** heran.
So sympathisch Franz auch war, so streng hielt er an der **Armut** (→ ZdF S. 164) fest. Er war davon überzeugt, dass äußere Armut innerlich reich und frei macht. Im **Geld** sah er die größte Gefahr, weil es das Herz eines Menschen voll in seinen Bann schlagen kann und weil es sich leicht mit Macht verbindet. Für seine Gemeinschaft wollte Franz die Macht des Geldes brechen. Seine Brüder sollten für ihren Unterhalt arbeiten und, wenn es dafür nicht reichte, bei ihren Mitmenschen betteln. Dies war das Grundgesetz seiner Regel.

Die letzten Lebensjahre

1224 empfing Franz auf dem Berg La Verna die **Wundmale Christi** („Stigmatisation"). Seine Hände und Füße schienen wie von Nägeln durchbohrt. Die rechte Seite seines Körpers wies eine Wunde auf, wie sie von einem Lanzenstich verursacht wird. So wurde er Jesus auch äußerlich ähnlich. Er versuchte, diese Zeichen geheim zu halten.
1226 verschlechterte sich sein Gesundheitszustand zusehends. Trotzdem behielt er seine Fröhlichkeit und sagte, als ein Arzt ihn auf sein nahes Ende hinwies: **„Willkommen, Bruder Tod!"** Am 4. Oktober **1226** starb er in der Nähe der Kapelle, die er früher einmal wiederhergestellt hatte. Noch im letzten Augenblick seines Lebens lobte er Gott. Bei seinem Tod lag er nackt auf dem Boden seiner armseligen Zelle.
Kaum ein anderer Christ wird auch außerhalb der Christenheit so verehrt wie Franz. Die Times-Leser haben ihn in New York zum „Mann des Jahrtausends" gewählt.

L Bald fand Franz Leute, die ihm **nachfolgen** wollten. Mit ihnen zog er in die Städte und Dörfer und verkündete als Laie die Frohe Botschaft Jesu. Unterwegs waren sie voll Fröhlichkeit.
Später wurde aus dieser Gemeinschaft der **Franziskanerorden**. Heute gibt es 15500 **Franziskaner (Erster Orden)**. Viele von ihnen arbeiten in den ärmsten Ländern der Welt. Oft sind sie die Einzigen, die den Armen helfen und auf ihre Not öffentlich aufmerksam machen.

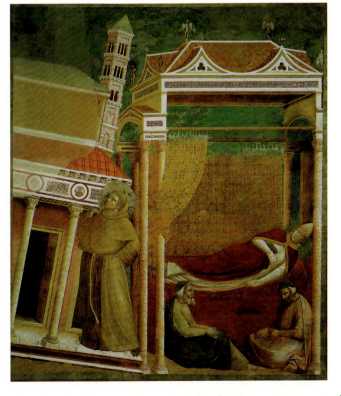

Giotto di Bondone (1267–1337), Der Traum von Papst Innozenz III., um 1300.
Im Traum sieht der Papst, wie Franz von Assisi die wankende Kirche stützt.

133

Der Sonnengesang

Im Jahr 1225, kurz vor seinem Tod, schuf Franziskus seinen berühmten Sonnengesang.

Gelobt seist du, Herr,
mit all deinen Kreaturen,
der edlen Herrin, vor allem Schwester Sonne,
die uns den Tag macht
und freundlich Licht durch ihn spendet.
Schön ist sie in den Höhen
und prächtig in mächtigem Glanze:
Dein Gleichnis birgt sie, Erhabener.

Gelobt seist du, Herr,
durch Bruder Mond und die Sterne.
Du schufst sie, dass sie funkeln am Himmel
köstlich und schön.

Gelobt seist du, Herr,
durch Bruder Wind und Luft
und Wolke und jegliches Wetter,
mildes und anderes auch,
wodurch du belebst, was du erschufst.

Gelobt seist du, Herr,
durch Bruder Feuer,
durch den du uns leuchtest in der Nacht.
Es glüht mild und sprüht gewaltig und kühn.

Gelobt seist du, Herr,
durch unsere Schwester, die Mutter Erde,
die stark und gütig uns trägt
und bringt mancherlei Frucht
mit farbigen Blumen und Gras.

Gelobt seist du, Herr,
durch die, die vergeben um deiner Liebe willen
und Pein und Betrübnis geduldig tragen:
Selig, die's überwinden in deinem Frieden!
Sie werden gekrönt von dir, dem Höchsten.

Gelobt seist du, Herr,
durch unseren Bruder, den leiblichen Tod,
dem kein lebendiger Mensch entrinnt.
Ach wehe, die sterben in ihren Sünden.
Und selig, die er findet
in deinem heiligsten Willen,
denn sie berührt nicht der zweite Tod.

Lobt und preist den Herrn
und dankt und dient ihm
in großer Demut.
Amen.

Klara von Assisi

In einem Palast in Assisi lebte ein Mädchen aus adligem Haus, das von umfassender Bildung und außerordentlicher Schönheit gewesen sein muss. Sie hieß **Klara** (1194–1253), hatte viele Verehrer, wollte aber mit ihnen nichts zu tun haben. Weil sie von Franz viel gehört hatte, suchte sie ihn **1211** als Siebzehnjährige auf. Beide verstanden sich auf Anhieb, waren voneinander begeistert und gaben sich gegenseitig wichtige Anregungen. In ihren vielen Gesprächen ging es vor allem um die Frage, wie sie in unruhiger Zeit Jesus nachfolgen könnten. Auch Klara entschloss sich, ihren Reichtum aufzugeben und arm zu leben. Sie verließ 1212 den elterlichen Palast, legte all ihren Schmuck ab und ließ sich von Franz ihre langen blonden Haare abschneiden. Von nun an trug auch sie einen rauhen Bauernkittel und lebte in einem ärmlichen Haus. Es ist nicht erstaunlich, dass die Leute in Assisi über Franz und Klara allerlei Vermutungen in die Welt setzten, die die beiden in ein schiefes Licht rückten. Man tuschelte über sie, obwohl man nichts Genaues wusste. Damit mussten die beiden leben. Sie waren stets davon überzeugt, dass sie gemeinsam für ihre Zeit neue Wege suchen sollten, den Glauben zu leben. Franz ist nur mit Klara zu verstehen. Nach seinem Tod hat Klara sein Werk tatkräftig fortgeführt. Sie hat ihn besser verstanden als die meisten Männer im Umkreis des Heiligen.

Franz nimmt das Ordensversprechen Klaras entgegen, Buchmalerei, um 1475.

A 1 Welche Einstellung zur Welt und zu den Tieren zeigt sich im **Sonnengesang** und in der **Vogellegende**? Vergleicht sie mit unseren Einstellungen zur Natur und zu den Tieren. Malt ein paar Bilder zum Sonnengesang.

2 Fertigt eine Leiste mit allen **Daten** von Franz und Klara an und schreibt zu den Daten, was jeweils passiert ist: 1182 – 1194 – 1202 – ...

3 Lest die **Bibelworte,** die das Leben des Franz von Assisi völlig verändert: Mt 10, 8–10; 16, 24; 19, 21.

4 Stellt die eine oder andere Szene aus dem Leben von Franz und Klara als **Standbild oder Rollenspiel** dar: → **M 8**.

5 Warum nennt man Franz einen „zweiten Christus"?

6 Viele Menschen denken: „**Geld** macht glücklich und frei." Franz dachte: „**Armut** macht glücklich und frei." Wer hat Recht?

7 Wenn es in eurer Nähe **Franziskaner** oder **Klarissen** gibt, solltet ihr mit ihnen Kontakt aufnehmen und euch von ihrem Leben und von ihrer Arbeit erzählen lassen.

8 Zusätzliche **Informationen** über Franz und Klara, die Franziskaner und Klarissen findet ihr im Internet: *www.franziskaner.de* Dort könnt ihr auch sehen, wie ein Franziskaner gekleidet ist.

9 Was haben Franz und Klara uns **heute** zu sagen?

Ich liebe ...

Weinend sagte Franziskus eines Tages zu Gott: Ich liebe die Sonne und die Sterne. Ich liebe Klara und ihre Schwestern. Ich liebe das Herz der Menschen und alle schönen Dinge. Herr, du musst mir verzeihen. Denn nur dich sollte ich lieben.
Lächelnd antwortete der Herr: Ich liebe die Sonne und die Sterne. Ich liebe Klara und ihre Schwestern. Ich liebe das Herz der Menschen und alle schönen Dinge. Mein Franziskus! Du musst nicht weinen. Denn das alles liebe ich auch.

Giotto di Bondone (1267–1337), Die Vogelpredigt, um 1300.
Eine Legende erzählt, dass Franz mit den Vögeln gesprochen habe. Diese seien gekommen, hätten sich zu seinen Füßen versammelt und seinen Worten aufmerksam zugehört. Er habe sie aufgefordert, Gott zu loben und zu danken. Am Ende seien sie mit frohen Liedern weggeflogen.

 Klara, die von Franz tief beeindruckt war, gründete mit einigen anderen Frauen in San Damiano bei Assisi eine kleine Frauengemeinschaft, aus der später der „**Zweite Orden**" wurde. Ihre Mitglieder werden nach der Gründerin „**Klarissen**" genannt. Klara ist die einzige Frau in der Geschichte der Kirche, die eine Ordensregel für Frauen geschrieben hat.
Ihr Gedenktag ist der **11. August**.

> **Thomas More** (latinisiert: „Morus"; 1477–1535) wurde in London geboren. Er war glücklich verheiratet und hatte fünf Kinder. Weil er in Oxford und in London erfolgreich studiert hatte, machte er eine steile Karriere. Er gilt als einer der klügsten Männer seines Jahrhunderts.
>
> **1529** wurde er als erster Laie vom englischen König Heinrich VIII. zum Lordkanzler berufen. Damit hatte er das damals höchste Staatsamt erlangt. Weil Thomas More seinem König den Treueid verweigerte, als dieser eine ungültige Ehe einging, wurde er zum Tode verurteilt und enthauptet. Er starb als **Märtyrer seines Gewissens**.
>
> Sein Gedenktag ist der **22. Juni**.

3. Thomas Morus – Dem Gewissen folgen

Im Konflikt mit dem König

Für den englischen Lordkanzler Thomas More war die Treue gegenüber Heinrich VIII., seinem König, selbstverständliche Pflicht. Trotzdem kam es wegen einer zweiten Eheschließung des Königs zu einem verhängnisvollen Konflikt mit dem König. Der Papst hatte sich geweigert, die Ehe des Königs mit Katharina von Aragon, mit der er 24 Jahre verheiratet war, für nichtig zu erklären und die Erlaubnis zu einer neuen Ehe mit der Hofdame Anna Boleyn zu erteilen. Deshalb spaltete der König die englische Kirche von der römisch-katholischen Kirche ab, machte sich selbst zum Oberhaupt der anglikanischen Kirche und brach die Verbindung mit dem Papst in Rom ab. Die meisten Mitglieder des Parlaments und auch viele Bischöfe standen damals auf Seiten des Königs oder wagten es nicht, ihm zu widersprechen. Sie leisteten dem König den Treueid. Thomas More dagegen akzeptierte das Verhalten des Königs nicht. Er war von der Aussage Jesu überzeugt, dass Gott die willkürliche Scheidung einer Ehe nicht erlaube. **1532** legte Thomas More seine Ämter nieder, weil er den Dienst für einen eid- und gesetzesbrüchigen König mit seinem Gewissen nicht vereinbaren konnte.

Zum Tode verurteilt

Weil er **1534** in aller Öffentlichkeit den Eid auf den König verweigerte, drohte dieser ihm den Tod an und ließ ihn in den Tower sperren. Seine Familie, seine Freunde und seine Kinder bedrängten ihn, den Eid auf den König doch noch zu leisten. Sie meinten, dass er sich dabei nicht versündige, weil er einem staatlichen Gesetz gehorche. Seine geliebte Tochter Margarete versuchte, ihn im Gefängnis mit bewegenden Worten umzustimmen. Doch sie hatte keinen Erfolg. Er erklärte ihr, dass man staatlichen Gesetzen nur dann folgen dürfe, wenn sie nicht gegen göttliche Gesetze verstoßen. Dem Staat bestritt er das Recht, in Glaubens- und Gewissensfragen Gehorsam zu verlangen. So blieb er seinem Gewissen bis zum Tod treu, obwohl er sich schwach wusste und den Tod fürchtete.

Am 6. Juli **1535** stieg er jedoch gelassen auf das Schafott, wo er öffentlich enthauptet wurde. Den Henker forderte er noch auf, mit seinem Schlag nicht zu zögern und seine Pflicht zu tun. Heiter sagte er zu ihm: „Mein Hals ist kurz. Darum achte um deiner Ehre willen darauf, dass du nicht verkehrt schlägst." Seine letzten Worte lauteten: **„Ich sterbe als des Königs treuer Diener, aber zuerst als Diener Gottes."**

1935 wurde er heilig gesprochen. Als Schutzpatron der Regierenden und Politiker soll er sie an die Würde des Gewissens erinnern.

Peter Paul Rubens (1577–1640), Thomas More.

> Wenn wir im Alltag **Gewalt und Unrecht** erleben, sagen uns der Glaube und das Gewissen, dass wir uns daran nicht beteiligen dürfen. Wenn wir darauf hören, kann das für uns zu kleinen oder großen Nachteilen und manchmal sogar zum Tod führen. Dann sollten wir **Mut zum Widerstand** haben und **Zivilcourage** aufbringen. Viele Menschen sehen aus Angst oder Feigheit weg, schweigen oder passen sich den Tätern an.

Der Anspruch des Gewissens

Sieben Jahre habe ich über die Frage studiert, welche Macht dem König von England zusteht. Ich kann aus wissenschaftlicher Überzeugung seinen Anspruch nicht anerkennen. Gott ist mein Zeuge, dass mein Gewissen mich antreibt, so zu reden.

... So wenig ich mich in das Gewissen anderer einmische, so sicher bin ich, dass mein Gewissen mir allein gehört. Es ist das Letzte, was ein Mensch für sein Heil tun kann, dass er mit sich eins wird. Wie ich dir schon oft gesagt habe, Margaret, ich nehme mir nicht heraus, über die Sache zu entscheiden oder zu diskutieren ... ; noch auch habe ich mich je in das Gewissen anderer eingemischt, die entweder anders denken oder bloß sagen, sie dächten anders als ich.

... Und deshalb, was all das Übrige angeht, Güter, Ländereien und Leib (wenn es dahin kommen sollte), so vertraue ich, da ja mein Gewissen in Frieden ist, auf Gott. Er wird mich eher stärken, den Verlust zu ertragen, als dass ich gegen mein Gewissen schwöre und meine Seele in Gefahr bringe; sind doch alle Gründe, die andere Menschen zum Gegenteil veranlassen, für mich nicht überzeugend, so dass ich ihretwegen mein Gewissen ändern dürfte.

Brief Mores aus der Todeszelle an seine Tochter Margaret

Zivilcourage und Mut zum Widerstand

1 Zum Thema **Gewissen**: → S. 178 ff; zur Reformation in Deutschland: → S. 138 ff.

2 Beschreibt – evtl. nur für euch – Situationen, in denen ihr **Angst** hattet, das zu tun, was ihr für gut hieltet.

3 Forscht in eurem Ort nach Frauen und Männern, die früher oder heute aus **Gewissensgründen** viel riskiert haben. Schreibt darüber einen Text für die Zeitung oder macht eine kleine Ausstellung für die Schule: → **M2**. Ein weiteres Beispiel: → S. 218.

4 Sucht Beispiele für **Zivilcourage** aus eurer Klasse, Schule und Familie.

5 Welche Leute nennt man „Opportunisten", „Konformisten" oder „Wetterfahnen"?

137

Die Reformation –

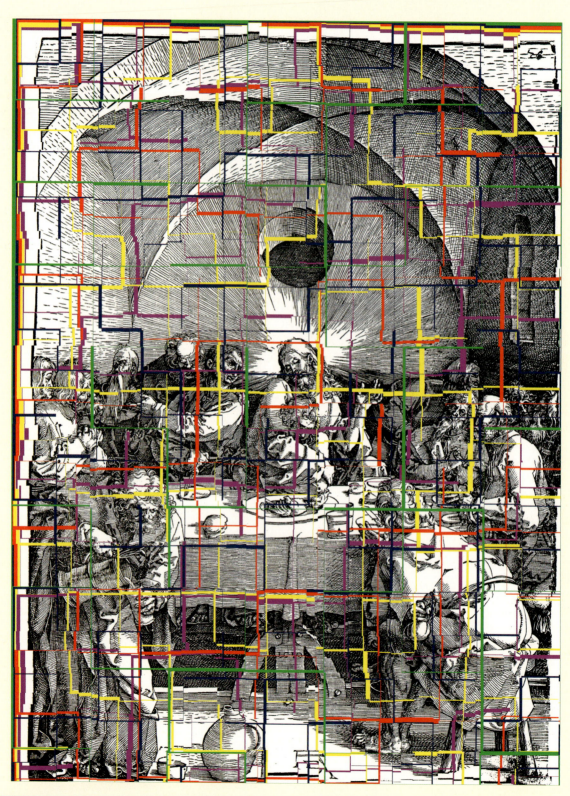

138 Die Reformation – Umbruch und Aufbruch

Umbruch und Aufbruch

Albrecht Dürer (1471–1528). Das Abendmahl, Holzschnitt 1510, bearbeitet von Tobias Trutwin (geb. 1964), 2006.

Albrecht Dürer (→ S. 64, 200), einer der bedeutendsten deutschen Maler und Grafiker, hat sein Bild wenige Jahre vor Beginn der Reformation in Deutschland geschaffen, als es die großen Streitpunkte über das Abendmahl noch nicht gab (→ S. 153), die bis heute andauern. Tobias Trutwin hat sich lange mit diesem Bild beschäftigt und dazu viele Versuche vorgelegt, von denen hier einer abgebildet ist.

1 Wie hat Albrecht Dürer sein Bild geschaffen: Aufbau, Raum Personen, Tisch, Bewegungen usw.? (→ **M 5**)

2 Warum hat Tobias Trutwin ein Farbgitter über das Bild gelegt? Welchen Eindruck vermitteln die vielen Quadrate, die sich teilweise überschneiden? Warum können sie so farbig sein? Wie wirken sie auf den Zugang zu Dürers Bild und zum Abendmahl?

3 Was wisst ihr über die unterschiedlichen Auffassungen über das Abendmahl bei Katholiken und Protestanten? Wie wirken sich diese im Gottesdienst aus?

4 Wie hättet ihr das Bild Dürers bearbeitet, um auf die Spaltung der Christenheit hinzuweisen? Kopiert dieses oder ein anders Abendmahlsbild und zerreißt es in der Mitte – genau durch Jesus und das Lamm auf dem Tisch. Welche Wirkung entsteht dadurch?

Ein Jesuswort

Jesus spricht im Johannesevangelium (→ S. 66 f) kurz vor seinem Tod dieses Gebet. Es gehört zu seinem letzten Willen.

Alle sollen eins sein:
Wie du, Vater, in mir bist und ich in dir bin,
sollen auch sie in uns sein,
damit die Welt glaubt, dass du mich gesandt hast.

aus dem Evangelium nach Johannes 17, 21

Vorschau

Christen sind nicht eins, wie es dem Willen Jesu entspricht. Sie leben in verschiedenen Konfessionen/Kirchen. Im 11.–13. Jahrhundert liegen die Gründe, dass sich die Kirchen im Osten und Westen trennten. Seitdem entstanden die **orthodoxen Kirchen**. Im 16. Jahrhundert kam es auch zu einer großen Spaltung der Westkirche. Damals entstanden die **evangelischen Kirchen der Reformation**.

Wiederholung fördert das Gedächtnis

Lesen	Fragen	Denken	Interviewen	Suchen	Gestalten	Präsentieren

1 Wenn ihr dieses **Gebet Jesu** mit dem gegenwärtigen Zustand der Christenheit vergleicht – was fällt euch dann auf?

2 Wisst ihr noch, was die Begriffe „katholisch", evangelisch", „orthodox" und „ökumenisch" bedeuten und worin sich katholische und evangelische Christen unterscheiden? Zur Wiederholung empfiehlt sich ein Blick in das Kapitel „Die Christen – Eine bunte Vielfalt": → ZdF S. 190 ff.

♦ Wer ist eigentlich ein **Christ**? Was haben Christen gemeinsam?

♦ Zur Reformation in **England**: → S. 136 f.

L Die „orthodoxe Kirche" (d. h. „Kirche der rechten Lehre") des Ostens erhebt den Anspruch, den Glauben der Bibel und der alten Konzilien, d. h. Kirchenversammlungen des ersten Jahrtausends, getreu zu bewahren.

Heute leben an die **300 Millionen orthodoxe Christen** in vielen Ländern der Welt. Sie gehören der griechischen, russischen, koptischen, syrischen, armenischen, serbischen, rumänischen und bulgarischen Kirche an. In Deutschland gibt es ca. 1,4 Millionen Mitglieder verschiedener orthodoxer Kirchen.

1. Der Bruch zwischen West und Ost

Ursachen der Spaltung

Nach gehässigen gegenseitigen Anschuldigungen zwischen der römischen Kirche mit ihrem Papst im Westen und dem Patriarchen von Konstantinopel im Osten kam es im Jahr **1054** zu einem **Konflikt zwischen Ost und West**. Beide Seiten verhängten den Bann gegeneinander. Jahrhunderte lang vergaß die orthodoxe Kirche nicht, dass Kreuzfahrer **1204** auf dem Weg in das heilige Land **Konstantinopel** verwüsteten, tausende Christen töteten und die „Hagia Sophia", die wichtigste Kirche der Stadt, schändeten. Dieses Ereignis verfestigte die Trennung für Jahrhunderte.

A Eine andere christliche Welt

1 Wer kann von einem **orthodoxen Gottesdienst** berichten, an dem er z. B. in den Ferien teilgenommen hat? Wo könnt ihr eine orthodoxe Kirche in eurer Nähe besuchen?

2 Schaut euch eine **Ikone** ganz genau an. Was könnt ihr da sehen? Beispiele: → S. 85; ZdF S. 116, 161; → **M5**.

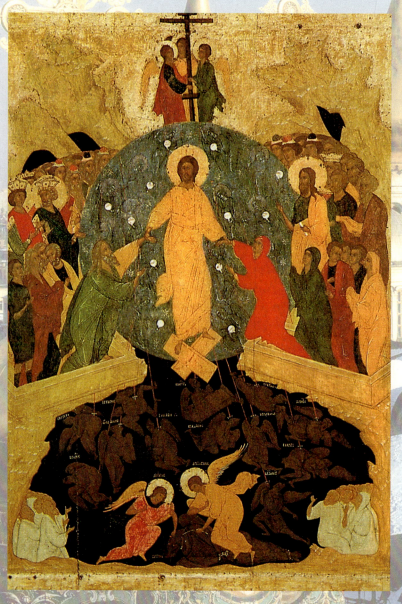

Ikone aus der Dionissi-Werkstatt, Christi Abstieg in das Reich des Todes, Moskau, 1502/03.
Im Mittelfeld hat der lichte Christus, der sich von einem grünen Lebenskreis abhebt, das Tor des Todesreiches aufgebrochen. Er zieht Adam und Eva aus den Gräbern an sich. Andere Gestalten aus dem Alten Testament warten noch auf ihre Erlösung. Die Schilder der Engel sagen, was Christus bringt: Auferstehung, Leben, Liebe, Glück u. a. Die Dämonen unten in der Hölle verkörpern Hass, Bosheit und Tod. Zwei Engel binden den Satan. Im Leben der Ostkirche spielen die Ikonen eine große Rolle. Sie bringen den Gläubigen die Geheimnisse der Erlösung nahe.

140 Die Reformation – Umbruch und Aufbruch

Differenzen zwischen Ost und West

♦ Während der Westen eher die kirchliche **Einheit** unter der Leitung des Papstes sieht, betrachtet man im Osten die Kirche eher als einen Verbund selbstständiger **Einzelkirchen**.

♦ Christen in Ost und West feiern **Weihnachten** und **Ostern** nicht zu den gleichen Terminen.

♦ Im Westen feiert man die **Eucharistie** mit ungesäuertem, im Osten mit gesäuertem Brot. Fanatische Christen beider Seiten traten gelegentlich die geweihten Brote der anderen mit Füßen.

♦ Anders als die **Priester** im Westen dürfen die Priester im Osten („Popen") heiraten, während auch in der Ostkirche die Patriarchen, Bischöfe und Mönche ehelos leben.

♦ In der **Kunst** des Ostens blüht weithin die Ikonenmalerei. **Ikonen** sind für die Gläubigen wie Fenster zum Himmel, durch die sie Christus und die Heiligen anschauen können. Umgekehrt gilt auch, dass die Gläubigen im Blick auf die Ikonen von Christus, der Gottesmutter und den Heiligen angeblickt werden.

Schritte aufeinander zu

Es hat öfter Versuche gegeben, die **Einheit der beiden Kirchen** wiederherzustellen. **1965** haben **Papst Paul VI.** (1963–1978) und der Patriarch **Athenagoras von Konstantinopel** den gegenseitigen Kirchenbann aufgehoben und die früheren Beleidigungen und Kämpfe bedauert. Auch Papst **Benedikt XVI.** hat viel für eine Annäherung beider Kirchen getan. Beide Kirchen arbeiten in der Ökumenischen Bewegung (→ S. 152 f) mit. Kleinere Teile der orthodoxen Kirchen sind auch in die Gemeinschaft mit dem Papst in Rom zurückgekehrt, haben aber ihre Eigenarten in Frömmigkeit und Gottesdienst gewahrt. Man nennt sie „unierte" (lat.: „vereinte") Kirchen.

Im Hintergrund: Kuppelkreuze in Moskau

Russisch-orthodoxer Gottesdienst mit einer Ikonenwand, einem Popen und Gläubigen.

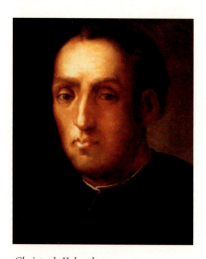

Johannes Gutenberg, Holzschnitt, 16. Jh.

Christoph Kolumbus, zeitgenössisches Gemälde

Nikolaus Kopernikus, Holzschnitt, 16. Jh.

2. Am Vorabend der Reformation

Im 15. Jahrhundert verbreitete sich ein neues Lebensgefühl.

♦ Um 1450 erfand **Johannes Gutenberg** (um 1400–1468) die Buchdruckerkunst und eröffnete damit den Weg für eine große Geschichte des Buches. Das Medienzeitalter stand an seinem Anfang.

♦ Im Jahr 1492 entdeckte **Christoph Kolumbus** (1451–1506) einen neuen Kontinent, der später „Amerika" genannt wird. Eine größere Erde trat in den Blick.

♦ Der Frauenburger Domherr **Nikolaus Kopernikus** (1473–1543) wies nach, dass sich die Erde nicht im Mittelpunkt der Welt befindet, sondern um die Sonne kreist. Mit der Erde verlor auch die Menschheit ihre herausragende Stellung in der Welt.

„Die Reformation in unserer Heimat"

Ihr könnt das Projekt mit den Schülerinnen und Schülern des evangelischen Religionsunterrichts erarbeiten. Hilfen findet ihr im Geschichtsbuch, in den Pfarreien und Kirchengemeinden, bei einem Heimatverein, in der Stadtbibliothek usw. Zur **Durchführung:**
→ **M2** und **M9**.

Zur **Vorbereitung** solltet ihr das Kapitel „Die Christen – Eine bunte Vielfalt" (→ ZdF S.190 ff) wiederholen und das Projekt (→ S. 196) berücksichtigen.

Ein paar **Vorschläge zur Auswahl:**

1 eine **Aufstellung, Kurzbeschreibung** und evtl. auch eine **Bilddokumentation** von den Spuren der Reformation in eurer Stadt bzw. Umgebung erstellen

2 einen **katholischen und evangelischen Pfarrer** in die Klasse einladen und beiden einige vorbereitete Fragen vorlegen

3 in evangelischen und katholischen **Schulbüchern** für den Religionsunterricht sowie in Geschichtsbüchern die Reformation miteinander vergleichen

4 auf einer geografischen **Karte** eurer Stadt bzw. Umgebung katholische und evangelische Kirchen und Einrichtungen eintragen

5 in einer **Statistik** den katholischen und protestantischen Anteil an eurer Klasse, Schule und Stadt sowie an der Bevölkerung eures Bundeslandes und der Bundesrepublik zeigen

6 in einem kurzen **Artikel** begründen, weshalb eure Gegend eher katholisch oder eher evangelisch ist oder weshalb sie konfessionell ausgeglichen ist

7 ein typisch evangelisches und typisch **katholisches Kirchenlied und Bild** kennen lernen

8 ein **Verzeichnis** der ökumenischen Aktivitäten heute erstellen

9 etwas in der Klasse oder Schule zur **Verbesserung** des gegenseitigen Verständnisses tun und einen **ökumenischen Gottesdienst** vorbereiten.

142 Die Reformation – Umbruch und Aufbruch

Wie es damals in der Kirche aussah

Ein Unschuldiger wird als Ketzer verbrannt

Jan Hus (1370–1415), ein frommer und sittenstrenger Priester, hatte sich in Prag für eine bessere Kirche eingesetzt. Vor allem wandte er sich gegen den Reichtum der Kirche und forderte, dass das Abendmahl auch Laien unter den beiden Gestalten von Brot und Wein („Laienkelch") gespendet werde. Weil ihm der deutsche Kaiser Sigismund freies Geleit zugesichert hatte, kam er 1415 zum Konzil nach Konstanz. Hus widerrief seine Lehre nicht, da er nicht sah, dass sie falsch war. Trotz des kaiserlichen Ehrenwortes wurde er öffentlich verbrannt. Dies löste bei den meisten Christen helle Empörung aus. Die Kirche hatte für lange Zeit ihr Vertrauen verspielt.

Jan Hus wird in Konstanz als Ketzer (mit Ketzerhut) verbrannt. Aus der Konzilschronik des Ulrich von Richental, 15. Jh.

Unglaubwürdige Priester

Viele **Priester** kamen damals für ihren Lebensunterhalt nicht selber auf. Überall lungerten sie herum und bettelten sich etwas Geld zusammen. Manche waren so schlecht ausgebildet, dass sie kaum das Vaterunser und das Glaubensbekenntnis auswendig konnten.

Die hohe Geistlichkeit

Äbte und Bischöfe waren zugleich weltliche Herrscher. Ihre Ämter hatten sie oft für viel Geld vom Kaiser oder Papst gekauft. Sie wohnten in schönen Schlössern und machten sich mit ihren Freunden und Freundinnen ein vergnügtes Leben. Sie gingen auf die Jagd, sammelten kostbare Kunstwerke und veranstalteten rauschende Feste. Das Geld dazu trieben sie von ihren Untertanen ein, die dafür hart arbeiten mussten.

Und die Päpste?

Die **Päpste** machten als Herren des Kirchenstaates Politik, führten Kriege und bauten sich herrliche Paläste. Sie waren so mächtig wie weltliche Fürsten. Für Geld konnte man von ihnen alles haben. Denn sie brauchten viel Geld für neuartige Bauten, für ihr aufwendiges Leben, manche auch für ihre Frauen und Kinder. Bisweilen gab es gleichzeitig zwei und sogar drei Päpste, die sich und ihre Anhänger gegenseitig exkommunizierten, d. h. aus der Kirche ausschlossen, so dass viele Christen nicht mehr wussten, ob sie noch zur Kirche gehörten oder nicht.

Die Christen

Viele **Christen** wussten kaum mehr, worauf es ankam. Die Bibel und die Sakramente spielten in ihrem Leben keine Rolle. Stattdessen verehrten sie blutende Jesusbilder und sprechende Madonnenbilder. Sie sammelten Reliquien („Reste", z. B. Knochen oder Kleider) von Heiligen, weil sie an deren wundertätige Wirkung glaubten. Auf langen Wallfahrten suchten sie Abenteuer und Hilfe. Der Glaube an den Teufel, an kuriose Wunder, an Hexen beherrschte ihren Alltag. Der Glaube an Gott trat in den Hintergrund.

 Wer kann sich in eine schwierige Zeit zurückversetzen?

1 Wer traut sich zu, ein Lebensbild von **Jan Hus** zu entwerfen und Bilder von ihm zu suchen? (→ **M2**)
2 Kurz vor der Reformation bzw. während der Reformation lebten Männer wie **Gutenberg, Kolumbus und Kopernikus**, die mit ihren Erfindungen und Entdeckungen das damalige Weltbild und Lebensgefühl völlig veränderten. Was könnt ihr von diesen in Erfahrung bringen? Anregungen für eure Gruppen- oder Partnerarbeit: → **M2**.
3 Was ist mit dem Grundsatz gemeint: „**Die Kirche muss sich ständig erneuern**. Sie ist stets reformbedürftig"? Wie wurde er damals, wie wird er heute befolgt?

> Das lateinische Wort „Reformation" heißt „Erneuerung". Wer eine Reform der Kirche will, meint, dass sie sich wieder auf die Bibel zurückbesinnen und alle Missstände abbauen soll, die sich im Lauf der Zeit eingestellt haben. **Luther** strebte eine solche Reform der Kirche an. Er wollte eine erneuerte, nicht aber eine neue Kirche.

3. Martin Luther – Die reformatorische Entdeckung

Angst vor Gott

Am Anfang der Reformation stand das Ringen eines Mannes um das richtige Verständnis von Gott, Jesus Christus und seiner Botschaft. Da war ein Mönch, der das Evangelium im Stillen für sich selbst neu verstehen wollte. Was er dabei fand, nennen wir die **„reformatorische Entdeckung"**.

Der Mann, der die Reformation auf den Weg gebracht hat, ist **Martin Luther** (1483–1546). Er wurde **1483** in Eisleben (Ostharz) geboren. Die Erziehung im Elternhaus war streng. An der Universität Erfurt begann er sein Studium. **1505** geriet er in Stotternheim nahe bei Erfurt in ein **Gewitter**, bei dem in seiner Nähe ein Blitz einschlug. Tief erschrocken gelobte er: „Hilf, heilige Anna, ich will ein Mönch werden." Er hielt sich an sein Versprechen und trat wenige Tage später in das **Kloster** der Augustiner-Eremiten in **Erfurt** ein. Im Kloster betete er inständig, fastete streng und hielt sich korrekt an alle Bestimmungen. Wenn ihm etwas nicht so gelang, wie es vorgeschrieben war, bekam er Angst vor Gott. Dann fragte er sich, wie er „einen gnädigen Gott" finden könne. **1512** wurde er in **Wittenberg** Doktor der Theologie und Professor für die Auslegung der Bibel.

Luther lehrte an der Universität zunächst das, was er selbst gelernt hatte: Der Mensch kann sich von sich aus für das Gute entscheiden. Wenn er gute Werke tut, kann er Gott zufrieden stellen. Wer betet, fastet und Almosen gibt, dem wird die Zuwendung Gottes zuteil. Wegen dieser Verdienste steht er vor Gott gerecht da. – Diese Lehre beunruhigte Luther. Er hielt Gott für streng und wusste nicht, ob dieser strenge Gott mit ihm zufrieden war. Schließlich zweifelte er daran, dass er sich mit seinen Anstrengungen Gottes Wohlgefallen verdienen könne.

Die Geburtsstunde der Reformation

Da hatte er im Jahr **1513/14**, vielleicht auch erst 1517, ein ungewöhnliches Erlebnis. Er las die Worte über die Gerechtigkeit Gottes im Römerbrief des Paulus (→ ZdF S. 42 f; 156): **„Der aus Glauben Gerechte wird leben"** (1, 17). Auf einmal ging ihm auf, dass hier nicht vom richtenden Gott die Rede ist, der die Guten belohnt und die Bösen bestraft, sondern vom barmherzigen Gott, der die Sünder auf Grund ihres Glaubens annimmt. Nun wusste er: Die Menschen werden allein durch Gottes Gnade, nicht aber durch ihre eigenen Werke gerechtfertigt.

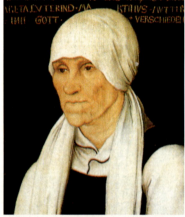

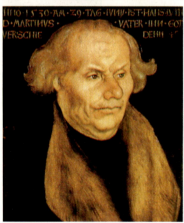

Lucas Cranach d. Ä. (1472–1553), Luthers Eltern, Margarethe und Hans Luther, 1527.

1 Warum war die Entdeckung, dass der Mensch **allein durch den Glauben** vor Gott gerecht ist, für Martin Luther eine innere Befreiung?
2 Warum wird einer, der Gutes tut, oft stolz und **selbstgerecht**? Warum hat er nach der Auffassung Luthers dazu kein Recht?
3 Sammelt eure Antworten auf die Frage: Wie wird man **vor Gott gerecht**?
4 Welche der streitenden Gruppen könnte die **beiden Lutherbilder** hergestellt und verbreitet haben?

144 Die Reformation – Umbruch und Aufbruch

Das Turmerlebnis

Luther beschreibt am Ende seines Lebens das Erlebnis, das er im Turm seines Wittenberger Klosters hatte, so:

Der Begriff der „Gerechtigkeit Gottes" war mir verhasst. ... Ich fühlte mich, obwohl ich als Mönch ein untadeliges Leben führte, vor Gott als einen von Gewissensqualen verfolgten Sünder, und da ich nicht darauf vertrauen konnte, Gott durch meine Werke versöhnt zu haben, liebte ich nicht diesen gerechten, die Sünde strafenden Gott, sondern ich hasste ihn. ... Bis nach tage- und nächtelangem Nachsinnen sich Gott meiner erbarmte, dass ich den inneren Zusammenhang der beiden Stellen wahrnahm: „Die Gerechtigkeit Gottes wird im Evangelium offenbar" und wiederum „Der Gerechte lebt aus seinem Glauben". Da fing ich an, die Gerechtigkeit Gottes so zu begreifen, dass der Gerechte aus Gottes Gnade selig wird, ... dass Gott in seiner Barmherzigkeit uns durch den Glauben rechtfertigt. ... Nun fühlte ich mich geradezu wie neugeboren und glaubte, durch weit geöffnete Tore ins Paradies eingetreten zu sein. Und sofort erschien mir die ganze Schrift (Bibel) neu.

Martin Luther

> **L** Luther stellt die **„Gnade allein"** (lat.: „sola gratia"), die **„Bibel allein"** (lat.: „sola scriptura") und den **„Glauben allein"** (lat.: „sola fides") in den Mittelpunkt seiner Lehre. Die guten Werke sind nun nicht mehr die Voraussetzung für die **Rechtfertigung** des Menschen, sondern es ist umgekehrt: Wer von Gottes Gnade erfüllt ist, der wird auch gute Werke tun. Aus dem Glauben kommt die Liebe zu Gott und aus dieser Liebe ein gutes, freies und fröhliches Leben.

Zwei gegensätzliche Lutherbilder
links: Luther-Karikatur, Der Teufel (Ziegenbock) bläst Luther Worte ins Ohr, 1521.
rechts: Hans Sebald Beham (1500–1550), Luther als Evangelist, der vom Heiligen Geist (Taube) erleuchtet wird, 1524.

> Nach kirchlicher Lehre vergibt Gott dem Menschen im **Bußsakrament** (→ ZdF S. 182 f) seine Sünden, wenn er aufrichtig Buße tut und seine Sünden dem Priester bekennt. Der Mensch muss aber damit rechnen, **zeitliche Strafen** für seine Sünden im **Fegefeuer** abbüßen zu müssen, auch wenn ihm die Sünden selbst schon vergeben sind. Diese zeitlichen Strafen können durch Beten, Fasten oder Nächstenliebe getilgt werden. Das gilt auch für den **Ablass**, bei dem der Sünder Geld für eine gute Sache spendet. Durch den Ablass werden also **nicht die Sünden** selbst vergeben, wohl aber die **zeitlichen Strafen für die Sünden** gemindert oder getilgt.

4. Der öffentliche Protest

Der Ablasshandel

1516 kam es in Jüterbog nahe bei Wittenberg zu einem Aufsehen erregenden Vorfall. Der Dominikanerpater **Johann Tetzel** (1465–1519) predigte auf dem Marktplatz vor einem großen Publikum. Marktschreierisch versprach er den Leuten das Blaue vom Himmel, wenn sie von ihm **Ablassbriefe** kaufen würden. Damit sollten ihnen die Strafen nachgelassen werden, die sie für ihr Lügen, Betrügen und Huren verdient hätten. So würden die zu erwartenden Qualen des Fegefeuers ein rasches Ende finden. Selbst für Verstorbene sollte der Ablass wirksam sein. Er soll damals gesagt haben: **„Sobald das Geld im Kasten klingt, die Seele aus dem Fegefeuer in den Himmel springt."**
Der Erlös der Ablassbriefe war teils für den Papst zum Bau der neuen Peterskirche in Rom, teils für Albrecht von Brandenburg, den Erzbischof von Magdeburg, bestimmt, der damit seine hohen Schulden tilgen wollte, die er beim Kauf seines geistlichen Amtes gemacht hatte.

Holzschnitt mit Schrift „Ohne Ablass von Rom kann man wohl selig werden", 1520.

Luthers Protest

Luther war außer sich, als er davon hörte. Hatte er sich doch gerade zu der Einsicht durchgerungen, dass man Gottes **Gnade nicht durch gute Werke verdienen** könne. Erst recht konnte man Gottes Zuwendung nicht für Geld kaufen. Wessen Seele in den Himmel springen sollte, der musste zuerst im Glauben auf Gott vertrauen und dann ernsthaft Buße für seine Sünden tun.
Um sich nicht durch Schweigen mitschuldig zu machen, verfasste Luther **95 Thesen** über die kirchliche Ablasslehre, wobei er den päpstlichen Ablass, wie Tetzel ihn verkündete, heftig kritisierte.
Ob Luther seine Thesen am 31. Oktober **1517** auch öffentlich an der Schlosskirche zu Wittenberg angeschlagen hat, ist umstritten und gilt eher als unwahrscheinlich. Der Tag wurde später zum **„Reformationstag"**, an dem evangelische Christen bis heute an den Beginn der Reformation denken. Kurz darauf wurden diese brisanten Thesen ins Deutsche übersetzt. Sie verbreiteten sich mit Windeseile im ganzen Land. Die Wirkung war unglaublich. Es war, als hätte ein Funke ein Pulverfass zur Explosion gebracht. Mit einem Schlag war der Mönch aus Wittenberg berühmt.

Anklagen gegen Luther

Aber schon **1518** wurde Luther in Rom wegen Ketzerei angeklagt. **1519** fand zur Klärung der Fragen in Leipzig ein Gespräch statt, bei dem Luther mit dem Theologen **Johannes Eck** über Gottes Gnade, menschliche Werke und das Papsttum stritt. Am Ende veranlasste der scharfsinnige Eck Luther zu den Aussagen, der Papst und selbst die Konzilien könnten irren und hätten sich auch geirrt. Die Bibel sei die alleinige Autorität in Fragen des Glaubens. Das war für Eck eine Irrlehre. Er meinte, Luther klar überführt zu haben. Eck schien der überlegene Sieger des Streitgesprächs zu sein. Aber viele Christen sahen das anders.

In Acht und Bann

1520 drohte der Papst Luther schriftlich den **Kirchenbann** an, wenn er nicht innerhalb von 60 Tagen seine Lehre widerrufe. Luther aber verbrannte öffentlich die päpstliche Schrift in Wittenberg. Zugleich warf er Bücher mit kirchlichen Gesetzen und päpstlichen Vorschriften ins Feuer. Mit dieser Tat brach er in aller Öffentlichkeit mit der Papstkirche in Rom. Darum sprach der Papst **1521** den Bann über ihn aus, so dass Luther nun aus der Kirche ausgeschlossen war.

Nach damals geltendem Recht musste **Kaiser Karl V.** (1519–1555) jetzt auch die **Acht** des Reiches über Luther aussprechen, durch die er aus der Rechtsgemeinschaft ausgeschlossen wurde. Karl lud Luther 1521 zum Reichstag nach **Worms** ein, wo er sich erklären sollte. Die Reise wurde für Luther zu einem Triumphzug. In Worms weigerte sich Luther, seine Lehren zu widerrufen, da er sich ihnen in seinem Gewissen verpflichtet fühlte. Darauf verhängte der Kaiser die Acht über Luther. Das bedeutete, dass man Luther nirgends aufnehmen und ihm nichts zu essen und zu trinken geben durfte. Wer ihn fand, musste ihn den Behörden ausliefern.

Aber der Landesherr Luthers, der Kurfürst Friedrich der Weise von Sachsen, kümmerte sich nicht um Luthers Acht und Bann. Er ließ ihn zum Schein überfallen und brachte ihn auf der **Wartburg** in Thüringen in Sicherheit. Während sich Luther dort aufhielt, wuchs seine Bewegung rasch. Der Prozess der Kirchenspaltung war nun in vollem Gang.

oben: Martin Luther auf dem Reichstag zu Worms 1521, zeitgenössischer Holzschnitt.

unten: Lucas Cranach d. Ä. (1472–1553), Titelblatt der vollständigen Bibelausgabe Luthers, 1534.

Eine Entscheidung des Gewissens

Auf dem **Reichstag zu Worms 1521** trafen der mächtige Kaiser Karl V. und der kleine Mönch Martin Luther aufeinander. Es war eine dramatische Situation, als man von Luther eine klare Antwort auf die Frage verlangte, ob er seine Lehre widerrufe oder nicht. In diesem Moment berief sich Luther auf sein Gewissen (→ S. 178 ff) und sagte, er widerrufe nur, wenn er durch Worte der Bibel oder Gründe der Vernunft widerlegt werde.

Widerrufen kann und will ich nichts, weil es weder gefahrlos noch heilsam ist, gegen das Gewissen zu handeln. Gott helfe mir. Amen!
(Nach einem alten Bericht soll er noch hinzugefügt haben: Hier stehe ich. Ich kann nicht anders.)
Martin Luther

A **Wer kennt Kirchenlieder von Luther?**
Luther hat viele Texte für **Kirchenlieder** verfasst. Sie fanden bei den Leuten größeren Anklang als die lateinischen Messen, die sie nicht verstanden. Bis heute werden sie gern gesungen. Drei Beispiele: „Ein feste Burg ist unser Gott" oder „Aus tiefer Not schrei ich zu dir, Herr Gott, erhör mein Rufen" oder das Weihnachtslied mit den Worten des Engels: „Vom Himmel hoch da komm ich her, ich bring euch eine gute Mär". Macht einen Text ausfindig und singt ein Lied gemeinsam.

L Luther **übersetzte** auf der Wartburg die **Bibel** in die deutsche Sprache. Dabei „schaute er dem Volk aufs Maul". So konnte er bis **1534** eine Übersetzung schaffen, die den Menschen verständlich war. Sie hatte großen Anteil daran, dass sich die Reformation in Deutschland rasch verbreitete.

5. Die Spaltung der Christenheit

L Es gab heftige **Streitigkeiten** zwischen den Anhängern Luthers und denen des Papstes. Beide Seiten ließen am Gegner kein gutes Haar und sahen in ihm nur den Antichrist oder eine Teufelsbrut. Die Reformatoren und die Papstanhänger setzten erfolgreich auch Flugblätter ein, die den Gegner mit Karikaturen lächerlich machten.

Luthers Tod

Luther fand in den nächsten Jahren im Volk, bei den Theologen und bei den deutschen Fürsten viele Anhänger. Der Papst, der Kaiser und deutsche Reichstage beschäftigten sich mit seiner Lehre.

Am 18. Februar **1546** ist Luther in Eisleben gestorben, vier Tage später wurde er in der Schlosskirche zu Wittenberg begraben. Seine letzte Aufzeichnung lautet: **„Wir sind Bettler. Das ist wahr."**

Ein trauriger Friede

Nach Luthers Tod gingen die Auseinandersetzungen zwischen Protestanten und Katholiken weiter. Sie fanden **1555** einen vorläufigen Abschluss im **Augsburger Religionsfrieden**. Damals wurde festgesetzt, dass das katholische und evangelische Bekenntnis gleichberechtigt seien. In Deutschland, das aus vielen Fürstentümern und freien Städten bestand, legten die Machthaber für ihr Gebiet die Religion ihrer Untertanen nach dem Grundsatz fest: „Wer über die **Gegend** herrscht, bestimmt auch die **Religion** der Leute" (lat.: „Cuius regio, eius religio"). In einem Land mit einem katholischen Fürsten sollten daher auch die Untergebenen katholisch sein. Unter einem evangelischen Herrscher sollten nur Protestanten leben. Diese Entscheidung nahm auf das Gewissen (→ S. 178 ff) der Landesbewohner keine Rücksicht. Von Religionsfreiheit konnte dabei nicht die Rede sein. Vielen Christen blieb nichts anderes übrig als die Konfession zu wechseln oder auszuwandern.

Mit diesem traurigen Frieden waren die Glaubenskämpfe in Deutschland nur vorläufig beendet. Ein Frieden zwischen den Konfessionen war nicht eingekehrt.

oben: Luther, die Frau Käthe und die liebe Jugend, Kupferstich, um 1750.
Im Jahr 1525 heiratete Luther die Nonne Katharina von Bora, nachdem er längst die Gültigkeit der Mönchsgelübde bestritten und sein Mönchsgewand ausgezogen hatte. Damit gab er vielen anderen Priestern und Ordensleuten das Signal ebenfalls zu heiraten.

unten: Die Zeichnung des Luther-Schülers Reifenstein entstand im Jahr vor Luthers Tod 1545. Sie zeigt den alten Luther während einer Vorlesung.

148 Die Reformation – Umbruch und Aufbruch

Lucas Cranach d. J. (1515–1586), Luther predigt in Wittenberg über das Abendmahl der Evangelischen und die Höllenfahrt der Katholiken, 1546.

Unversöhnlicher Streit

Am Ende der Entwicklung stand eine tief greifende Spaltung der Christenheit. Gab es seit einem halben Jahrtausend getrennte Kirchen im **Osten** und im **Westen** (→ S. 140 f), so war nun auch die Einheit der westlichen Kirche dahin. Jetzt gab es Anhänger der Reformation und Anhänger des Papstes. Es gab nun die katholische Kirche und die evangelischen Kirchen. Mit dieser **Spaltung** bekamen Deutschland und Europa ein neues Gesicht. Im **Dreißigjährigen Krieg** (1618–1648), in den halb Europa verwickelt war, standen beide Konfessionen gegeneinander. Sie bekämpften sich mit unvorstellbarer Grausamkeit und entsetzlichem Fanatismus. Am Ende war Deutschland so verwüstet wie noch nie in seiner Geschichte. Unzählige Menschen waren Opfer dieses Religionskrieges geworden.

L Die **Folgen der reformatorischen Streitigkeiten** waren für das Christentum verheerend. Die **Glaubwürdigkeit** der Christenheit war weithin erschüttert. Der **Wahrheitsanspruch** des Christentums, der bis dahin kaum bestritten wurde, zerbrach, weil offenkundig geworden war, dass die Christen selber nicht mehr im Glauben übereinstimmten. Die Auswirkungen der Reformation reichen bis heute.

A Überlegungen zu Luther und zur Reformation

1 Stellt eine **Zeitleiste** her, auf der ihr wichtige Jahreszahlen aus Luthers Leben und der Reformationszeit eintragt.
2 In welchen **Punkten** gebt ihr Luther recht? In welchen wollt ihr widersprechen? Wo könnt ihr euch nicht so recht entscheiden?
3 Es gibt noch andere wichtige Reformatoren aus der damaligen Zeit, vor allem **Johannes Calvin** (1509–1564), auf den der „reformierte Protestantismus" bzw. der Calvinismus zurückgeht, und **Ulrich Zwingli** (1484–1531), der vor allem in Zürich wirkte. Wer übernimmt es, über eine dieser Gestalten in der Klasse einen kurzen Vortrag zu halten. Zur Vorbereitung: → **M2**.
4 Beschreibt ein paar **Auswirkungen der Reformation**. Welche reichen bis heute?
5 Macht euch daran, die **Abbildungen** dieses Kapitels näher zu betrachten und zu deuten. Zur Bilddeutung: → **M5**.

> Die **Reformation** stellte eine ungeheure **Herausforderung für die katholische Kirche** dar. Sie konnte nicht verhindern, dass sich etwa 20 Millionen Christen – ein Drittel der abendländischen Christenheit – den Reformatoren anschlossen. Seitdem gab es nicht nur den **Bruch der äußeren Kirchenorganisation**, sondern auch den **Verlust des gemeinsamen Glaubens**.
>
> Die katholische Kirche musste sich eingestehen, für diese Entwicklung **mitverantwortlich** zu sein, da sie lange Zeit **reformunfähig** war und die offenkundigen kirchlichen Missstände nicht beseitigt hatte.

6. Die katholische Reform

Das Schuldbekenntnis eines Papstes

Mitten in den Unruhen der Reformation, sechs Jahre nach der Veröffentlichung der Thesen Luthers, ließ der deutsche **Papst Hadrian VI.** auf dem Reichstag zu Nürnberg 1523 durch seinen Gesandten ein Schuldbekenntnis verlesen, das für die damalige Zeit sensationell war.

Wir bekennen aufrichtig, dass Gott diese Verfolgung seiner Kirche geschehen lässt wegen der Sünden der Menschen, besonders der Priester und Prälaten. ... Wir wissen wohl, dass auch beim Heiligen Stuhl (Papstamt) schon seit manchem Jahr viel Verabscheuungswürdiges vorgekommen ist: Missbräuche in geistlichen Dingen, Übertretungen der Gebote. ... Wir alle sind vom Weg des Rechts abgewichen.

Wir wollen allen Fleiß anwenden, damit zuerst der päpstliche Hof, von dem vielleicht alle die Übel ihren Anfang genommen haben, gebessert werde; wie von hier die Krankheit ausgegangen ist, wird dann auch von hier die Gesundung beginnen.

Papst Hadrian VI. (1522–1523)

Maler unbekannt (17. Jh.), Papst Paul III. bestätigt 1540 den Jesuitenorden, kniend der Gründer der Gesellschaft Jesu Ignatius von Loyola.

Ein General der Kirche

In den damaligen Wirren schuf ein spanischer Edelmann einen neuen Ordenstyp, der sich die Aufgabe stellte, die katholische Kirche überall zu verteidigen, zu vergrößern und zu bessern. Dieser Mann war **Ignatius von Loyola** (1491–1556). Seinen Orden nannte er „**Gesellschaft Jesu**" („**Jesuiten**"), sich selbst deren „**General**". Nach dem Kürzel für ihren Orden „SJ" (von „Societas Jesu") nennt man sie liebevoll „Schlaue Jungs". Die Jesuiten verpflichten sich zum besonderen Gehorsam gegenüber dem Papst. Ihre exzellente Ausbildung verschaffte ihnen große Erfolge.

Inigo/Ignatius suchte für sich eine große Karriere. Mit 15 Jahren wurde er **1506** Page eines spanischen Fürsten und machte am Hof seinen Herzensdamen charmante Komplimente. Man sagte ihm nach, ein Raufbold zu sein. In Jahr **1517** zerschmetterte ihm bei der Verteidigung der Stadt Pamplona eine Kugel das rechte Bein, so dass er monatelang liegen und qualvolle Operationen ohne wirksame Betäubung über sich ergehen lassen musste. Während der Krankheit langweilte er sich sehr. Im Hospiz gab es nur Bücher zum Leben Jesu und Biographien der Heiligen, die ihn nicht interessierten. Da er aber nichts Spannenderes fand, begann er darin zu lesen. Allmählich kam er aus dem Staunen nicht mehr heraus. Was er da las, erschien ihm unglaublich. Da gab es Tapferkeit, die nicht verletzte, sondern heilte. Da gab es große Ziele, die nichts mit Geld oder Ruhm zu tun hatten. Die Bücher öffneten ihm die Augen für eine andere Welt. Er fragte sich, was der Wille Gottes für ihn sei. In einer Höhle bei **Manresa** begann er **1522** ein strenges Bußleben. Hier hatte er nach harten inneren Kämpfen die Erleuchtung, die ihm viele Fragen beantwortete. Dazu half ihm die Lektüre der **Bibel**. Was er dort las, las er nicht als etwas Vergangenes. Es war, als wäre es zu ihm gesprochen worden, so dass er sich selbst in den Texten wiederfand.

Er begann das **Studium** der Philosophie und Theologie, um „Seelen zu retten". Mühsam quälte er, der schon ältere Offizier, sich unter lauter Jungen das Latein an, das er für seine Studien brauchte.

Mit sechs gleichgesinnten Freunden legte er **1534** auf dem Montmartre in Paris das Gelübde ab, arm und ehelos zu leben. Vor allem gedachten sie, sich ganz dem Papst in Rom zur Verfügung zu stellen und ihm in besonderer Weise gehorsam zu sein. Sie zogen nach Rom, wo Ignatius 1537 zum Priester geweiht wurde. **1540** bestätigte Papst Paul III. den neuen Orden. Ignatius wurde auf Lebenszeit ihr erster General. Er starb nach jahrelangen schweren Krankheiten 1556 in Rom. Sein Wahlspruch lautet: **„Alles zur größeren Ehre Gottes"**.

Ein Reformkonzil

Nach langen Wirren fand 1545–1563 das **Konzil zu Trient** statt, das den ernsthaften Willen zu einer Kirchenreform hatte.

- Das Konzil kritisierte einige Lehren der Protestanten als einseitig. Es soll **nicht der Glaube allein** für das Leben der Christen maßgeblich sein, sondern auch die **guten Werke**. Die Kirche darf **sich nicht auf die Schrift (Bibel) allein** berufen, sondern muss auch die lange **Überlieferung der Kirche** berücksichtigen.
- Das Konzil schreibt die Siebenzahl der **Sakramente** (→ ZdF S. 182 f) fest, während die Protestanten nur die Taufe und das Abendmahl als Sakramente gelten lassen. Es lehrt, dass im **Abendmahl** (→ ZdF S. 185) unter den Gestalten von Brot und Wein Jesu Leib und sein Blut wirklich gegenwärtig sind.
- Der **Ablass** (→ S. 146) wird von seiner Verbindung mit Geld gelöst. Gottes Gaben sollen nicht mehr käuflich sein.
- Für den **Klerus** werden neue strengere Bestimmungen erlassen. Die Priester sollen in eigenen Seminaren besser ausgebildet werden. Alle Geistlichen werden daran erinnert, dass sie ehelos („zölibatär") leben, beten und den Armen dienen sollen.

L Der von Ignatius gegründete **Jesuitenorden** unterscheidet sich von den älteren kirchlichen Orden dadurch, dass die Jesuiten nicht in Klöstern leben, kein Chorgebet haben und kein eigenes Ordensgewand tragen.

Trotzdem führen die Jesuiten ein reges geistliches Leben. Jeden Tag lesen sie in der **Bibel** und **meditieren** (→ **M10**). Sie machen Küchendienst, bestellen Gärten, pflegen Kranke und bilden sich ständig weiter. Viele von ihnen sind in Mathematik, Astronomie oder in den Naturwissenschaften, in Fremdsprachen und in Geschichte kompetent. Ihnen ist es zuzuschreiben, dass sich große Teile Deutschlands nicht der Reformation anschlossen.

Heute ist der Jesuitenorden mit ca. 22 800 Mitgliedern einer der größten Orden der Kirche.

A Wenn es in eurer Nähe Jesuiten gibt, solltet ihr einen Jesuitenpater zu einem Gespräch in den Unterricht einladen. Sonst schreibt einem Jesuiten und stellt ihm ein paar Fragen, z. B. was die Jesuiten heute tun und wie sie sich die Zukunft der Kirche vorstellen.

Das Konzil von Trient, zeitgenössisches Gemälde.

7. Ökumene – Miteinander auf dem Weg

> ◆ Die Begriffe „**katholisch**" („allumfassend"), „**orthodox**" („rechtgläubig") und „**evangelisch**" („evangeliumgemäß") sind zur Selbstbezeichnung der drei größten christlichen Kirchen geworden. Allerdings kann keine Kirche diese Eigenschaften allein für sich beanspruchen. Katholizität, Orthodoxie und Orientierung am Evangelium sind unaufgebbare Eigenschaften der **einen Kirche Christi**.
>
> ◆ Das griechische Wort „**Ökumene**" bezeichnet die ganze bewohnte Welt. Die **ökumenische Bewegung** hat sich als Nahziel ein besseres gegenseitiges Verständnis aller Kirchen und als Fernziel eine neue **Einheit** der Christen gesetzt. Diese Einheit soll **nicht Einheitlichkeit** sein, sondern „**Einheit in versöhnter Verschiedenheit**". In der Einheit darf die Vielfalt nicht als Mangel, sie muss als Reichtum angesehen werden.

Die Ausgangssituation

Nach den jahrhundertelangen Streitigkeiten zwischen den Konfessionen kamen bei manchen Christen ernsthafte Zweifel auf, ob diese Feindschaft berechtigt sei. Sie fragten sich: Soll man die Gemeinsamkeiten nicht höher gewichten als die Unterschiede? Sind die Unterschiede so gewaltig, dass man deshalb in verschiedenen Kirchen leben muss? Geben Christen mit ihren quälenden Auseinandersetzungen der Welt nicht ein verheerendes Beispiel? Aus diesen Überlegungen entstand ein langer ökumenischer Prozess.

Der Beginn der ökumenischen Bewegung

Heute gibt es auf der Welt **ca. 2 Milliarden** Christen.
- 1100 Mio. römisch-katholische Christen
- 300 Mio. Orthodoxe
- 370 Mio. Protestanten verschiedener Art
- 230 Mio. Christen, die zu anderen christlichen Gemeinschaften gehören

Die **ökumenische Bewegung** trat 1910 auf einer Weltkonferenz in Edinburgh zum ersten Mal öffentlich in Erscheinung und wurde dann immer stärker. Die **römisch-katholische Kirche** beteiligte sich zuerst noch nicht daran, weil sie damals meinte, Ökumene könne nur die **Rückkehr** der anderen Konfessionen zur katholischen Kirche bedeuten.

Der katholische Umschwung

Einen Umschwung brachte erst der reformfreudige **Papst Johannes XXIII.**, der das 2. Vatikanische Konzil (1962–1965) zu mutigen Reformschritten anregte. Damals erkannte die katholische Kirche ihre Mitschuld an der Kirchenspaltung an und forderte eine intensivere Zusammenarbeit aller Christen. Von einer „Rückkehr" der anderen Kirchen zur katholischen Kirche war nun nicht mehr die Rede.

1000   1500   1800   2000

- ab 1054/1204 Spaltung in Ost- und Westkirche
- 1517 Reformation: Spaltung der Westkirche in Katholiken und Evangelische
- 1535 Anglikanische Kirche
- 1871 Altkatholiken
- 20. Jh. Ökumenische Bewegung

152 Die Reformation – Umbruch und Aufbruch

Ökumenischer Gottesdienst mit dem koptischen Geistlichen El-Amba (links),
der evangelischen Bischöfin Maria Jepsen (Mitte)
und Joseph Kardinal Ratzinger, seit 2005 Papst Benedikt XVI. (rechts).

Neue Übereinstimmung

Beide Seiten merkten immer mehr, dass sie in vielen Punkten, die lange umstritten waren, nahe beieinander lagen und dass man in offenen Fragen zu einer Übereinstimmung („**Konsens**") kommen konnte, z. B. in der Hochschätzung der **Bibel** oder in der Frage der **Rechtfertigung** (→ S. 145), einem Thema, das wesentlich zur Spaltung der westlichen Christenheit beigetragen hatte.

Ein großes Schuldbekenntnis

Schließlich hat **Papst Johannes Paul II.** im Rahmen des umfassenden **kirchlichen Schuldbekenntnisses**, das er im Jahr 2000 in Rom ablegte (→ S. 219), auch die Schuld der Christen gegen die Einheit der Kirche bekannt. Damit war ein weiterer Schritt zur Versöhnung der Kirchen getan.

Der gegenwärtige Stand

Was **noch nicht möglich** ist:	Was **schon möglich** ist:
♦ Katholiken und Protestanten haben – außer in Sonderfällen – noch keine **eucharistische Gemeinschaft**.	♦ Der **Religionsunterricht** darf streckenweise gemeinsam erteilt werden.
♦ Fragen des **Papst- und Bischofs- und Priesteramtes** sind noch immer umstritten.	♦ In den **Gemeinden** finden ökumenische **Bibellesungen** statt. Christen helfen gemeinsam Armen und Kranken und debattieren über religiöse und politische Themen.
	♦ Es gibt **ökumenische Gottesdienste** und **ökumenische Kirchentage**.

 Ökumenische Aufgaben für uns

1 Macht eine **Aufstellung**, in der ihr eintragt:
- worin katholische und evangelische Christen übereinstimmen,
- wo es zwischen ihnen Differenzen gibt
- welche Schritte aufeinander zu heute möglich sind.

2 **Gegeneinander – nebeneinander – miteinander**: Beschreibt, wie sich das Verhältnis der Kirchen zueinander entwickelt hat.

3 Neben den großen christlichen Kirchen gibt es noch viele **andere christliche Gemeinschaften**, z. B. die „Evangelischen Freikirchen", zu denen in Deutschland u. a. die Mennoniten, Baptisten, Methodisten und die Heilsarmee zählen. Wer von euch kann über eine dieser Gruppen etwas in Erfahrung bringen? (→ **M2**)
- Was meint ihr – warum wäre eine stärkere **Einheit** der Christen für die Kirchen selbst, aber auch für die Welt wichtig?
- Was könntet **ihr selbst** tun, um die Ökumene weiter zu fördern?

Wozu die Kirche gut ist

links: Volker Stelzmann (geb. 1940), Die Berufenen: Petrus und Andreas, 1988.
rechts: Duccio di Buoninsegna (um 1255–1319), Jesus beruft Petrus und Andreas, 1311.

Zwei ungewöhnliche Apostel

Die Ersten, die Jesus in den Kreis der zwölf Apostel berufen hat, waren Petrus und Andreas. Auf ihrem Fundament (→ ZdF S.115) beruht die **Kirche**. Ohne sie gäbe es keine Kirche.

1 Was wisst ihr von **Petrus** (→ ZdF S. 114)? Welche Bilder kennt ihr von ihm? Warum wird er oft mit Schlüsseln dargestellt? (Mt 16, 19) Wie wird er von den beiden Künstlern gemalt?

2 **Andreas** war ein galiläischer Fischer wie sein Bruder Petrus. Als Erster glaubte er, dass Jesus der Messias (→ ZdF S. 121; Joh 1, 35–42) ist. Nach einer alten Legende wurde er an einem X-förmigen Kreuz („Andreaskreuz") in Patras (Griechenland) umgebracht. Dieses Kreuz wurde zu seinem Kennzeichen. Wie wird Andreas hier dargestellt?

3 Was meint ihr zum Umgang der beiden **Künstler** mit den Aposteln? Achtet auf den Hintergrund, die Farben, den Gesichtsausdruck, die Hände usw. Beschreibt ein paar Gegensätze, die ihr findet: → **M5**

Vorschau

Die **Kirche** – ein **schwieriges** Thema, weil sie heute von vielen nicht mehr bejaht und akzeptiert wird und vielfach auch Kritik und Ablehnung erfährt.

Die Kirche – ein **spannendes** Thema, weil sie heute von vielen als eine einzigartige Gemeinschaft geliebt wird.

Die Kirche – ein **notwendiges** Thema, weil sie trotz aller Fehler und Schwächen dafür steht, das gute Programm Jesu in aller Welt zu verbreiten.

Wie denkt ihr über die Kirche?

1 Sammelt in der nächsten Zeit alles, was im **Fernsehen**, in den **Zeitungen** und **Illustrierten** über die Kirche gesagt wird. Welches Bild gewinnt ihr daraus?
2 Was habt ihr im Elternhaus, im Kommunion- und Religionsunterricht, im Gottesdienst, im Umgang mit Christinnen und Christen von der Kirche gehört?
3 Die **Kirche** ist für mich wie …
4 Zum Verständnis dieses Kapitels ist es nützlich, die Kapitel „Eine einzigartige Gemeinschaft" und „Feste und Feiern" zu **wiederholen**: → ZdF S. 172 ff; 180 ff.

1. Kritisiert und akzeptiert

Wie meine Oma ...

„Der Papst ist wie meine Oma. Er sagt immer das Gleiche, und ich mache es dann anders. Aber eigentlich weiß ich, dass sie recht hat."

Ein Jugendlicher über Papst Benedikt XVI. (ab 2005)

L Viele **Menschen kritisieren die Kirche zu Recht**, wenn sie auf die Schuld hinweisen, die die Kirche in Vergangenheit und Gegenwart auf sich geladen hat. Sie sind darüber beschämt und traurig, verletzt und empört.

Die Kirchenkritik darf aber nicht den Blick dafür trüben, dass es viele **positive Züge der Kirche** gibt.

♦ Auch heute vertritt die Kirche das **Programm Jesu** (→ S. 86 ff).
♦ Auch heute ist sie ein **Anwalt für die Menschen und ihre Rechte**.
♦ Ihre Kritik an gefährlichen und schlechten Seiten unserer **Gesellschaft** ist heute nötiger denn je.
♦ Sie ist ein **Zeichen Gottes für die Welt**.

In letzter Zeit war ich kaum noch in der Kirche

Ich bin zwar katholisch, habe mich auch letztes Jahr nach einigem Hin und Her firmen lassen; ansonsten halte ich aber nicht sehr viel vom Glauben, wie die katholische Kirche ihn verkörpert. In letzter Zeit war ich kaum noch in der Kirche, fast nur noch bei besonderen Anlässen, wie Weihnachten, Ostern usw. Das liegt aber nicht etwa daran, dass ich mir aus Religion nichts mache. Vielmehr spricht mich die katholische Messe nicht sehr an. Ich bin mir selbst nicht so klar darüber, wie es dazu kommt, aber es ist eigentlich fast immer so, dass ich mich im Gottesdienst nach einiger Zeit immer öfter dabei ertappe, in Gedanken ganz woanders zu sein. Vielleicht liegt das ja an meiner Einstellung? Klar, es gibt natürlich immer Ausnahmen, Pfarrer, die den Gottesdienst freier und lockerer gestalten, Gemeinden, in denen das Ganze ein bisschen mehr Schwung und Leben hat. Doch die katholische Kirche als Ganzes – da gehen mir viele Dinge gegen den Strich, z. B. die Einstellung gegenüber den Homosexuellen und dass Frauen nicht Priester werden dürfen. Andere Dinge, wie z. B. die Caritas oder andere Spendenaktionen finde ich wiederum sehr gut. Allgemein kann ich sagen, dass ich Leute, die ihren Glauben als den einzig richtigen sehen und alles andere für falsch, vielleicht sogar für schlecht erklären, nicht verstehen kann.

Helena aus Ravensburg (14)

156 Wozu die Kirche gut ist

Unbestrittene Tatsachen

Heute ist viel vom Niedergang der Kirche die Rede. Unbestreitbar sind aber auch die folgenden Tatsachen, die allerdings unterschiedlich gewertet werden können.

- Die **Zahl der Katholiken** ist weltweit mit 1 100 Millionen Menschen zu Beginn des 3. Jahrtausends größer als je in der Geschichte. Keine andere Religionsgemeinschaft hat so viele Mitglieder (→ S. 152).
- Die **Eucharistiefeier** ist auch heute die meistbesuchte Sonntagsveranstaltung in Deutschland – noch vor Fußballspielen.
- Die katholische Kirche in Deutschland gibt aus ihren **Kirchensteuereinnahmen** viel Geld für die Arbeit in Schulen, Krankenhäusern, Kindergärten, an sozialen Brennpunkten aus. Allerdings kann sie nicht alle die **Aufgaben** erfüllen, die die Menschen von ihr erwarten, weil sie nicht genug Geld hat.
- Nach **Lourdes**, einem Marienwallfahrtsort in Südfrankreich, pilgern jährlich mehr als drei Millionen Gläubige. Das sind mehr, als nach Mekka, dem größten Wallfahrtsort des Islam (→ ZdF S. 209), pilgern.

Guido Muer (1927–2000), Jesus weint über Jerusalem (Lk 19, 41), 1985.

A Bei dem Thema Kirche gibt es viel zu diskutieren

1. Zeichnet in euer **Heft** oder auf einem **Plakat** in der Klasse ein ähnliches Bild, bei dem in der Mitte das Wort „Kirche" steht. Schreibt darum kleine Sätze, die euch einfallen, wenn ihr an die Kirche denkt. Was überwiegt: Ablehnung oder Zustimmung?
2. Prüft, ob die Aussagen **berechtigt** sind oder auf **Unkenntnis** und **Vorurteilen** beruhen.
3. **Ergänzt** die Sätze:
   - Für mich ist die Kirche veraltet, weil ...
   - Ich brauche die Kirche, weil ...
   - Für mich ist die Kirche unglaubwürdig, weil ...
   - Mir gefällt die Kirche, weil ...
4. Im Alltag entsteht Distanz zur Kirche („Kirchenaustritt") oft dann, wenn jemand einen unangenehmen **Pfarrer** oder eine ungeschickte **Ordensfrau** erlebt. Da wird möglicherweise von einer einzelnen Person auf die ganze Kirche geschlossen. Wie beurteilt ihr diesen Schluss?
5. Warum malt **Muer** Jerusalem als Peterskirche in Rom? (→ **M 5**)

2. Den Alltag hinter sich lassen

Gebet

Gebete übersteigen den Alltag. In ihren Gebeten suchen Christen Kontakt mit Gott: → ZdF S. 78 ff.

Welche Gebete kennt ihr? Welches Gebet könnt ihr frei formulieren, das in eure jetzige Lebenssituation passt? Welche unterschiedlichen Formen des Betens gibt es? Was bewirkt das Beten? Welche Enttäuschungen und Hoffnungen sind damit verbunden? Wieso übersteigt es den Alltag?

Gottesdienst

Im Gottesdienst stellen die Teilnehmer auf vielfältige Weise eine Beziehung zu Gott her: durch Beten und Singen, durch das Hören von Gottes Wort, durch den Empfang des Sakraments, durch Anregungen für den Alltag.

Erarbeitet euch den Aufbau der Messfeier/Eucharistie. Greift für diese Aufgabe auf das „Gotteslob", das katholische Gebetbuch, zurück. Welche Hauptteile und welche einzelnen Elemente findet ihr hier? Zeigt auf, wie diese darauf zielen, unser Leben zu bereichern.

Sakramente

Die Sakramente stellen Kontakt mit Gott her. Durch sie werden Verbindungen geschaffen, die das alltägliche Leben nicht kennt.

Was verändert die Taufe? Was bedeutet der Empfang der Eucharistie? Was ist von den anderen Sakramenten zu sagen?
Einzelheiten: → ZdF S. 182 ff.

L ♦ Die Kirche glaubt, dass **das alltägliche Leben** nicht alles ist. Zum Menschsein gehört mehr als nur Essen und Trinken, Arbeiten und Konsumieren. Es gehört auch dazu, den Alltag hinter sich zu lassen und sich auf **Gott** hin zu bewegen. Wege dazu sind **Gebet, Sakramente, Bibellesung, Gottesdienst, Meditation** u. a.

♦ Den **Gottesdienst** der Kirche nennt man „**Liturgie**". In der Liturgie erfahren die Christen das gute Wirken Gottes. Das, was Jesus getan hat, wird ihnen hier nahe gebracht. Priester und Laien wirken an der Liturgie mit. Zur Liturgie gehören z. B. die Eucharistiefeier und die Spendung der Sakramente.

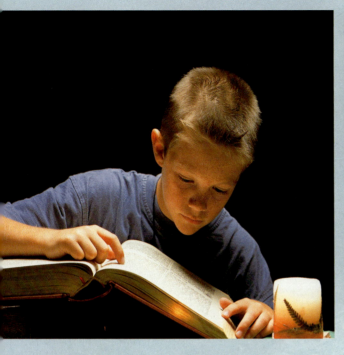
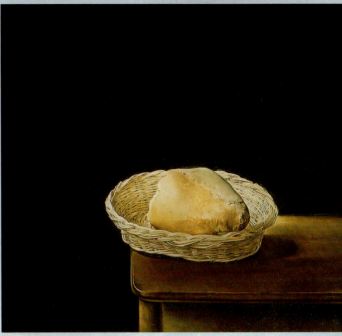

Bibel

Die Bibel erinnert an Gottes Taten mit dem Volk Israel und an das Wirken Jesu. Hier finden sich Weisungen, die unser Leben und die Welt tief verändern können. Wer die Bibel mit offenem Sinn liest, gewinnt ungeahnte Perspektiven über seinen Alltag hinaus.

Einzelheiten zur Bibel: → ZdF S. 32 ff.

A Alltägliche Dinge und mehr als diese

1 Schreibt zehn Dinge in euer Religionsheft, die zu eurem **Alltag** gehören, z. B. essen, schlafen, Schule usw. Wie viel Zeit in der Woche braucht ihr jeweils dafür? Schreibt dann auch Dinge und Situationen auf, die für euch nicht alltäglich sind.

2 Fertigt so viele Kalenderblätter mit Datum und Tag an, wie es in diesem Jahr **kirchliche Feiertage** gibt, also z. B. „Dienstag, 1. November, Allerheiligen". Auf der Rückseite oder darunter könnt ihr notieren, was an diesem Tag gefeiert wird. Zeigt, wie diese Feste und Feiertage das Jahr gliedern und den Blick weiten. (→ ZdF S. 186 f)

3 Bereitet einen **Schulgottesdienst** vor und bringt dazu eure Ideen ein.

4 Warum fällt es Mädchen und Jungen heute oft so schwer, sich auf die Wege zu Gott zu begeben, die sich in der Christenheit so lange bewährt haben? Was könntet ihr tun, um diese **Schwierigkeiten** zu überwinden?

Meditation

Wer ein Brot ruhig betrachtet, kann vieles über sich selbst, über seine Welt und über Gott entdecken. Stellt euch dazu Fragen wie diese:

Was könnte das Brot über sich erzählen? Wie ist das Brot geworden? Woraus besteht es? Welche Sorten gibt es? Welchen Wert hat das Brot für die Menschen? Wie schmeckt es? Was bewirkt das Brot in uns? Warum ist es mehr als nur ein Nahrungsmittel? Wie gehen wir mit dem Brot um? Warum haben viele Millionen Menschen nicht genug Brot, obwohl die weltweiten Ernten für alle ausreichen? Was geschieht mit den Hungernden? Welche Rolle spielt das Brot beim Abendmahl Jesu und im Sakrament der Eucharistie? Was hat das Brot mit Gott zu tun?

Einzelheiten über die Meditation: → **M 10**.

rechts: Salvador Dali (1904–1989), Der Brotkorb, 1945.

3. In Gemeinschaft leben

L ♦ Christen leben in der großen **Gemeinschaft der Kirche**, die auf Jesus von Nazaret zurückgeht. Die Kirche wendet sich an alle Menschen guten Willens, sie ist weltweit verbreitet und verbindet Zeit und Ewigkeit. In der Kirche gibt es **keine Ausländer**.

♦ Die wichtigsten **Aufgaben** der Kirche (→ ZdF S. 172 ff) sind
1 das **Wort Gottes** verkünden
2 an wichtigen Stationen des Lebens Gott nahe bringen, d. h. die **Sakramente** spenden
3 sich **für die Menschen einsetzen** und ihnen Gutes tun.

Jeder Christ verdankt der Kirche viel Gutes. Darum soll er sich für die Kirche einsetzen. Wie alle anderen Gemeinschaften ist sie auf die **Mitarbeit** ihrer Mitglieder angewiesen.

Was sagt euch das Wort:
„**Ein** Mensch ist **kein** Mensch"?

160 Wozu die Kirche gut ist

Menschen brauchen Menschen

Kaiser Friedrich II. (1194–1250) von Hohenstaufen wollte die Ursprache der Menschen finden. Er glaubte, sie herausfinden zu können, wenn beobachtet werde, in welcher Sprache Kinder zu reden anfangen, mit denen vorher niemand spricht. Deshalb befahl er den Ammen und Pflegerinnen, sie sollten den Kindern Milch geben, sie baden und waschen, aber nicht mit ihnen schön tun und nicht mit ihnen sprechen. Er wollte nämlich erforschen, ob sie die hebräische Sprache sprächen, als die älteste, oder Griechisch oder Latein oder Arabisch oder aber die Sprache ihrer Eltern, die sie geboren hatten. Aber er mühte sich vergebens, weil die Kinder alle starben. Denn sie vermochten nicht zu leben, ohne das Händepatschen und das fröhliche Gesichterschneiden und die Koseworte ihrer Ammen und Ernährerinnen.

aus der Chronik des Salimbene von Parma (1221–1287)

Ohne Mitwirkung aller geht es nicht

Irgendwo in China sollte ein Hochzeitsfest stattfinden. Das Paar, das heiraten wollte, war sehr arm. Darum hatten die Brautleute bei ihrer Einladung gebeten, dass jeder eine Flasche Wein mitbringen und am Eingang des Hauses in ein großes Weinfass schütten sollte. So könnten alle zu einem frohen Fest einen Beitrag leisten.
Als alle Gäste versammelt waren, schöpften die Brautleute aus dem Fass. Aber als die Gäste zum Wohl des Paares anstießen und tranken, wurden alle vor Schrecken ganz blass. Denn alle hatten nur Wasser im Becher. Jetzt tat wohl jedem seine Überlegung leid: »Ach, die eine Flasche Wasser, die ich statt des Weins mitbringe, wird schon nicht auffallen.«
Aber da alle so gedacht hatten, konnte ein schönes und lustiges Fest nicht stattfinden.

Chinesische Parabel

A 1 Deutet und ergänzt die **Kirchen-Bilder**. Zeichnet oder malt ein paar Bildworte und macht eine kleine Ausstellung zum Thema „Bilder der Kirche".

2 Zu den **Fotos**: Um welche Gemeinschaften handelt es sich jeweils? Was verdankt ihr ihnen? Worüber ärgert ihr euch manchmal? Warum fällt es euch manchmal schwer, euch in die Gemeinschaft einzufügen? Zu den **Texten**: → **M4**.

3 Knickt eine Seite eures Religionsheftes in der Mitte und schreibt über die beiden Hälften:
- Gemeinschaft, in die ich **hineingeboren** bin (z. B. Volk);
- Gemeinschaft, zu der ich aufgrund elterlicher oder eigener **Entscheidung** gehöre (z. B. Schule).

Sucht für beide Gruppen ein paar Beispiele und schreibt jeweils darunter, was ihr ihnen verdankt und was ihr ihnen gebt.

4 Was haltet ihr von Menschen, die sich in **keine Gemeinschaft** einfügen?

5 „Orden" sind kirchliche Gemeinschaften, die nach den Weisungen Jesu leben und sich zu lebenslanger Armut, Ehelosigkeit und Gehorsam gegenüber dem Ordensoberen verpflichten. Was wisst ihr darüber?

6 Was könnt ihr vom einsamen Leben des **Robison Crusoe** erzählen? (→ **M2**)

161

Die Taufe – Aufnahme in die Kirche

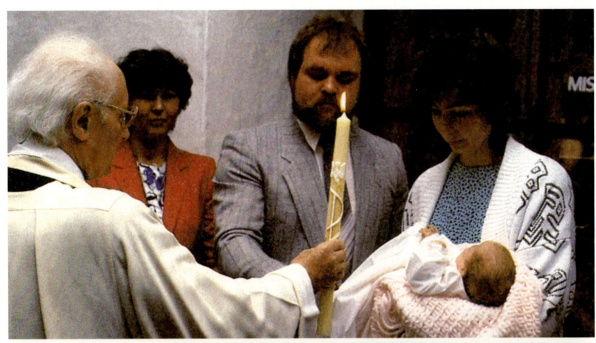

„Warum bin ich eigentlich getauft?"

Micha (13, M) hat erfahren, dass einige Klassenkameraden nicht getauft sind. Das macht ihn nachdenklich. Darum fragt er bei einer guten Gelegenheit seinen Vater (V):

M: Warum bin ich eigentlich getauft worden?
V: Deine Mutter und ich wollten, dass du mit uns und deinen beiden Schwestern von Anfang an zur Gemeinschaft der Christen gehörst.
M: Aber dann sind Holger und Karin keine Christen?
V: Richtig. Nur wer getauft ist, ist ein Christ und gehört zur Kirche. Und nur wer getauft ist, darf auch die anderen Sakramente empfangen. Darum sind Holger und Karin auch nicht zur Erstkommunion gegangen.
M: Gehören die beiden dann zu den Leuten, die nicht in den Himmel kommen?
V: Gott liebt alle Menschen. Keiner wird verstoßen, weil er nicht getauft ist. Es gibt auch andere Wege, auf denen Menschen zu Gott kommen können.
M: Aber warum bin ich getauft worden, obwohl ich nicht gefragt wurde? Damals war ich doch noch ein Baby.
V: Natürlich konntest du noch nicht gefragt werden und erst recht kein Glaubensbekenntnis sprechen. Das haben wir und deine beiden Taufpaten damals für dich getan. Damit haben wir versprochen, alles zu tun, was in unseren Kräften steht, damit du einmal später selbst zum Glauben kommen kannst.
M: Findest du das richtig, einfach so über ein kleines Kind zu entscheiden?
V: Alle Eltern müssen in vielen Dingen für ihre Kinder entscheiden, solange sie noch klein sind. Sie bestimmen den Namen, den Wohnort, die Kleidung, den Kindergarten usw. Sie dürfen das tun, wenn sie davon überzeugt sind, dass sie damit für ihre Kinder das Beste tun. Übrigens haben das schon die ersten Christen so gehalten. Wenn Erwachsene sich für die Taufe entschieden hatten, wurde die ganze Familie getauft, Eltern und Kinder.
M: Allmählich müsste ich mal selbst gefragt werden, ob ich ein Christ sein will.

frei nach Klaus Breuning

A Fragen, die beim Betrachten der Bilder kommen können

1 Bei der **Taufe** gibt es Zeichen und Zeichenhandlungen, die zeigen, was bei der Taufe geschieht.
  ♦ Das **Wasser** lässt daran denken ...
  ♦ Die **Salbung** mit Chrisam (heiliges Öl) erinnert an ...
  ♦ Das weiße **Taufkleid** zeigt an, dass ...
  ♦ Die an der **Osterkerze** entzündete Taufkerze weist darauf hin, dass ...
2 Warum ist es wichtig, dass Paten, Eltern und Anwesende das Apostolische **Glaubensbekenntnis** (→ S. 18) sprechen?
3 Woran kann man bei der Taufe erkennen, dass es hier um die **Aufnahme in die Kirche**, in die Gemeinschaft der Christen, geht?
4 Zur **Taufe**: → ZdF S. 184.

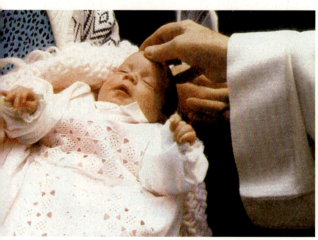
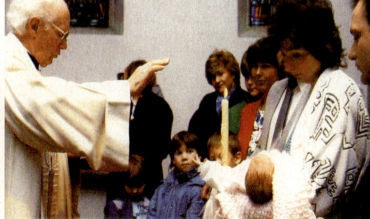

163

L ♦ In unserer Welt gibt es das **Böse**. Zu unserem Alltag gehören Ichsucht und Habsucht. Menschen sagen sich Falsches nach, stiften Unfrieden, sind neidisch und eifersüchtig, betrügen sich, vergewaltigen, schädigen und beschädigen sich und andere, jagen nur dem Geld nach, zerstören die Umwelt, gehen aggressiv miteinander um, sind fanatisch und ungerecht usw. Wo so etwas geschieht, laden Menschen **Schuld** auf sich (→ S. 178 ff). Die Mächte des Bösen zerstören das Leben oder machen es schwer. Schuld richtet immer **Schaden** an.

♦ Eine **Aufgabe der Kirche** besteht darin, das, was Schuld ist, auch Schuld zu nennen, die zu mahnen, die schuldig geworden sind und gegen die Mächte des Bösen zu kämpfen.

Sie soll den Schuldigen aber auch Wege zeigen, auf denen sie von ihrer Schuld befreit werden können. In einer Welt des Streites und Unfriedens soll sie **Versöhnung** zwischen den Menschen fördern. Damit folgt sie dem Beispiel und dem Auftrag Jesu.

♦ Durch die **Taufe**, in der **Eucharistiefeier**, im Sakrament der **Buße** und **Krankensalbung**, im **Gebet** oder mit **guten Werken** kann der Christ die **Vergebung** der Sünden erlangen.

4. Von Schuld befreien und versöhnen

Das Gleichnis und sein Maler

B Jesus erzählt in einem seiner schönsten Gleichnisse (Lk 15, 11–32), wie ein Vater liebevoll mit seinem schwierigen Sohn umgeht: → S. 97 f. Er sagt, dass Gott so handelt wie dieser Vater.

1 Zur **Bildinterpretation**: → **M5**. Ein Hinweis: Der im Hintergrund stehende Junge und der hockende Alte mit schwarzem Hut kommen im Gleichnis nicht vor. Wer könnte hier dargestellt sein? Die anderen drei Gestalten könnt ihr gewiss rasch erkennen.

2 Welche **Szene** des Gleichnisses hat Rembrandt hier festgehalten?

3 Wie hat Rembrandt die drei wichtigsten **Personen** gemalt? Achtet auf Gesicht, Kleidung, Haltung, Hände, Farbe usw.

Rembrandt (1606–1669), Die Rückkehr des verlorenen Sohnes, 1636.

164 Wozu die Kirche gut ist

Alltags-Sprüche

- Was ist schon dabei?
- Da kann ja jeder kommen.
- Das ist nicht mein Problem.
- Wo steht das geschrieben?
- Das kann man von mir nicht verlangen.
- Na, und?
- Mir hilft auch keiner.
- Das geht niemanden was an.

Das Zwiebelchen

Es lebte einmal ein altes Weib, das war sehr, sehr böse und starb. Diese Alte hatte in ihrem Leben keine einzige gute Tat vollbracht. Da kamen denn die Teufel, ergriffen sie und warfen sie in den Feuersee. Ihr Schutzengel aber stand da und dachte: Kann ich mich denn keiner einzigen guten Tat von ihr erinnern, um sie Gott mitzuteilen? Da fiel ihm etwas ein und er sagte zu Gott: „Sie hat einmal", sagt er, „in ihrem Gemüsegärtchen ein Zwiebelchen herausgerissen und es einer Bettlerin geschenkt." Und Gott antwortete ihm: „Da nimm", sagt er, „dieses selbe Zwiebelchen und halte es ihr hin in den See, so dass sie es zu ergreifen vermag, und wenn du sie daran aus dem See herausziehen kannst, so möge sie ins Paradies eingehen, wenn aber das Pflänzchen abreißt, so soll sie bleiben, wo sie ist." Der Engel lief zum Weibe und hielt ihr das Zwiebelchen hin: „Hier", sagte er zu ihr, „fass an, wir wollen sehen, ob ich dich herausziehen kann!" Und er begann vorsichtig zu ziehen – und hatte sie beinahe schon ganz herausgezogen, aber da bemerkten es die anderen Sünder im See und wie sie das sahen, klammerten sie sich alle an sie, damit man auch sie mit ihr zusammen herauszöge. Aber das Weib war böse, sehr böse und stieß sie mit den Füßen zurück und schrie: „Nur mich allein soll man herausziehen und nicht euch, es ist mein Zwiebelchen und nicht eures." Wie sie aber das ausgesprochen hatte, riss das kleine Pflänzchen entzwei. Und das Weib fiel in den Feuersee zurück und brennt dort noch bis auf den heutigen Tag. Der Engel aber weinte und ging davon.

Fjodor Michailowitsch Dostojewski

Unter welchen Bedingungen wird jemand schuldig?

Um schuldig zu werden, müssen drei Bedingungen erfüllt sein:
1. Der Handelnde richtet **Schaden** bei sich, bei anderen und/oder in der Welt an.
2. Der Handelnde muss bis zu einem gewissen Grad die **Erkenntnis** von dem Schaden haben, den er anrichtet. Ein kleines Kind, das Schaden anrichtet, wird nicht schuldig.
3. Der Handelnde muss die Tat in **Freiheit** wollen oder zulassen und in der Lage sein, auch anders handeln zu können.

A Das sind Aufgaben, die einem nahe gehen können

1. Was haltet ihr von den **Alltags-Sprüchen**?
2. Eine gute Auflistung verschiedener **Arten von Schuld** findet ihr in den Zehn Geboten (Ex 20, 2–17): → ZdF S. 68. Einblicke in das Thema „Schuld" gibt auch das Kapitel „Verantwortung – eine Aufgabe für das Leben": → S. 172 ff.
3. Sammelt aus Zeitungen und Fernsehsendungen **Nachrichten**, in denen über schuldhaftes Verhalten von Menschen berichtet wird. Stellt euch dabei folgende Fragen:
   - Was ist geschehen?
   - Wie ist es dazu gekommen?
   - Wie soll man das Verhalten der beteiligten Personen beurteilen? Wer ist schuldig, mitschuldig und unschuldig?
   - Wie sollte man mit der Schuld umgehen?
4. Fragt **euch selbst**, wann ihr schuldig, mitschuldig oder nicht schuldig wart bzw. seid. Darüber braucht ihr nicht offen in der Klasse zu sprechen.
5. In unserer Gesellschaft tun Erwachsene und Jugendliche viele Dinge, die sie für **normal** halten, z. B.:
   - in einem Kaufhaus etwas mitgehen lassen
   - in der Schule schwindeln
   - sich mit Alkohol ans Steuer setzen
   - öffentliches Eigentum beschädigen.

   Kennt ihr andere Beispiele? Was meint ihr dazu?
6. Wiederholt das, was ihr vom **Bußsakrament** („Beichte") wisst. Welche Teile sind dabei wichtig? Manche Leute sagen, es gebe eine „Freude der Buße". Könnt ihr das verstehen?
7. Wie fasst das **Vaterunser** (→ ZdF S. 85) die christliche Auffassung von Schuld und Vergebung mit zwei Sätzen zusammen?

5. Für die Menschenrechte eintreten –

> **L** Die Kirche setzt sich für die **Menschenrechte** ein, weil sie glaubt, dass Gott die Menschen geschaffen hat und alle Menschen liebt. Jeder Mensch ist ein **Bild Gottes** (→ S. 84 f).
> Wo die Menschenrechte verletzt werden, muss die Kirche dagegen mit Worten protestieren und mit Taten dagegen angehen.

Wo heute die Menschenrechte verletzt werden

- In vielen Ländern werden Menschen wegen ihrer **Religion, Hautfarbe, Herkunft oder Rasse** verfolgt und diskriminiert.
- Täglich **sterben ca. 20 000 Kinder** an den Folgen von unzureichender Ernährung.
- Nicht nur einzelne **Verbrecher**, sondern ganze **Regierungen** üben zum Himmel schreiende **Gewalt** aus. Ihre Soldaten vergewaltigen Mädchen und Frauen, zünden Häuser und Dörfer an, plündern und morden nach Gutdünken.
- Zahllose menschliche **Embryos** werden **abgetrieben**, weil sich die Eltern durch Kinder belastet fühlen.
- Jährlich sterben hunderttausende Menschen, weil sie **nicht die nötigen Medikamente** bekommen, die bei uns relativ preiswert zu haben sind.
- In der **Ersten Welt** herrschen weithin Überfluss, Luxus und Reichtum. In der **Zweiten Welt** haben die Menschen im Durchschnitt gerade das Nötigste zum Leben. In der **Dritten Welt** fehlt es den meisten an Wasser und Brot, an Energie und Technik, an Schulen und Krankenhäusern.
- Manche Wissenschaftler arbeiten an **genetischen Manipulationen** des menschlichen Erbgutes. Schon ist manchmal von **Menschenzüchtung** die Rede.

- **Mädchen/Frauen** sind in vielen Ländern der Welt ihr Leben lang gegenüber Jungen/Männern stark benachteiligt.
- Viele Millionen Menschen finden **keinen Arbeitsplatz**, obwohl es genug zu tun gibt.
- Unzählige unschuldige Menschen sitzen ohne ordentliches Gerichtsurteil in **Gefängnissen**, die in einem völlig heruntergekommenen Zustand sind. Viele von ihnen werden **gefoltert**.
- Auch in manchen demokratischen Ländern wird noch die **Todesstrafe** vollstreckt.
- Viele **Kinder** in Asien und Afrika erhalten keine Ausbildung und müssen schon in ganz jungen Jahren täglich viele Stunden lang schwerste Arbeit in Fabriken, auf Baustellen oder Feldern verrichten.

Wozu die Kirche gut ist

Organisierte Nächstenliebe

Was die Kirche für die Menschen tut

- Viele **Gemeinden** sammeln regelmäßig Gelder, um in der Dritten Welt lebenswichtige Projekte einzuleiten und zu unterstützen.
- Zahlreiche **Ordensleute** vermitteln Kindern in Schulen elementare Bildung wie Schreiben, Rechnen und Lesen.
- Christliche **Entwicklungshelfer/innen** legen Straßen, Wasserleitungen und Felder an, fördern den Wohnungsbau und lehren neue Methoden für die Landwirtschaft und das Handwerk.
- Viele **Nonnen** pflegen in der Dritten Welt Kranke und bauen Krankenstationen. Sie schlichten Streitigkeiten zwischen den Einheimischen. Sie kümmern sich um obdachlose Kinder, unterstützen ledige Mütter und pflegen Alte in ihren Heimen. Sie beerdigen Tote.
- **Bischöfe und Priester** in Afrika und Südamerika kritisieren offen Unrecht, Stammesfehden und Gewalt. Viele von ihnen sind ermordet worden.
- Der **Papst** wird nicht müde, Verletzungen der Menschenrechte, Ungerechtigkeiten und Kriege anzuklagen und die Weltöffentlichkeit auf katastrophale Zustände aufmerksam zu machen. Viele Arme und Unterdrückte sind ihm dafür dankbar.

A Ein erschreckendes Thema

1 Sammelt aus **Zeitungen**, **Büchern** und dem **Internet** Texte, die über Verstöße gegen die Menschenrechte informieren: → **M2**. Sucht auch Bilder zu diesem Thema und zeigt sie in einer kleinen Ausstellung: → S. **M6**.

2 Sprecht über den **Satz** „Gib dem Hungernden einen Fisch, und er hat für einen ganzen Tag zu essen. Gib ihm ein Boot und ein Netz, und er hat täglich zu essen."

3 Was ist **Hilfe zur Selbsthilfe**?

4 Manchmal haben auch **Christen** gegen die Menschenrechte verstoßen und damit ihren eigenen Glauben verraten. Kennt ihr dafür Beispiele?

5 **Organisierte Nächstenliebe** – was ist das? Was haltet ihr davon? (→ S. 169)

Willy Fries (1907–1980), Lazarus (Lk 16, 19–31), 1958.

Mutter Teresa von Kalkutta – Der Engel der Armen

Der erste Lebensabschnitt
Maria Teresa Bojaxhiu, weltbekannt als Mutter Teresa, war die jüngste von drei Kindern. Sie wurde 1910 in Skopje, der heutigen Hauptstadt Mazedoniens, geboren. In ihrer Kindheit hieß sie Gonxha, d. h. Blütenknospe. Bereits im Alter von 12 Jahren beschloss sie, Nonne zu werden. Mit 18 Jahren kam sie 1928 nach Bengalen/Indien. Im Jahre 1931 legte sie dort ihr erstes Gelübde ab und hieß von da an „Teresa". Sie arbeitete zuerst als Lehrerin, später als Direktorin an einer Schule in Kalkutta.

Die Berufung
Am 10. September 1946 erlebte sie bei einer Fahrt durch das Land eine neue Berufung. 1948 erhielt sie die Erlaubnis, ihren Orden zu verlassen, blieb aber Nonne. Fortan lebte sie, die nach der Unabhängigkeit Indiens selber Inderin geworden war, in der einfachen Wäscherinnenkleidung, dem weißen Sari mit der blauen Borte, mitten unter den Ärmsten der Armen. Dieses Gewand wurde ihr neues Ordenskleid.
In Kalkutta richtete sie Sterbehäuser ein, in denen todkranke Menschen aus den Elendsquartieren ein Bett, medizinische Betreuung, Essen und menschliche Zuwendung bekamen. Weiterhin hat sie viele tausend Kinder adoptiert, um ihnen ein hoffnungsloses Leben in den Slums zu ersparen. An mehreren Orten errichtete sie Häuser für AIDS–Kranke.

Die letzten Jahre, Tod und Begräbnis
Für ihr selbstloses Wirken erhielt sie 1979 in Oslo den Friedensnobelpreis. In den späteren Jahren reiste Mutter Teresa trotz zunehmender gesundheitlicher Probleme in der ganzen Welt umher, um neue Ordenshäuser zu eröffnen und Katastrophenopfern zu helfen. Sie starb am 5. September 1997 und erhielt am 13. September ein Staatsbegräbnis, bei dem Königinnen, Präsidenten und Menschen aus der ganzen Welt anwesend waren. Am 13. Oktober 2003 wurde sie in Rom selig gesprochen.

> **L Mutter Teresa** (1910–1997) hat sich für die Armen eingesetzt. Sie half vor allem in Kalkutta (Indien) vielen Waisenkindern, Kranken, Bettlern und Obdachlosen. In dem von ihr 1950 gegründeten **Orden der „Missionarinnen der Nächstenliebe"**, führen heute mehr als 4500 Schwestern in 130 Ländern ihr Werk fort. Bei ihnen finden diejenigen, die nichts und niemanden haben, Kleidung, Essen und Unterkunft. In Sterbehäusern werden Todkranke gepflegt, in Schulen und Waisenhäusern Kinder betreut. Der weniger bekannte **männliche Zweig des Ordens** ist mit 500 Mitgliedern in 20 Ländern vertreten.

Die ärgste Krankheit
Heute ist die ärgste Krankheit nicht die Lepra oder die Tuberkulose, sondern das Gefühl, unerwünscht, nicht geliebt und von allen verlassen zu sein.
Mutter Teresa

> **A Mutter Teresas Grundsätze kennen lernen**
> 1 Denkt über das Wort von Mutter Teresa nach.
> 2 Mutter Teresa und die Missionarinnen und Missionare der Nächstenliebe berufen sich für ihr Tun auf **Mt 25, 31–46**. Lest diesen Text und überlegt, welche Anregungen er auch uns geben kann.

168 Wozu die Kirche gut ist

P **Organisierte Nächstenliebe**
Wenn ihr einen Einblick in die heutige Arbeit der Kirche auf sozialem Gebiet gewinnen wollt, könnt ihr euch Material von einem oder mehreren kirchlichen Hilfswerken kommen lassen. Es wird euch gern zugesandt. Versucht auch, einen Vertreter dieser Institutionen zu euch einzuladen. Die Adressen:

Deutscher Caritas-Verband   Karlstraße 40, 79104 Freiburg i. Br.
(lat.: „Nächstenliebe")   www.caritas.de
Katholisches Hilfswerk gegen
Not in Deutschland und in aller Welt

Misereor   Mozartstraße 9, 52064 Aachen.
(lat.: „Ich habe Mitleid")   www.misereor.de
Das bischöfliche Hilfswerk verteilt vor allem die Fastenspenden der deutschen Katholiken.

Adveniat   Bernestraße 5, 45127 Essen
(lat.: „Dein Reich komme")   www.adveniat.de
Das Hilfswerk verteilt in Lateinamerika die Gelder, die die deutschen Katholiken in der Adventszeit spenden.

Renovabis   Domberg 27, 85354 Freising
(lat.: „Du wirst erneuern")   www.renovabis.de
Solidaritätsaktion der deutschen Katholiken mit den Menschen in Mittel- und Osteuropa

Jugend Dritte Welt   Sträßchensweg 3, 53113 Bonn
www.jugend-dritte-welt.de
Hilfen der Salesianer (→ S. 171; ZdF S. 18) für Kinder und Jugendliche in der Dritten Welt

A **Folgende Fragen könnt ihr in Auswahl bearbeiten:**

1. Wo liegen die **Schwerpunkte** der Arbeit? Vor welchen Problemen stehen die **Hilfswerke**?
2. **Wie viele Menschen** werden damit erreicht? Welchen Gruppen gehören sie an? Wie ist der Anteil von Christen und Nichtchristen?
3. Wie viele hauptamtliche und nebenamtliche **Mitarbeiter/innen** sind tätig?
4. Wie viel **Geld** steht für die Arbeit zur Verfügung? Wo kommt es her? Wie viel Geld müsste man haben, um die nötigsten Aufgaben zu erledigen?
5. Erkundigt euch wie die Pläne der einzelnen Hilfswerke für die **Zukunft** aussehen?
6. Welches einzelne **Projekt** kann man näher kennen lernen? Gibt es Personen – vielleicht Mädchen oder Jungen – oder Dörfer, an denen sich beispielhaft die Wirkung der Arbeit ablesen lässt?
7. **Warum** wird eigentlich diese Arbeit getan?
8. Was können **wir** tun, um eine Briefpartnerschaft zu einem Jugendlichen, zu einer Klasse, zu einer Schule herzustellen? Wie können wir helfen?

Wir helfen Kindern, die ärmer sind als wir

1. Viele Schülerinnen und Schüler führen kurz vor Weihnachten eine **Aktion für Kinder in der Dritten Welt** durch. Auch viele Lehrer und Lehrerinnen der Schule beteiligen sich daran. Sie führen in der Adventszeit auf dem Weihnachtsmarkt und auf den Geschäftsstraßen der Stadt eine **Sammlung** durch. Wenn sie von den Leuten beim Sammeln gelegentlich etwas misstrauisch gefragt werden, wofür das Geld bestimmt ist, das sie haben wollen, können sie eine genaue Antwort geben. Sie haben sich vorher gut über die Empfänger informiert. Sie können sich auch ausweisen, weil die Büchsensammlung von der Stadt offiziell genehmigt worden ist.

2. Eine andere Möglichkeit besteht darin, eine **Schul- oder Klassenpartnerschaft** mit Schulklassen aus der Dritten Welt zu übernehmen. Diese Aufgabe, die längere Zeit in Anspruch nimmt, ist für beide Seiten besonders fruchtbar. Man lernt sich dabei besser kennen und kann gezielter helfen. Hilfen bei der Suche solcher Partnerschaften bietet „Jugend Dritte Welt" (s. o.)

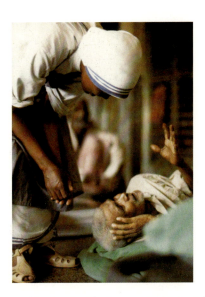

169

6. Den Glauben weitergeben

Sendung und Auftrag

In einem grandiosen Schluss führt das Matthäusevangelium den Leser auf einen Berg in Galiläa, wo der Auferstandene seinen Jüngern erscheint. Das letzte Wort Jesu in diesem Evangelium lautet:

Mir ist alle Macht gegeben im Himmel und auf der Erde. Darum geht zu allen Völkern und macht alle Menschen zu meinen Jüngern; tauft sie auf den Namen des Vaters und des Sohnes und des Heiligen Geistes, und lehrt sie alles zu befolgen, was ich euch geboten habe. Seid gewiss: Ich bin bei euch alle Tage bis zum Ende der Welt.

aus dem Evangelium nach Matthäus 28, 18–20

L ◆ Das lateinische Wort **Mission** bedeutet „Sendung". Davon abgeleitet sind die Worte **„missionieren"** und **„Missionare"**. In der Mission nimmt die Kirche den Auftrag Jesu wahr, alle Menschen zu taufen (→ S. 162 f) und ihnen seine Botschaft (→ S. 94 ff) zu verkünden.

◆ In der Geschichte der Kirche haben unzählige **Missionare und Ordensfrauen** den Glauben verkündet, aber auch den Völkern wichtige **Anregungen für ein menschenwürdiges Leben** gebracht. Sie haben die **medizinische** Versorgung verbessert, für elementare **Bildung** der Kinder und Jugendlichen gesorgt, die **Ernteerträge** gesteigert, grausame **Strafen** und den **Sklavenhandel** abgeschafft, die Rolle der **Frau** verbessert, mit Errungenschaften der **Technik** und **Wissenschaft** bekannt gemacht und die **Kultur** bereichert.

◆ **Gegen den Geist des Evangeliums** verstieß die christliche **Mission** da, wo sie versuchte, das Evangelium mit **Gewalt** durchzusetzen, **Zwangstaufen** zu fördern oder das gerade christianisierte Land für Kolonialherren in **Besitz** zu nehmen. Nicht selten haben sie auch die **Kultur** der fremden Länder missachtet, wenn sie den Menschen Bräuche aus den christlichen Ländern aufzwangen. Wo das geschah, hat das Christentum sein Ansehen beschädigt. Papst Johannes Paul II. (1978–2005) hat im Jahr 2000 diese **Schuld der Christen** offen bekannt und Gott um Vergebung gebeten.

Wallfahrt in den Hochanden

A Mission – eine lebenswichtige Aufgabe der Kirche
Wenn ihr mehr über die heutige **Mission** wissen wollt, solltet ihr euch an „Missio", das Katholische Hilfswerk für die Verbreitung des Christentums, wenden. Die Adresse:
Goethestraße 43, 52064 Aachen; www.missio.de. Dort könnt ihr Material anfordern.

2 Warum kann man auch das heutige Deutschland ein Missionsland nennen?

170 Wozu die Kirche gut ist

Große Missionare der Kirche

Paulus

Paulus steht an den Anfängen der christlichen Mission. Schon wenige Jahre nach dem Tod und der Auferweckung Jesu hat er auf seinen großen Reisen das Christentum über sein jüdisches Ursprungsgebiet hinaus weit in der Welt des Mittelmeerraums bekannt gemacht. Er hat viele Menschen im Römischen Reich für die christliche Botschaft gewonnen und so den Grundstein für die rasche Ausbreitung des Christentums gelegt. Im Jahr 64 starb er als Märtyrer in Rom, wo er auch begraben ist (→ ZdF S.148 ff.)

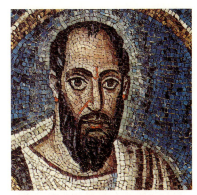

Paulus, Mosaik, Ravenna, 6. Jh.

Bonifatius

Bonifatius (672/75–754) hat große Teile Germaniens missioniert. Zuerst kam der angelsächsische Benediktinermönch zu den Friesen, wo er aber keinen Erfolg hatte. Später konnte er bei den Hessen, Thüringern, Bayern und anderen Stämmen erfolgreich wirken. Seine berühmteste Tat war die Fällung der Donareiche in Geismar, die den Germanen zeigen sollte, dass der christliche Gott mächtiger ist als die Götter der Germanen. Von Friesen wurde er auf seiner letzten Reise erschlagen. Er ist in Fulda begraben. Heute wird er als Apostel der Deutschen verehrt (→ ZdF S. 166 f).

Bonifatius

Franz Xaver

Franz Xaver (1506–1552) war ein adliger Spanier, der dem Jesuitenorden (→ S. 51) seit seinen Anfängen angehörte. 1541 kam er nach Indien. Dort gewann er zehntausende Männer und Frauen für das Christentum, die er auch selbst taufte. Später gelangte er auch nach China und sogar in das gerade von Europäern entdeckte Japan, wo er zwar die ersten Christengemeinden gründen konnte, aber sonst nicht sehr erfolgreich war. Auf einer Insel vor Kanton starb er, als ihm eine neue Einreise ins Reich der Mitte verwehrt wurde. Er gehört zu den erfolgreichsten Missionaren der Neuzeit.

Franz Xaver

Karl Oerder

Pater Oerder (geb. 1929) ist schon seit länger als fünf Jahrzehnten Salesianer (→ ZdF S. 18). An ihm kann man erkennen, dass im 20. und 21. Jahrhundert die kirchliche Mission anders aussieht als in früheren Zeiten. Missionare gehen heute oft nicht mehr zu Nichtchristen und predigen ihnen direkt das Evangelium. Sie leben bei ihnen nach den Grundsätzen des Evangeliums, indem sie den Armen helfen, Kindern eine gute Ausbildung verschaffen, junge Leute am Computer schulen, Krankenstationen errichten und auch von Jesus erzählen. Das alles hat Pater Oerder in vielen Ländern getan. Zudem hat er mit seiner Missionszentrale in Bonn für unzählige in den Missionen tätige Frauen und Männer gute Hilfen organisiert. Wo er für die Missionen bettelte, öffneten sich ihm die Herzen und Geldbeutel. Sein Ziel: der Welt Freude und Hoffnung geben. (→ S. 169)

Pater Karl Oerder

Verantwortung –

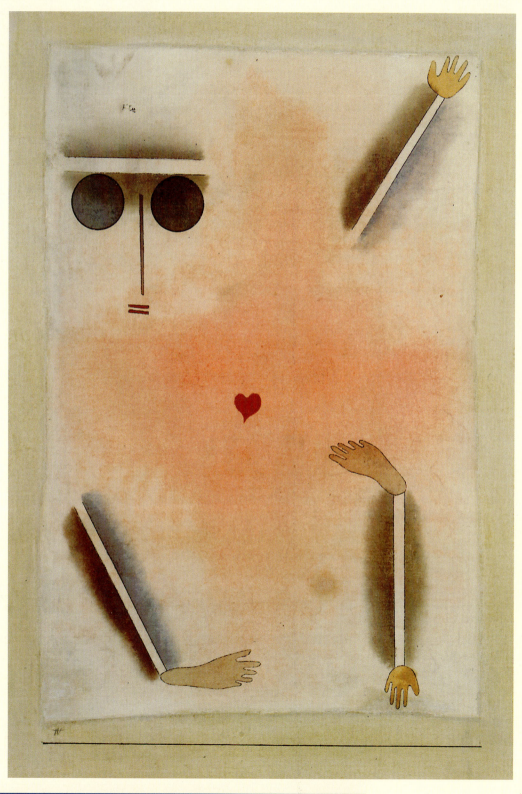

172 Verantwortung – Eine Aufgabe für das Leben

Eine Aufgabe für das Leben

Paul Klee (1879–1940), Hat Kopf, Hand, Fuß und Herz, 1930.

1 Zur **Arbeit** mit dem Bild: → **M 5**.
2 Schaut euch das Bild ruhig an, beschreibt die **einzelnen Teile** und überlegt, warum der Künstler sie so angeordnet hat und was man alles mit ihnen machen kann.
3 Weshalb steht das Bild am **Anfang dieses Kapitels**? Was haben die Bildelemente mit „Verantwortung" zu tun?
4 Eine nicht ganz leichte Aufgabe: **Malt** selbst ein Bild zum Thema „Verantwortung".

Vorschau

Wir tragen **„Verantwortung"** für uns selbst, für unsere Gesundheit, für andere, für die Natur, für unsere Welt, für die Zukunft und für vieles mehr. Darum sind die Fragen unausweichlich:
Was ist das eigentlich – Verantwortung?
Wer sagt uns etwas über unsere Verantwortung?
Wofür sind wir verantwortlich?
Wofür nicht?

Manchmal sagen Mädchen und Jungen:
„Ich kann nichts dafür, dass ich so bin, wie ich bin."

Dann hören sie von Eltern und Lehrern:
„Du bist für dich selbst verantwortlich."

Wer hat recht?

Erstes Nachdenken über „Verantwortung"

Lesen · Fragen · Denken · Interviewen · Suchen · Gestalten · Präsentieren

1 Erzählt eine kleine Szene aus eurem Leben, wo ihr gemerkt habt, dass ihr für etwas „**verantwortlich**" wart. Wie habt ihr euch da gefühlt? Versucht diese Szene auch zu spielen: → **M 8**.
2 Oder berichtet ihr lieber davon, wie einmal jemand gegen euch „**verantwortungslos**" gehandelt hat? Was habt ihr damals empfunden?
3 Fertigt eine **Mindmap** zum Thema „Verantwortung" an: → S. 225.
4 Heute ist das Wort „Verantwortung" in der Öffentlichkeit häufig zu hören. **Verantwortung übernimmt** z. B.
  ♦ ein Politiker für eine verlorene Wahl
  ♦ ein Fußballtrainer für ein miserables Spiel seiner Mannschaft
  ♦ eine terroristische Gruppe für eine Flugzeugentführung
  ♦ ...
  Sucht andere Beispiele und versucht zu sagen, was jeweils gemeint ist.
5 Über unsere Verantwortung für die Welt: → S. 112 f.

WIR SIND NICHT NUR VERANTWORTLICH FÜR DAS, WAS WIR TUN, SONDERN AUCH FÜR DAS, WAS WIR NICHT TUN.

1. Verantwortung – Was ist das?

Verantwortlich …

Wenn **Elke** (13) an sich denkt, kommt ihr Folgendes in den Sinn:

- Ich habe schöne blonde Haare, bin schlank und wiege 43 Kilo.
- Seitdem ich gern die Hitparade höre, gehe ich kaum noch in den Schulchor.
- Wenn ich zuhause unbeobachtet bin, sitze ich oft vor der Flimmerkiste.
- Heute gehe ich lieber zur Schule als vor zwei Jahren.
- Wenn ich Martin sehe, bin ich immer aufgeregt.
- Ich gehe nur noch unregelmäßig sonntags in die Kirche.
- Ich möchte gern Verkäuferin in einem Modegeschäft werden.
- Mit meinem Vater komme ich besser aus als mit meiner Mutter.
- Manchmal bin ich traurig, ohne zu wissen, warum.

A Nicht nur über Elke und Timo nachdenken

1 Sprecht miteinander über Elke und Timo:
- Wofür sind die beiden verantwortlich?
- Wofür nicht?
- Wo ist eine Antwort für euch schwer oder unmöglich? Warum?

2 Macht eine ähnliche **Aufstellung von euch** wie Elke und Timo und stellt euch dazu dieselben Fragen.

3 Stellt in einer **Liste** zusammen, welche Menschen für euch bis zu eurem ersten – sechsten – zehnten Lebensjahr Verantwortung getragen haben. Wer ist heute für euer Leben (mit)verantwortlich? Für wen seid ihr schon verantwortlich gewesen und für wen seid ihr es heute?

4 **Verantwortungslosigkeit** hat mit Schuld zu tun. Zum Thema Schuld: → S. 162 f.

Verantwortung …

174 Verantwortung – Eine Aufgabe für das Leben

... oder nicht?

Wenn **Timo** (14) über sich nachdenkt, fällt ihm Verschiedenes ein:

♦ Viele sagen, ich sehe meinem Vater sehr ähnlich, aber ich bin jetzt schon etwas größer als er.
♦ Ich verstehe mich mit meinem Mathe-Lehrer gut, mit meinem Musiklehrer gar nicht.
♦ Ich sehe Cornelia gern.
♦ Mein Traumberuf wäre Tankstellenwart.
♦ Mit der Wahrheit nehme ich es nicht so ganz ernst.
♦ Wenn es mir sehr schlecht oder sehr gut geht, kann ich am besten beten.
♦ Wenn man mich wie ein Kind behandelt, werde ich wütend.
♦ Mein Lieblingssport ist Schwimmen.

> **L** Wir können in dem Wort „Ver**antwort**ung" leicht das Wort **„Antwort"** erkennen. Wer verantwortlich handelt, gibt seinem Gegenüber – z. B. den Eltern, den Freunden, der Klasse, dem Arbeitgeber, Fremden, der Umwelt, den Tieren, auch sich selbst – in seinem Verhalten die richtige Antwort. Verantwortung spielt sich also zwischen zwei Polen ab. Die Beziehung zwischen diesen beiden Bereichen muss stimmen. Sie muss für beide Seiten **gut**, d. h. sachgemäß und förderlich sein. Sie darf nicht **schlecht**, d. h. ungerecht oder schädlich sein.

... wofür?

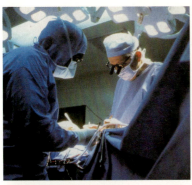

Wer tötete Davey Moore?

Wer tötete Davey Moore?
Wie kam er zu Tode und wer ist schuld daran?

Ich nicht, sagt der **Schiedsrichter**.
Zeigt mit eurem Finger nicht auf mich:
Du hättest den Kampf in der achten Runde abbrechen sollen,
um ihn vor seinem schrecklichen Schicksal zu bewahren.
Aber die Menge hätte mich bestimmt ausgebuht.
Sie wollen etwas für ihr Geld haben.
Schade um ihn.
Aber ich stehe eben unter Druck.
Nein, ich kann nichts dafür, dass er starb.
Mich kann man nicht dafür verantwortlich machen.

Ich nicht, sagt die aufgebrachte **Menge**,
deren laute Schreie durch die Halle gellen.
Sagt: Wie fürchterlich, dass er heute Nacht starb,
aber wir wollten doch nur einen spannenden Kampf sehen.
Uns kann man nicht für seinen Tod verantwortlich machen.
Wir wollten doch nur ein bisschen Schweiß sehen;
daran ist doch nichts Schlimmes.
Nein, wir können nichts dafür, dass er starb.
Uns kann man nicht dafür verantwortlich machen.

Ich nicht, sagte sein **Manager** und steckte seine dicke Zigarre an.
Es ist schwer zu sagen,
ich habe immer gedacht, er sei fit.
Traurig für seine Frau und seine Kinder, dass er tot ist.
Aber wenn er sich schlecht fühlte, hätte er es sagen sollen.
Nein, ich kann nichts dafür, dass er starb.
Mich kann man nicht dafür verantwortlich machen.

Ich nicht, sagt der **Sportreporter**
und gibt seinen Bericht in den Laptop.
Sagt: Das Boxen ist nichts Schlechtes.
Ein Fußballspiel ist genauso gefährlich.
Sagt: Das Boxen muss bleiben.
Das ist eben die amerikanische Art.
Nein, ich kann nichts dafür, dass er starb.
Mich kann man nicht dafür verantwortlich machen.

Ich nicht, sagt der **Boxer**, dessen Fäuste ihn niederschlugen.
Schließlich kam er von Kuba, wo das Boxen nicht mehr erlaubt ist.
Ich habe ihn getroffen, das stimmt zwar.
Dafür werde ich bezahlt.
Nennt es nicht Mord oder Totschlag.
Es war Schicksal, es war Gottes Wille.

Pete Seeger

L Jeder trägt **Verantwortung** entsprechend seiner **Situation** und seinen **Möglichkeiten**. **Erwachsene** haben größere Verantwortung als Kinder, **Lehrerinnen und Lehrer** haben mehr Verantwortung als ihre Schülerinnen und Schüler, **tüchtige Menschen** sind eher verantwortlich zu machen als Leute mit begrenztem Können. Ein **Chef** hat größere Verantwortung als seine Mitarbeiter, ein **Pilot** mehr als die Stewardess. Der Beruf des **Politikers** und **Priesters** verpflichtet zu einer besonders großen Verantwortung.

176 Verantwortung – Eine Aufgabe für das Leben

„Nimm dich nicht so wichtig!"

Ein Bischof beklagte sich bei Papst Johannes XXIII. (1958–1963), dass ihn die Last seines Amtes nicht mehr schlafen lasse. Der Papst antwortete ihm hintergründig und schalkhaft: „Mir ist es in den ersten Wochen als Papst genau so gegangen. Ich dachte, ich könnte die Verantwortung, die mit meinem Amt verbunden ist, nicht tragen. Aber dann sah ich einmal im Traum Jesus, der mir zuflüsterte: Johannes, nimm dich nicht so wichtig! Seitdem schlafe ich wieder gut."

Du bist zeitlebens für das verantwortlich, ...

Der kleine Prinz (→ S. 187) hatte auf seinem kleinen Planeten eine etwas eitle und schwierige Rose lieb gewonnen. Er bewunderte ihre Schönheit und gab ihr Wasser. Als der kleine Prinz von seinem Planeten auf die Erde kam, konnte er diese Rose nicht vergessen, gerade auch als er auf einem Feld viele Rosen sah, die seiner Rose äußerlich glichen. Mit einem Fuchs, der ihm ein Freund geworden war, als er ihn gezähmt hatte, unterhält er sich über die eine Rose und die vielen Rosen.

„Geh die Rosen wieder anschauen. Du wirst begreifen, dass die deine einzig ist in der Welt. Du wirst wiederkommen und mir adieu sagen und ich werde dir ein Geheimnis schenken."
Der kleine Prinz ging, die Rosen wiederzusehen:
„Ihr gleicht meiner Rose gar nicht, ihr seid noch nichts", sagte er ihnen. „Niemand hat sich euch vertraut gemacht und auch ihr habt euch niemandem vertraut gemacht. Ihr seid, wie mein Fuchs war. Der war nichts als ein Fuchs wie hunderttausend andere. Aber ich habe ihn zu meinem Freund gemacht und jetzt ist er einzig in der Welt."
Und die Rosen waren sehr beschämt.
„Ihr seid schön, aber ihr seid leer," sagte er noch. „Man kann für euch nicht sterben. Gewiss, ein Irgendwer, der vorübergeht, könnte glauben, meine Rose ähnle euch. Aber in sich selbst ist sie wichtiger als ihr alle, da sie es ist, die ich begossen habe. Da sie es ist, die ich unter einen Glassturz gestellt habe. Da sie es ist, die ich mit dem Wandschirm geschützt habe. Da sie es ist, deren Raupen ich getötet habe (außer den zwei oder drei um der Schmetterlinge willen). Da sie es ist, die ich klagen oder sich rühmen gehört habe und manchmal auch schweigen. Da es meine Rose ist."
Und er kam zum Fuchs zurück: „Adieu", sagte er ...
„Adieu", sagte der Fuchs. „Hier ist mein Geheimnis: Es ist ganz einfach: Man sieht nur mit dem Herzen gut. Das Wesentliche ist für die Augen unsichtbar." „Das Wesentliche ist für die Augen unsichtbar", wiederholte der kleine Prinz, um es sich zu merken.
„Die Zeit, die du für deine Rose verloren hast, sie macht deine Rose so wichtig." „Die Zeit, die ich für meine Rose verloren habe ...", sagte der kleine Prinz, um es sich zu merken.
„Die Menschen haben diese Wahrheit vergessen", sagte der Fuchs. „Aber du darfst sie nicht vergessen. Du bist zeitlebens für das verantwortlich, was du dir vertraut gemacht hast. Du bist für deine Rose verantwortlich ..."
„Ich bin für meine Rose verantwortlich ...", wiederholte der kleine Prinz, um es sich zu merken.

Antoine de Saint-Exupéry

 Verantwortung abschieben?

1 Zur Arbeit mit den **Texten**: → **M 4**.
2 Häufig erleben wir, dass Menschen nicht zu ihrer Verantwortung stehen. Verbreitet ist der Trend, die **Verantwortung abzuschieben**, z.B.

- auf **andere Leute**: „Die sind schuld" oder „Warum immer ich?"
- auf die **Umstände**: „Da kann man nichts machen" oder „Ist doch alles egal."
- auf das **Fernsehen**: „Wenn die Stars das dürfen!" oder „Die Politiker machen es uns doch vor!"
- auf die **Gesellschaft**: „Das machen doch alle so."
- auf den **Charakter** oder die **Gene**: „So bin ich nun einmal" oder „Ich kann nichts für mich."

Was haltet ihr von solchen Aussagen?

2. Das Gewissen – Die innere Stimme

> **L** Das **Gewissen** ist eine innere Stimme, die uns sagt, was gut und was böse ist und wie wir **verantwortlich** oder **unverantwortlich** handeln können.
>
> Wir hören das Gewissen:
>
> 1 **Vor** einer Handlung kann es uns anspornen oder warnen.
> 2 **Während** einer Handlung sagt es uns, ob wir etwas tun oder lassen sollen.
> 3 **Nach** einer Tat bestätigt es uns, dass wir auf dem richtigen Weg waren. Oder es klagt uns an, wenn wir gegen sein Urteil gehandelt haben.

Was würdet ihr hier tun?

Sigmar (15) hat genau gesehen, dass sein Freund Peter (16) mit seinem Mofa die Straße überquerte, als die Ampel schon „Rot" zeigte. Dabei streifte er eine Frau, die zu Boden stürzte und sich den Arm verletzte. Peter bat Sigmar, er möge bei der Polizei als Zeuge dafür aussagen, dass die Ampel noch auf „Grün" stand. Als er bei der polizeilichen Vernehmung gefragt wurde, sagte Sigmar: „ …"

Rut (17) ist schwanger. Ihr Freund Holger (18) reagiert entsetzt, als sie es ihm sagt. Er versucht, ihr die Schuld zuzuschieben und sich aus der Affäre zu ziehen. Eine Freundin spricht aus, was viele andere denken: „Das lässt du doch wegmachen. Ist doch heute kein Problem mehr. Da gehst du zu einer Beratungsstelle, bekommst den Schein und alles andere kannst du dem Arzt überlassen." Rut denkt an ihre Ausbildung als Frisöse und fragt sich, wie sie diese zu Ende führen kann. Sie denkt an Holger, der nicht Vater sein will. Sie denkt an ihre Eltern, die zwar verständnisvoll sind, aber voraussichtlich durch das Kind zeitlich und finanziell sehr beansprucht werden. Sie denkt an ihre Freundinnen, die viel mehr Freiheit und Freizeit haben werden als sie. Und immer wieder denkt sie an ihr Kind und fragt sich, ob sie eine gute Mutter sein kann. Am Ende kommt sie für sich zu der Entscheidung: Sie wird …

Karina (14) ist Messdienerin und geht sonntags gern zur Kirche, weil sie glaubt, es sei gut wenigstens eine Stunde von 168 Wochenstunden ganz für Gott da zu sein. Als ihr Tischtennisverein zum Wochenende auf Tour geht, fühlt sie sich auf einmal in einer unguten Stimmung. Sie weiß, dass ihre Sportkameradinnen am Sonntag nicht zur Kirche gehen. Wenn sie allein geht, wird sie gewiss belächelt und verspottet. Sie überlegt, was sie tun soll und entscheidet sich dann dafür, dass sie …

178 Verantwortung – Eine Aufgabe für das Leben

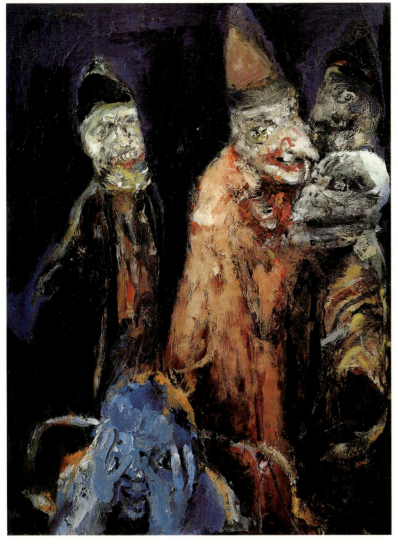

Bernhard Heisig (geb. 1925), Nachts kommen die Puppen, 1995.

> **A** **Das Gewissen bilden und auf das Gewissen hören**
>
> 1 Ergänzt die letzten Sätze von Sigmar, Rut und Karina schriftlich, begründet eure Entscheidung und diskutiert sie in der Klasse.
>
> 2 Das **Gewissen** ist wie ...
>
> 3 Versucht ein **Bild** vom Gewissen zu zeichnen/malen.
>
> 4 Zählt die **Gründe** auf, die uns manchmal veranlassen, gegen unser Gewissen zu handeln.
>
> 5 Fast immer stimmt das, was das Gewissen uns sagt, mit dem überein, was die **Zehn Gebote** (→ ZdF S. 69) fordern, z. B. die Eltern achten, nicht töten, nicht stehlen, nicht lügen. Wie erklärt ihr euch diesen Befund?
>
> 6 Es ist aufregend, Menschen kennen zu lernen, die konsequent ihrem Gewissen gefolgt sind. In diesem Buch findet ihr einige Beispiele: **Martin Luther:** → S. 147; **Thomas Morus:** → S. 136 und **Franz Jägerstätter:** → S. 56.
>
> 7 Was hat das **Bild von Heisig** mit dem Thema „Gewissen" zu tun?

Die Würde des Gewissens

Das 2. Vatikanische Konzil (1962–1965) sagt über das Gewissen:

Im Inneren seines Gewissens entdeckt der Mensch ein Gesetz, das er sich nicht selbst gibt, sondern dem er gehorchen muss und dessen Stimme ihn immer zur Liebe und zum Tun des Guten und zur Unterlassung des Bösen anruft und, wo nötig, in den Ohren des Herzens tönt: Tu dies, meide jenes. Denn der Mensch hat ein Gesetz, das von Gott seinem Herzen eingeschrieben ist, dem zu gehorchen eben seine Würde ist und gemäß dem er gerichtet werden wird.

„Gaudium et Spes" (lat. „Freude und Hoffnung") 16

> **L** Das Gewissen ist das **Zentrum im Menschen**, das am meisten seine Würde ausmacht. Es kann die **Stimme Gottes** sein, wenn es sich an den Zehn Geboten und dem Liebesgebot (→ S. 97) orientiert. Die Bibel spricht, wenn sie vom Gewissen redet, oft vom **Herz** des Menschen.

> **L** Das **Gewissen** ist allen Menschen angelegt und richtet uns auf das Gute aus. Es **entwickelt** sich ähnlich wie unser Körperbau oder unsere Sprache. Es muss wachsen und sich ausbilden, um uns für unser Handeln klare Orientierung geben zu können. Der **Einzelne** kann viel für die Bildung seines Gewissens tun. Auch Familie, Schule, Freundschaften, Medien, Staat und Religion üben erheblichen Einfluss auf die **Entwicklung** des Gewissens aus.

Ein Psychologe legt dar, wie sich das Gewissen entwickelt

Ich will versuchten, die verschiedenen Entwicklungsstufen des Gewissens zu beschreiben. Abweichungen und Zeitverschiebungen sind möglich.

(1) Gewöhnung und Anpassung

Beim **Kleinkind bis zum 4. Lebensjahr** ist das Gewissen noch unfertig. Erst allmählich lernt das Kind „bitte" und „danke" zu sagen, beim Essen ruhig am Tisch zu sitzen, die Mama nicht zu schlagen und sich zu melden, wenn es auf den Topf muss. In religiösen Familien lernt es auch die ersten Gebete. Diese Verhaltensweisen werden durch Gewöhnung oder Anpassung eingeübt.

(2) Lohn und Strafe sowie Vorbilder und Autoritäten

Das **Kind vom etwa 4. bis etwa 10./12. Lebensjahr** gehorcht, damit Wünsche erfüllt oder Strafen vermieden werden. Es lohnt sich, ein „guter Junge" oder ein „nettes Mädchen" zu sein. Andere Menschen werden als Vorbilder erlebt. Oft sind es zuerst die Eltern und ältere Geschwister sowie Freundinnen und Freunde. Später werden es auch Lehrer/innen, Sportler/innen, Priester oder Stars sein, die für das Verhalten maßgeblich werden. Das Kind muss nun aber auch lernen, seine eigenen Ansprüche mit den Bedürfnissen anderer, z. B. in Familie, Kindergarten, Schule und Freundschaft, in Übereinstimmung zu bringen. Dazu gehört es, elementare Normen zu befolgen, z. B. nicht zu stehlen und nicht zu lügen. In religiösen Familien erleben die Kinder Sonntagsgottesdienst, christliche Feiern und das Vorbild Jesu.

(3) Kritik und Radikalisierung

In der **Pubertätszeit vom etwa 10./12. bis 16./18. Lebensjahr** (→ S. 26) werden die bislang akzeptierten Normen kritisch geprüft und manchmal auch radikal in Frage gestellt. Viele Mädchen und Jungen fragen nun, weshalb sie dieses tun und jenes lassen sollen. Sie suchen nach einer Begründung, die sie verstehen können. Manche Jugendliche lehnen auch alle (viele) Gebote und Verbote ab, weil sie meinen, nur so frei sein zu können (→ S. 28 f). Oft wird in dieser Zeit auch der religiöse Glaube kritisiert oder verworfen.

(4) Einsicht in die Verantwortung

Junge **Erwachsene ab etwa dem 16./18. Lebensjahr** wissen in der Endphase der Gewissensbildung, die nicht von allen erreicht wird, nun aus eigener Einsicht, dass Weisungen zum Leben notwendig sind und in freier Entscheidung befolgt werden sollen. Die Pflicht, Verantwortung zu übernehmen wird nun bejaht. Damit ist die Erkenntnis verbunden, dass sie selbst nicht immer den moralischen Ansprüchen ihres Gewissens genügen, weil ihre freie Entscheidung durch Angst, Veranlagung oder Schuld eingeschränkt ist. Für Christen werden der Dekalog, die Weisungen Jesu und das Liebesgebot (→ S. 97) für die Entwicklung ihres Gewissens maßgeblich.

180 Verantwortung – Eine Aufgabe für das Leben

Gründe, weshalb man nicht stehlen soll

In einer konkreten Situation, in der ein Diebstahl möglich erscheint, kann man Folgendes hören:

Simon (12): Das ist mir viel zu riskant. Wenn es rauskommt, ist der Schaden größer als der Nutzen.

Antje (13): Kommt nicht infrage. Das haben meine Eltern mir verboten.

Knut (15): Auch wenn es nicht rauskommt – ich mache so etwas grundsätzlich nicht, weil es gegen das siebte Gebot verstößt.

Judit (14): Ich weiß nicht. Das hängt davon ab, ob meine Freunde mitmachen oder nicht.

Paul (13): Wenn ich in großer Not wäre, würde ich vielleicht einmal stehlen. Aber jetzt – nein.

Hilla (14): Nein, ich tue das nicht. Ich möchte ja auch nicht bestohlen werden.

Da ist die Entscheidung nicht leicht

Beruf: Muss der Arzt einem Schwerkranken auf Nachfrage sagen, dass sich dessen Zustand in letzter Zeit bedrohlich verschlechtert hat, wenn er weiß, dass der Patient dann alle Hoffnung verliert, die auch weiterhin für seine gesundheitliche Entwicklung wichtig ist?

Militär: Dürfen Soldaten, die an den Fahneneid gebunden sind, auf Befehl ein feindliches Dorf zerstören, in dem ein Attentäter vermutet wird, obwohl da viele wehrlose Frauen und Kinder leben?

Wissenschaften: Darf sich ein Wissenschaftler an Forschungsprojekten beteiligen, bei denen menschliche Embryonen verbraucht werden, um damit schwer heilbare Krankheiten zu besiegen?

Wirtschaft: Darf ein Bürgermeister einem Unternehmen die Genehmigung zum Bau einer neuen Fabrikanlage erteilen, um notwendige Arbeitsplätze in der Region zu schaffen, auch wenn dabei erhebliche Umweltschäden nict zu vermeiden sind?

Güterabwägung: Was wiegt schwerer?

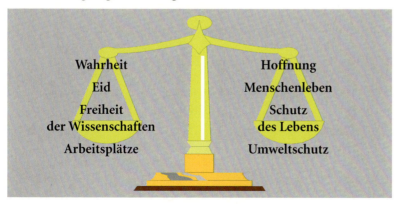

L ♦ In manchen Situationen weiß man nicht, was man tun oder lassen soll. In solchen **Konfliktfällen** ist es geboten, alle Argumente vernünftig zu prüfen, die für und gegen die Handlung sprechen. Die positiven und negativen Seiten der Entscheidung sind wie auf einer Waage in einer „**Güterabwägung**" zu bedenken. Oft führen auch Gespräche mit vertrauenswürdigen Personen weiter.

♦ Das Urteil des Gewissens reicht über eine einzelne Entscheidung noch hinaus. Es sagt zugleich, wofür man selbst **mit seiner Person** einsteht.

♦ Das Gewissen ist das Organ, das nach der Prüfung aller Umstände allein sagen kann, was zu tun und was zu lassen ist. **Dem sicheren Urteil des Gewissens muss man folgen.**

A 1 Prüft die verschiedenen **Begründungen**, weshalb man **nicht stehlen** soll und zeigt, zu welcher Stufe der Gewissensbildung sie gehören. Welche Gründe haltet ihr für stichhaltig, welche nicht? Warum?

2 „**Da ist die Entscheidung nicht leicht**" – Diskutiert die Fälle in Beruf, Wirtschaft usw., indem jeweils einer die Antwort „Ja", ein anderer die Antwort „Nein" verteidigt. Ein Dritter oder auch die ganze Klasse sollen am Schluss Schiedsrichter sein. Bevor ihr mit der Diskussion beginnt, sollten sich alle Beteiligten gut vorbereiten und ihre Argumente überlegen.

3 Übt kleine **Rollenspiele** ein, in denen ihr erfahren könnt, was das Gewissen in Konfliktfällen zu eurer Verantwortung sagt: → **M8**.

4 Was haben die **Bilder** der Seiten 178–181 mit dem Thema „Gewissen" zu tun? (→ **M5**)

3. Verantwortung für das eigene Leben

L **Verantwortung** haben wir zunächst **für uns selbst**. Diese Verantwortung bezieht sich auf Leib und Seele, auf Kopf, Hand und Herz (→ S. 174). Nichts von dem kann sich richtig entfalten, wenn wir nicht verantwortungsvoll damit umgehen.

Das, was wir in unserer Sprache **„Verantwortung"** nennen, ist verwandt mit der **Goldenen Regel Jesu**: „Alles, was ihr von anderen Menschen erwartet, das tut auch ihnen" (Mt 7, 12; → ZdF S. 23).

Das ABC der Verantwortung

A Aussehen
B Berufswunsch
C Christsein
D
E
…

A **Über Süchte nachdenken**
1 **Sucht** hat viele Gesichter. Vieles kann zur Sucht werden, z. B. Essen, Medikamente, Computerspiele, im Internet surfen, Fernsehen usw. Zeichnet eine Form der Sucht und schreibt darunter, wie diese Sucht entstehen kann und wie man damit umgehen soll.
2 **Habsucht und Ichsucht** – zwei Grundsüchte der Menschen?
3 Sprecht über die Sätze:
   ♦ „Hinter jeder Sucht steht eine Sehnsucht".
   ♦ „Jede Sucht ist eine Flucht".
4 Erfindet eine kurze Geschichte zu den **Bildern**.

182 Verantwortung – Eine Aufgabe für das Leben

P **Keine Macht den Drogen**
Führt ein **Projekt** – evtl. zusammen mit dem evangelischen Religionsunterricht, dem Biologie-, Chemie- und Sozialkundeunterricht – durch, das sich mit verbreiteten **Süchten** befasst. Dabei müsst ihr vorsichtig vorgehen, damit die Aktion nicht zur Werbung wird. Fachleute sollten euch beraten. Unter euren Eltern gibt es vielleicht Drogenberater, Sozialarbeiter usw, die einschlägige Erfahrungen mit der Thematik haben. Bei der Arbeit an diesem Projekt könnt ihr deutlich machen, warum sich auch der Religionsunterricht mit diesem Thema beschäftigt.
Zur Projektarbeit: → **M 9**.
Zur Vorbereitung einzelner Themen: → **M 2**.

Mögliche Aufgaben:
1 Einen „**Drogenberater**" zusammenstellen, den ihr in der Schule verteilen könnt. Themen dafür:
- ♦ **Drogenkarrieren** kurz vorstellen. Mögliche Schwerpunkte: (unerfüllte) Sehnsüchte, der Einfluss anderer (Dealer), die ersten Schritte, Folgen, Heilungschancen usw.
- ♦ ein kleines **Drogenlexikon** zu den verschiedenen Drogen anfertigen: Aussehen, Zusammensetzung, Herkunft, Auswirkungen, gesundheitliche, psychische und soziale Schäden
- ♦ die **Schäden/Kosten** der verschiedenen Süchte für die Gesellschaft beziffern
- ♦ die Möglichkeiten beschreiben, aus einer einmal entstandenen **Abhängigkeit** wieder **herauszukommen**.
2 Leute, die in der **Drogenberatung** tätig sind, einladen; Merksätze über deren Erfahrungen formulieren.
3 Einen **Plakatwettbewerb** zum Thema ausschreiben, die Plakate in der Klasse/Schule/Umgebung aushängen.

Material zum Thema könnt ihr kostenlos anfordern:
Bundeszentrale für gesundheitliche Aufklärung, Postfach 910151, 51071 Köln.

Das Jahrbuch „Sucht" kann von der deutschen Hauptstelle gegen die Suchtgefahren bezogen werden. Die Adresse: Postfach 1369, 59003 Hamm. In den Materialien findet ihr genaue Daten über das Konsumverhalten und die Höhe der Schäden, die Nikotin, Alkohol und Drogen anrichten.

Adressen im Internet mit vielen Links:
www.drogen-wissen.de/fr_index.html
www.drugcom.de

Herbert Falken (geb. 1932), Rauschgiftsüchtiger, 1973.

L Für Mädchen und Jungen – ähnlich wie für die Erwachsenen – entstehen Probleme für Leib und Leben, für Gesundheit und Wohlbefinden besonders dann, wenn sie **Nikotin, Alkohol und Drogen** konsumieren. Manche fangen damit schon früh an und geraten leicht in die Gefahr, **süchtig** zu werden.

Der blaue Dunst

Volksdroge Nikotin

In Deutschland fordert die giftige Volksdroge **Nikotin** – ansonsten ein gebräuchliches Pflanzen- und Insektenvertilgungsmittel – jährlich mehr als 140000 Tote und macht fast ebenso viele Raucher zu Frühinvaliden. Schon 50 bis 100 Milligramm Nikotin, die in den Verdauungstrakt gelangen, wirken tödlich. Diese Menge ist in 5 bis 10 Zigaretten enthalten. Beim Rauchen gelangt allerdings nur ein geringer Teil davon in den Organismus. In den letzten Jahren ist bei uns der Nikotinkonsum insgesamt leicht gefallen, Jugendliche, besonders Mädchen und junge Frauen greifen etwas seltener zur Zigarette.

Die schädlichen Folgen

Nikotin und die im Rauch befindlichen Gase verengen die Blutgefäße und beeinträchtigen die Durchblutung aller Organe. Rauchen fördert Lungenkrebs und andere Krebsarten, z. B. in der Mundhöhle. Andere Folgen: Herzkrankheiten, Verkalkung, Raucherbein, Bronchitis, Durchblutungsstörungen, Herz- und Hirninfarkt. Wer schon früh mit dem Rauchen beginnt, verkürzt seine Lebenserwartung um mehrere Jahre. Durch die Zigarette sterben weltweit mehr Menschen als durch Alkohol, Kokain, Heroin, Auto- und Flugzeugunfälle, AIDS und Mord zusammen.

Die Tabakindustrie verdient viel Geld mit ihren schädlichen Produkten. Dem Staat verhelfen sie zu erheblichen Einnahmen, weil Zigaretten und Tabakwaren hoch besteuert werden.

Das Rauchen in der Schule ist für alle verboten. Dieses Verbot gilt zunehmend für alle öffentlich zugänglichen Räume.

> **L** Das Wissen um die **schädlichen Folgen des Rauchens** beeindruckt die meisten Raucher nicht, weil sie hoffen, dass die schlimmen Folgen des Rauchens sie selbst nicht treffen. Sie bleiben dabei, weil es ihnen schmeckt und weil sie sich vom Rauchen Prestige, Ruhe, Entspannung u. v. a. versprechen. Sie bleiben vor allem dabei, weil ihnen die Kraft fehlt, von dem blauen Dunst zu lassen.

184 Verantwortung – Eine Aufgabe für das Leben

Schülerinnen und Schüler über das Rauchen

Jan (13): Viele fangen mit dem Rauchen an, weil sie sehen: Ja, die anderen rauchen auch. Dann geraten sie in eine Art Druck und meinen, es auch mal ausprobieren zu müssen.

Laura (15): Meine erste Zigarette habe ich mit meinem Freund geraucht. Der bot mir eine an und da wollte ich nicht nein sagen. Aber sie schmeckte eklig. Seitdem habe ich nicht mehr geraucht.

Philipp (16): Mir hat die erste Zigarette überhaupt nicht geschmeckt. Ich musste erst mal kräftig husten und dann war mir ziemlich übel zumute. Es dauerte eine Zeit, bis ich Geschmack daran fand und dann ganz gern weiter rauchte.

Denis (15): Als ich mir meine erste Zigarette ansteckte, dachte ich bei mir: Jetzt bist du kein Kind mehr. Jetzt fängst du an, erwachsen zu werden.

Sophie (16): Was mich ärgert, ist, dass mein Vater mir immer Vorwürfe macht, wenn ich mal eine Zigarette rauche, aber er selbst steckt sich abends vor dem Fernseher eine nach der anderen an und sagt, das brauche er zu seiner Entspannung.

Maria (14): Meine Mutter lässt mich rauchen. Die sagt: Es ist deine Gesundheit, die du ruinierst. Es ist deine Lunge, die du kaputt machst.

Julia (15): Ich rauche, weil es Spaß macht, etwas zu tun, was verboten ist. Darin liegt ein besonderer Reiz.

Lea (13): Ich gebe mein Taschengeld lieber für andere Dinge aus. Rauchen ist doof. Nachher stinkt alles und man selbst stinkt auch noch.

Niklas (17): Ein paar Mal habe ich versucht aufzuhören. Das war in den ersten Tagen sauschwer. Aber wenn dann jemand kam und mir den Qualm vor die Nase blies, wurde ich wieder schwach und hing wieder an dem Glimmstängel, ohne es zu wollen.

Jürgen (14): Ich finde: Rauchen ist in. Das gehört dazu.

Volkan (14): Ich finde: Rauchen ist out. Der Anteil der Raucher geht in den letzten Jahren ständig zurück.

A Diese Aufgaben sind nikotinfrei zu bearbeiten

1 Was haltet ihr von den **Schüleräußerungen**? Wie könnte ein Gespräch in eurer Klasse verlaufen? Wer macht ein Protokoll von euren Aussagen?

2 Macht eine **Umfrage** (→ **M 7**) unter euren Mitschüler/innen und versucht herauszubekommen:
- Was empfindet ihr beim Rauchen?
- Was würde euch fehlen, wenn ihr nicht raucht?
- Wie reagieren eure Eltern, Freunde und Lehrer auf euer Rauchen?
- Was kostet euer Rauchen am Tag/in der Woche/im Jahr?
- ...

3 Informiert euch über die **Wirkungen** des Nikotins: → **M 2**.

4 Diskutiert die Frage, ob man das Rauchen – ähnlich wie die Drogen – **verbieten** sollte, um Schäden und Kosten zu vermeiden.

5 Was meinen **Spötter** mit Sätzen wie diesen:
- Rauchen macht schlank.
- Rauchen schafft Arbeitsplätze.

6 Entwerft weitere **Warnungen** für Raucher auf Zigarettenpackungen.

A
1 Zur Arbeit mit dem **Text**: → **M 4**.
2 Ergänzt den Satz: **Mit Alkohol kann man** ...
3 Welche alkoholischen Getränke werden von **Mädchen**, welche von **Jungen** bevorzugt? Was wisst ihr über die Wirkungen?

Die gefährliche Flasche

Wie könnt ihr die folgenden Geschichten weitererzählen?

Herbert (14) behauptet stolz: Ein paar Bier machen mir nichts aus. Ich kann schon was vertragen. Gestern z. B. ...

Uschi (15) trinkt ganz gern ein Glas Apfelkorn. Sie braucht etwas Alkohol, um in Stimmung zu kommen. Neulich ...

Pinar (15) ist Muslim. Sein Glaube verbietet ihm jeden Genuss von Alkohol. Wenn seine Freunde ihm ein Bier anbieten, meint er ...

Christiane (22) fühlt sich oft einsam. Wenn dann abends auch das Fernsehen nichts bringt, was ihr gefällt, beginnt sie zu trinken. Ihre Freundinnen meinen ...

Heiko (24) braucht seinen Klaren, wenn er im Stress ist. Dann ...

Alfred (15) weiß nicht, wie er sich verhalten soll, wenn ihm Alkohol angeboten wird. Neulich war er wieder mit Freunden zusammen, die auf dem Tisch verschiedene Alkopops stehen hatten. Und da ...

Michaels (15) Vater ist arbeitslos geworden. Seitdem trinkt er viel mehr Schnaps als früher. Manchmal hat er richtig einen in der Krone. Als die Mutter ihn deshalb neulich zur Rede stellte, meinte er ...

Der Säufer

Der kleine Prinz (→ S. 177) kam unterwegs zu mehreren Planeten, wo er jeweils auf ganz problematische Leute stieß.

Den nächsten Planeten bewohnte ein Säufer. Dieser Besuch war sehr kurz, aber er tauchte den kleinen Prinzen in eine tiefe Schwermut. „Was machst du da?", fragte er den Säufer, den er stumm vor einer Reihe leerer und einer Reihe voller Flaschen sitzend antraf. „Ich trinke", antwortete der Säufer mit düsterer Miene. „Warum trinkst du?", fragte ihn der kleine Prinz. „Um zu vergessen", antwortete der Säufer. „Um was zu vergessen?", erkundigte sich der kleine Prinz, der ihn schon bedauerte. „Um zu vergessen, dass ich mich schäme", gestand der Säufer und senkte den Kopf. „Weshalb schämst du dich?", fragte der kleine Prinz, der den Wunsch hatte, ihm zu helfen. „Weil ich saufe!", endete der Säufer und verschloss sich endgültig in sein Schweigen. Und der kleine Prinz verschwand bestürzt. Die großen Leute sind entschieden sehr sehr wunderlich, sagte er zu sich auf seiner Reise.

Antoine de Saint-Exupéry

Wie der Alkohol schadet

♦ Alkohol greift die **Gesundheit** an. Er kann die Ursache für folgende Krankheiten sein: Alkoholvergiftung, Übelkeit, Leberschrumpfung, Fettleber, Verdauungsstörungen, Zittern, Magenschleimhautentzündungen, Darmkrebs, Gleichgewichtsstörungen. Wenn Frauen während der Schwangerschaft Alkohol konsumieren, gefährden sie auch die Gesundheit ihres Kindes. An den Folgen übermäßigen Alkoholgenusses sterben in Deutschland jährlich etwa 75000 Menschen. Die Kosten alkoholbedingter Krankheiten betragen jährlich mehr als 20 Milliarden Euro.

♦ Alkohol beeinträchtigt **Geist, Willen und Gefühlswelt**. Seine Folgen: Abhängigkeit, lautes Auftreten, verminderte Denkfähigkeit, verlangsamte Reaktionen, Willensschwäche, Rücksichtslosigkeit, Aggressivität, mangelnde Zurechnungsfähigkeit, Enthemmung. Jährlich werden viele Menschen durch Alkohol im Straßenverkehr verletzt oder getötet.

♦ Alkohol belastet die **Gesellschaft**: Kriminalität, Versagen in Schule und Beruf, Probleme in Ehe und Familie, Kosten für Entziehungskuren und Krankenhaus.

Pablo Picasso (1881–1973), Die Absinthtrinkerin, 1901.

L Solange es Menschen gibt, gibt es **Drogen**. Solange es Drogen gibt, gibt es auch den Streit darüber, ob man Drogen erlauben soll oder nicht. In Deutschland sind Drogen wie Nikotin oder Alkohol erlaubt, Drogen wie Haschisch, Marihuana, Heroin, Kokain, Mescalin, LSD und Designerdrogen wie Ecstasy und Speed verboten. Wer diese Drogen besitzt oder mit ihnen handelt, macht sich strafbar.

Das trügerische Glück

Aus einem Vortrag von Dr. Markus zur Drogenberatung

Warum greifen Jugendliche zu Drogen?

Drogen haben in Deutschland seit Jahren eine **hohe Konjunktur**. Wer an Drogen kommen will, findet leicht einen Weg zu ihnen. Aber meist kommen die Drogen zuerst zu den jungen Leuten. Da bietet ein Dealer oder ein Bekannter den Jugendlichen oft zuerst unentgeltlich Drogen an und manche von ihnen greifen zu. Sie tun das,
- um die Neugierde zu befriedigen
- um in Stimmung zu kommen
- um der Sehnsucht ein Ziel zu geben
- um ein cooles Image zu haben
- um Anschluss an eine Gruppe zu finden
- aus manchen anderen Gründen

Manche Jugendliche, die zum ersten Mal Drogen nehmen, sind in einem **Tief ihres Lebens**. Sie setzen große Hoffnungen auf die Drogen. Weil niemand ihre Probleme löst, erwarten sie von den Drogen Lösungen.

Drogen versprechen viel und halten nichts

Das Glück, das die Drogen versprechen, ist trügerisch. Drogen versetzen in eine Welt des Scheins. Drogen wecken Illusionen. Sie lösen keine Probleme, sondern schaffen Probleme. Ihre verheerenden Wirkungen können Gesundheit und Leben ernsthaft gefährden, vor allem dann, wenn der Einstieg zum Start in eine intensivere **Drogenkarriere** wird.

Häufige Folgen der Drogensucht:

- Versagen in der Schule
- Verlust des Arbeitsplatzes
- mangelnde Selbstkritik
- Zerrüttung der Gesundheit
- Wahn- und Horrorvorstellungen
- Konzentrationsschwäche
- Denkstörungen
- Angst und Depression
- übermäßige Unruhe
- Aggressivität

Ecstasy

In dem folgenden Text ergeben die Anfangsbuchstaben der Zeilen das Wort „Ecstasy". Jede Zeile sagt etwas über diesen Stoff aus.

E kstase mit Folgen
C hemie aus Giftküchen
S ucht programmiert
T eufelskreis ohne Ausweg
A usbeutung der Jugend
S chadstoffe in Pillenform
Y psilon – das Vorletzte.

Carolin Sellinger (13), Mara Eggebrecht (14), Saskia Pasedag (13), Schülerinnen des Gymnasiums Weilheim

Könnt ihr einen ähnlichen Versuch für die Wörter Cannabis, Kokain, LSD oder Heroin machen?

Drogen machen süchtig

Von Drogen kommt man aus eigener Kraft kaum mehr los. Das Verlangen nach weiteren Drogen wird dann so stark, dass es nur durch weitere Drogen befriedigt werden kann. Die kosten **viel Geld**. Viele Abhängige wissen sich dann nicht anders zu helfen, als durch Diebstahl an Geld oder Drogen zu kommen, oder dass sie selbst Drogen verkaufen, um mit dem Erlös ihren eigenen Drogenbedarf zu decken („**Beschaffungskriminalität**"). Am Ende mancher Drogenkarriere stehen **Verzweiflung** und **Tod**.

Keine Macht den Drogen

Jährlich gibt es in Deutschland mehr als 1900 Drogentote. Oft liegt es an einer Überdosis oder auch an schlechtem Stoff. In der Szene gibt es die Kleindealer, die nicht nur die Drogen verteilen, sondern auch die schmutzige Arbeit des „Anfütterns" erledigen. Dann gibt es die Fädenzieher hinter den Kleindealern, von denen kaum jemand weiß, wo sie sich aufhalten. Sie leiten die Geschäfte. Viele von den örtlichen Dealern sind selbst süchtig und finanzieren durch das Dealen ihren eigenen Konsum. Weil das Drogengewerbe bestens organisiert und getarnt ist, kann die Polizei kaum durchschlagende Erfolge erzielen. Manchmal denke ich, das Einzige, was wir tun können, ist, dass wir mit jemandem sprechen müssen, der Probleme hat. Oder, dass wir gemeinsam einen Ausweg suchen, wenn wir erkennen, dass sich jemand an eine Droge hängt. Keine Macht den Drogen.

Julia Scholz (15)

Ein schlimmes Ergebnis

Während meines Aufenthalts hier in der Klinik, wo ich jetzt über zwei Monate allein auf einem Zimmer liege, das nur der Arzt betreten darf, habe ich viel Zeit gehabt, über alles nachzudenken.

Ich komme aus einem kleinen Dorf. In diesem Dorf habe ich als Erster mit dem Genuss von Drogen angefangen: Nach einiger Zeit habe ich einige Leute dazu verführt, mit mir zusammen Joints zu rauchen und Trips zu werfen. Es sind genau solche Menschen wie ihr gewesen. Heute sind sie kaputt, genau so kaputt, wie ich es vor einigen Wochen war. Immer tauchen diese Freunde vor mir in Gedanken auf. Sie sprechen mit mir, sie lachen, sie schreien mich an. Ich sehe sie immer vor meinen Augen. Der eine gerade beim Jointbauen, der andere beim Tripwerfen, der nächste beim Aufziehen der Spritze.

Wenn sie alle fertig sind und voll in der Ecke liegen, schreien sie mich an. Sie drohen mir, sie sagen mir, ich solle wieder mitmachen. Sie sagen, ich soll mit ihnen daran kaputtgehen. Ich drehe mich im Kreis und sehe sie rund um mich liegen. Jeder sieht schlimmer aus als der andere. Zuletzt mein bester Freund. Er kann sich nicht mehr regen, aber er schaut mich an. In diesem Blick steht groß in knallroten, feurigen Buchstaben geschrieben: Sieh mich an, das habe ich dir zu verdanken.

Ich kann mich nicht losreißen von meiner Schuld, andere Leute zum Rauschgift verführt zu haben. Mein Arzt sagt mir immer, ich habe keine Schuld, da ich selber nicht wusste, was ich tat. Ich sehe das ein, aber trotzdem tut es mir in meinem Innern weh.

aus dem Brief eines Jugendlichen an einen Religionslehrer und seine Klasse

A Nachdenken über ein heute weit verbreitetes Problem

1 Diskutiert darüber, ob viele **Jugendliche** wegen ihrer Veranlagung, wegen ihrer Probleme im Elternhaus und in der Schule, wegen ihrer schlimmen Situation drogengefährdet sind.

2 **Drogenkonsum – Drogenabhängigkeit – Drogenkarriere**: Was meinen diese Begriffe?

3 Wie solltet ihr euch verhalten, wenn ihr wisst, dass einige eurer **Klassenkameraden** Drogen nehmen und auch verkaufen?

4 Schreibt einen **Brief** an jemanden, der angefangen hat, Drogen zu konsumieren.

5 Informiert euch im **Internet** über Drogen: → S. 183.

- Christen wissen, dass **Verantwortung für andere Menschen** verwandt ist mit dem **Hauptgebot Jesu**: „Du sollst **deinen Nächsten lieben** wie dich selbst" (Mk 12, 29–31). Liebe ist sicher noch mehr als nur Verantwortung. Aber Liebe schließt Verantwortung ein (→ S. 177).
- Zu den **Nächsten**, für die wir Verantwortung tragen, zählen Eltern, Freunde und Bekannte. Jeder der uns nahe ist, ist unser Nächster.

4. Verantwortung für andere Menschen

Ausländer

In unseren Schulen gibt es viele **ausländische Schülerinnen und Schüler**. Manche leben schon lange mit ihren Eltern in Deutschland und sprechen die deutsche Sprache genauso gut wie ihre deutschen

> Dein Christus ein Jude
> Dein Auto ein Japaner
> Deine Pizza italienisch
> Deine Demokratie griechisch
> Dein Kaffee brasilianisch
> Dein Urlaub türkisch
> Deine Zahlen arabisch
> Deine Schrift Lateinisch
> Und Dein Nacbar nur ein Ausländer

Mitschüler. Andere sind noch nicht lange in unserem Land und haben darum viele Anpassungsprobleme. Oft können sie sich nicht so richtig ausdrücken, sind anders gekleidet als deutsche Schüler, verstehen manche Dinge nicht, die hier selbstverständlich sind. So entsteht bei ihnen manche Unsicherheit, die noch verstärkt wird, wenn man über ihr Anderssein lacht oder spottet.

Behinderte und Benachteiligte

Wer es in einer Klasse nicht so leicht schafft, wer nur über ganz wenig Geld verfügt, wer stottert, wer unsportlich ist, wer seinen Arm oder sein Bein nicht richtig gebrauchen kann, wer einen Sprach- oder Hörfehler hat, der kann sich in einer normalen Klasse leicht als **Außenseiter** fühlen, zumal wenn er seine Benachteiligung oder Behinderung dauernd zu spüren bekommt. Schon eine spöttische Bemerkung oder ein bissiges Wort können großen Schaden anrichten, weil die Betroffenen oft empfindlich reagieren.

Mobbingopfer

In manchen Schulen herrscht **Gewalt**. Ruppige Schüler („**Mobber**") treten lautstark auf und beleidigen oder verhöhnen schwächere Schüler. Vieles kann den Mobbern Anlass für ihr gewaltsames Auftreten sein: Aussehen, Noten, Klamotten, Hobbys, Herkunft. Sie greifen manchmal nicht nur mit Worten an, sondern schlagen und prügeln, kicken Taschen gegen die Wand, hauen auf ihre Opfer ein, drohen mit einem Messer oder einer anderen Waffe. Rücksichtslos verlangen sie von anderen Geld oder andere Sachwerte. Wenn man es ihnen nicht gibt, hat man Schlimmes zu erwarten. Wenn man es ihnen gibt, verlangen sie bald mehr. Erpressungen sind an der Tagesordnung. Besonders schlimm kann das Verhalten gegenüber Mädchen sein, obwohl Mädchen nicht nur Opfer, sondern zuweilen auch Täter sind. Wenn sich diese Typen auch noch zu Cliquen zusammenschließen, können sie eine ganze Klasse oder auch den Schulhof terrorisieren.

Ilja Kabakov (geb. 1933), Reihe, 1969.

A   **Unsere Verantwortung gegenüber anderen wahrnehmen**

1. Was könnt ihr tun, um **ausländischen Schülerinnen und Schülern** das Leben in der Klasse zu erleichtern? Habt ihr euch schon einmal von ihrem Herkunftsland erzählen lassen? Fragt auch eure Eltern, ob ihr den einen oder die andere einmal zu euch einladen könnt.
2. Ein **Gleichnis Jesu** zum Thema: Lk 10, 25–37. Wie Jesus auf Behinderte und Benachteiligte einging: Mk 1. 32–34. 40–45
3. Überlegt, wie ihr mit **Behinderten und Benachteiligten** umgeht. Welche Ideen habt ihr?
4. Was würdet ihr tun, wenn ihr an einem eiskalten Tag einen **Betrunkenen** in einem Park liegen seht? Weggucken, lachen, oder … ?
5. Zum Thema **Mobbing**:
   - Warum dürft ihr auf keinen Fall hinnehmen, dass in der Schule eine Atmosphäre der Angst besteht?
   - Wie könnte eine **Gegenwehr** aussehen, die die Mobber beeindruckt, ohne ihre brutalen Methoden zu übernehmen?
   - Prüft, wann klare **Worte** mehr Überzeugungskraft haben als Fäuste und Messer.
   - Was haltet ihr von **Streitschlichtern** aus euren Reihen, die zwischen den Streithähnen vermitteln und gewaltfreie Lösungen ermöglichen?
   - Gibt es bei euch **Selbstbehauptungskurse für Mädchen**?
   - Wie könnt ihr **Eltern und Lehrer/innen** in die Problematik einbeziehen und mit ihnen überlegen, was zu tun ist?

Der religiöse Markt

192 Der religiöse Markt

Eine Hellseherin oder Wahrsagerin sitzt vor einer beleuchteten Kristallkugel.

Vor Beginn wird diese Kugel, die auf einem schwarzen Tuch liegt, gründlich gereinigt und mit Energien aufgeladen. Während der Aktion kann man Weihrauchduft einatmen und sanfte Klänge hören. In der Kugel spielt sich das Zukunftsgeschehen ab, das allerdings nur für die Hellseherin sichtbar wird. Zuerst erzählt sie meist von Wolken, Wirbeln, Nebel oder Farberscheinungen. Sie entwickeln sich langsam zu Bildern und Szenen, die dann von ihr gedeutet werden.

Die Hellseherin helle anschauen

1 Beschreibt den **Raum**, in dem sich das Ganze abspielt. Welche Einzelheiten fallen auf? Welche Wirkung haben sie?

2 Was ist von der **Wahrsagerin** zu sehen? Welchen Eindruck macht sie?

3 Welchen Wert schreibt ihr ihren **Aussagen** über Gesundheit, Erfolg im Beruf, in Schule, Freundschaft, Liebe usw. zu?

Was die Bibel zu Wahrsagerei und Zauber sagt

- Wahrsagerei und Zauber sollt ihr nicht treiben. *Lev 19, 26*
- Gegen einen, der sich an Totenbeschwörer und Wahrsager wendet und sich mit ihnen abgibt, richte ich, dein Gott, mein Angesicht. *Lev 20, 6*
- Es soll bei dir (in Israel) keinen geben, der seinen Sohn oder seine Tochter durchs Feuer gehen lässt, keinen, der Losorakel befragt, Wolken deutet, aus dem Becher weissagt, zaubert, Gebetsbeschwörungen hersagt oder Totengeister befragt, keinen Hellseher, keinen, der Verstorbene um Rat fragt. Denn jeder, der so etwas tut, ist dem Herrn ein Gräuel. *Dtn 18, 10–12*
- Weh den Frauen, die Zauberbinden für alle Handgelenke nähen und Zaubermützen für Leute jeder Größe anfertigen. *Ez 13, 18*

Vorschau

Es gibt einen boomenden **religiösen Markt**, auf dem viele Dinge angeboten werden, die **Wünsche und Sehnsüchte** der Menschen rasch zu befriedigen versprechen: Einblick in die Zukunft, Kontakt zum Jenseits, Glück, Ratschläge für die Liebe, Wunderheilung usw. Viele Leute opfern viel **Zeit** und viel **Geld** für diese Markt-Religion. Auch Mädchen und Jungen lassen sich oft darauf ein.

Die Zahl derer, die auf dem Esoterik-Markt ihren Lebensunterhalt verdienen, ist größer als die Zahl der Seelsorger in beiden Kirchen. Über **10 000 Läden und Buchhandlungen** bieten in Deutschland ihre Dienste an.

Eine Welt voller Zauber

Lesen | Fragen | Denken | Interviewen | Suchen | Gestalten | Präsentieren

1 Was wisst ihr über **Astrologie, Wahrsagerei, Hellsehen, Handlesen, Pendeln, Teufelsspuk** usw? Macht eine Zusammenstellung von diesen und ähnlichen Angeboten und erläutert, was der ganze Spaß (1) verspricht, (2) hält und (3) kostet.

2 Lest im Alten Testament die Erzählung von der **Hexe von Endor** (1 Sam 28, 3–25) und im Neuen Testament die Erzählung von dem **Zauberer Simon** (Apg 8, 9–24): → **M4**.

1. Falscher Zauber

Die Begriffe **„Okkultismus"** und **„Esoterik"** lassen sich am ehesten mit „Geheimlehre" übersetzen. Beide meinen, es gäbe eine unsichtbare, übersinnliche Welt, auf die man durch geheimes Wissen Einfluss nehmen kann. In Worten und Symbolen, in Handlungen und Riten ahmen sie oft die Religionen nach. Sie versprechen eine gewisse **Verzauberung des Lebens**, die deshalb so willkommen ist, weil nicht wenige Menschen unter der Eintönigkeit ihres Alltags leiden, ihren Verstand nicht benutzen und die Bedeutung der Religion nicht kennen.

194 Der religiöse Markt

Mondkalender – Skarabäus – Feng Shui

Sehr geehrte Frau Dr. Selbstmeier,

glauben Sie mir: Um einfach lebendig zu bleiben, denke ich seit Jahren immer nur positiv. Ich atme harmonisch, richte mich in allem, was ich tue, nach dem Mondkalender, habe einen Kurs in rezeptivem Meditationstraining absolviert, die heilenden Runen befragt und das chinesische Mah-Jongg-Orakel. Ich habe meinen Astro-Gesundheitspass befolgt, meine Planetenkonstellation genau beachtet, den Kalender der Cherokee studiert. Ich kann das keltische Ogham-Alphabet auswendig, habe mich in die Nummerologie vertieft und die Delfin- und Mäuse-Strategie für Manager beherzigt. Ich gehe jeden Abend mit meinem ägyptischen Skarabäus ins Bett, habe für jede Unpässlichkeit und jede Erkrankung meinen magischen Heil-Stein. Dass ich meine Wohnung nach Feng Shui, der chinesischen Harmonielehre, ausgerichtet habe, ist selbstverständlich. Ich habe das Mentaltraining verstärkt und kenne die sieben Geheimnisse für atemberaubenden Sex. Ich habe die schamanische Selbstheilung praktiziert und Hui Chun Gong, die Verjüngungsübungen der chinesischen Kaiser. Ich habe mich dem Tao des Herzens hingegeben, mich schlank gedacht und die dreizehn Schritte zu einem intensiven Leben eingeübt. Den Tiger in mir habe ich umarmt und mich gesund berühren lassen. Ja, ich habe meinem Leben eine neue Richtung gegeben. Jetzt bin ich fix und fertig, am Ende. Ich brauche eine Therapie! Bitte geben Sie mir einen Termin.

In arger Not
Ihre Iris Kümmerling

Ergänzt das okkulte Alphabet

A mulett

B öser Blick

C hirologie=Handdeutung

D ämonen

...

Z auber

ABRACADABRA ist vielleicht der Name eines antiken Dämons, der zu einer Zauberformel gegen Krankheiten geworden ist. Man hofft, dass die Krankheit schwindet, sobald das Wort in jeder Zeile Buchstaben verliert.

ABRACADABRA

BRACADABR

RACADAB

ACADA

CAD

A

Jetzt cool überlegen

1 Schreibt **Frau Kümmerling** einen Antwortbrief.

2 Was macht es für einen Unterschied, ob man sich aus (1) **Spaß**, (2) **Neugierde** oder (3) **Ernst** mit Esoterik und Okkultismus befasst?

3 Warum wird man bei **Wahrsagerinnen und Hellsehern** oft zuerst in Angst, Unruhe oder Verunsicherung versetzt?

4 Warum sind auch viele **Christen** heute gegenüber der Esoterik nicht immun? Warum bezeichnen andere Christen die Erscheinungen der Esoterik und des Okkultismus als „**Aberglaube**"?

5 Schreibt in eurem Religionsheft (→ **M1**) Glücks- und Unglückszeichen auf. Welche benutzt ihr z. B. bei Klassenarbeiten? Was haltet ihr von ihrer Wirkung? Kennt ihr auch **Glücks- und Unglückstage**?

6 Deutet den Spruch: „Ob eine **schwarze Katze** Unglück bringt, hängt allein davon ab, ob man ein Mensch ist oder eine Maus."

7 Manchmal ist der Unterschied zwischen **Glaube und Aberglaube** nicht eindeutig zu erkennen, z. B. wenn ein Christ bei Gewitter eine Kerze anzündet oder wenn er eine Christophorus-Plakette in seinem Auto anbringt. Wann ist eine solche Handlung Ausdruck des Glaubens, wann nicht?

Der christliche Glaube lehnt Esoterik und Okkultismus ab. Christen wissen, dass sie Mensch und Natur nicht durch geheime Praktiken beeinflussen können und Gott nicht durch Magie (Zauberei, Geheimkunst) für sich in Anspruch nehmen dürfen. Wenn Christen beten oder heilige Handlungen vollziehen, tun sie das im Vertrauen darauf, dass **Gottes Wille** geschehe. Auf keinen Fall maßen sie sich Macht über ihn an oder beanspruchen für sich ein geheimes Wissen von ihm.

2. In den Sternen steht's geschrieben

Deine Sterne

Ein Wissenschaftler über die Astrologie

Ich weiß, dass viele Menschen an die Astrologie glauben. Denen möchte ich mit fünf Argumenten sagen, was ich davon halte:

1. Die **Auswahl der Sterne**, die für die Astrologie herangezogen werden, ist verschwindend klein. Nur die zehn Planeten und die Sterne der Tierkreiszeichen kommen darin vor. Man muss sich fragen, warum die unzähligen anderen Sterne keine Bedeutung haben.

2. Die Zuweisung bestimmter Charaktereigenschaften zu den **Tierkreiszeichen** ist durch nichts zu begründen. Weder sind alle „Löwenmenschen" wild noch alle „Fischmenschen" schüchtern. Die „Stiermenschen" sind nicht alle praktisch veranlagt und die „Waagemenschen" haben kaum einen höheren Gerechtigkeitssinn als alle anderen.

3. Für das Verständnis eines Menschen müsste der **Zeitpunkt der Befruchtung** wichtiger sein als der Zeitpunkt der Geburt, weil schon hier seine genetische Grundbestimmung erfolgt.

4. Die **Energien**, die von allen Sternen des Universums auf ein neugeborenes Kind auf Grund ihrer Entfernung ausgehen können, sind unendlich schwächer als die eines Baums, einer Straße oder eines Gebirges in der Nähe des Geburtsortes.

5. **Zwillinge**, die immer im gleichen Tierkreiszeichen zur selben Stunde geboren werden, haben durchaus nicht immer die gleiche Veranlagung und das gleiche Schicksal.

Ob meine Argumente denen, die an die Astrologie glauben, nützen, weiß ich allerdings nicht. Meistens sind sie Argumenten nicht zugänglich.

WIDDER 21. 3.–20. 4.
Bei einer ernsthaften Auseinandersetzung bleibst du Sieger! Du hörst ein erfreuliches Geständnis. In Schule/Beruf kommst du um ein Hindernis herum. Eine Anmache überrascht dich! Post! Glückstag: Donnerstag!

STIER 21. 4.–20. 5.
Du siehst in der Wochenmitte ein, dass du dir in einer wichtigen Sache unnötige Sorgen gemacht hast! Aber: Ein Verdacht, den du geschöpft hast, bestätigt sich! Leichte Trübung im Verhältnis zu deinem Partner/Freund.

ZWILLING 21. 5.–21. 6.
Du denkst daran, eine alte Freundschaft aufzugeben, weil dich eine neue Type reizt! Handle aber nicht vorschnell! In der Freizeit entdeckst du Neues, was dir Spaß macht. Dein Sparschwein setzt etwas Speck an!

KREBS 22. 6.–22. 7.
Bei einer Fete ist dein Typ gefragt! Zu Hause bekommst du bei einer Lösung eines Problems überraschende Hilfe! Ein alter Wunsch wird dir endlich erfüllt! Beim Wetten/Raten/Tippen hast du Glück: Erfreuliche News!

LÖWE 23. 7.–23. 8.
Du kannst jetzt deine Stellung in Schule/Beruf, in der Clique, verbessern! Aber: du läufst Gefahr, auf leere Versprechungen reinzufallen. Da ist jemand, der dich besser kennen lernen will. Glückstag: Samstag!

JUNGFRAU 24. 8.–23. 9.
Bei Wettkämpfen und Diskussionen bist du gut in Form! Sei vorsichtig, ein angeblicher „Freund" spielt dir ein falsches Spiel! Beim Anmachen stehen dir Glück & Zufall bei! Zu Hause wird dir ein Wunsch erfüllt!

WAAGE 24. 9.–23. 10.
Sei besonders vorsichtig im Straßenverkehr und achte besser auf deine Gesundheit! Dein Partner/Freund ist in einer wichtigen Sache voll auf deiner Seite! Gute Einfälle, wie der Knete zu helfen ist! Post-Überraschung!

SKORPION 24. 10.–22. 11.
In Schule/Beruf kannst du dich deinen Fähigkeiten entsprechend durchsetzen! Du kannst jetzt Leute kennen lernen, die für dich einige Wichtigkeit erlangen könnten! Du machst dir unnötig Sorgen! Anmach-Glück!

SCHÜTZE 23. 11.–21. 12.
Du kannst jetzt, wenn du fit bist, eine Sache, die dir Sorgen bereitet, aus der Welt schaffen! Verbesserungen in deinem Verhältnis zum Partner/Freund, zu Cliquetypen, sind möglich! Nette Post! Glückstag: Freitag!

STEINBOCK 22. 12.–20. 1.
Kleine Rangeleien mit deinem Partner/Freund, zu Hause, lösen sich umgehend in nichts auf! In der Clique, bei einer Fete, stehst du hoch im Kurs! Ein Nahestehender hält endlich ein Versprechen! Erfreuliche News!

WASSERMANN 21. 1.–19. 2.
Man versucht dich besser kennen zu lernen, aber fall nicht auf Skorpione, Stiere oder Löwen herein! Ein Plan, der dir wichtig erscheint, zerschlägt sich, aber in Schule/Beruf kassierst du Pluspunkte! Glückstag: Montag!

FISCHE 20. 2.–20. 3.
Du machst bei einer für dich wichtigen Type den erwünschten Eindruck! Mit deinen Finanzen solltest du sorgsamer umgehen, Sparschwein-Verbesserungen sind nicht in Aussicht! Nette Anmache! Post! Glückstag: Dienstag!

Astralreisen – Das müssen Sie erlebt haben

Die Fähigkeit, mit dem Astralleib bewusst aus dem engen Gefäß des materiellen Körpers herauszutreten und an jeden beliebigen Ort, in jede beliebige Zeit und sogar an Orte jenseits unserer Vorstellungskraft zu reisen, ist für viele von uns eine tief liegende Sehnsucht, die uns wie ein unerreichbarer Traum erscheint.

Doch dieser Traum kann Wirklichkeit werden! Du kannst diese angeborene, natürliche Fähigkeit wieder erlangen! Die außerkörperliche Erfahrung ist nicht mit Nachtträumen, Phantasiereisen oder Halluzination zu verwechseln. Sie ist absolut real und für jede/n erlebbar.

Worauf wartest du also noch? Einen besseren Wegweiser, andere Welten zu erforschen, die Todeserfahrung hinter sich zu lassen und tausende Versionen von Glückseligkeit zu erfahren, wirst du nicht finden!

Preis auf Anfrage bei …

A Sterne, Sterne, Sterne

1. Sammelt die wöchentlichen oder täglichen **Horoskope** ein und desselben Sternzeichens aus verschiedenen Zeitungen und vergleicht sie miteinander. Was fällt euch auf? Was ist bei euch selbst eingetroffen, was nicht? Wie erklärt ihr euch die „richtigen" Voraussagen?
2. Was sagt man über einen Krebs, einen Wassermann und einen Schützen? Überprüft in eurer Klasse, ob die den **Tierzeichen** zugeschriebenen Eigenschaften tatsächlich bei den Mädchen und Jungen vorkommen, die in diesem Zeichen geboren wurden.
3. Was haltet ihr von **Aussagen** wie diesen: „Wir passen nicht zusammen. Du bist ein Widder." Oder „Weil Sie ein Zwilling sind, kann ich ihnen das Zimmer nicht vermieten."
4. In welchem Sinn ist der Satz „Die **Sterne** lügen nicht" sicher richtig? Warum sind trotzdem viele Horoskope falsch?
5. Manchmal haben die **Sterndeuter** Glück. Das weiß selbst die Bibel. Ein bekanntes Beispiel: → Mt 2, 1–12.
6. Was bedeutet es euch, dass ihr eure eigene **Zukunft** nicht kennt?

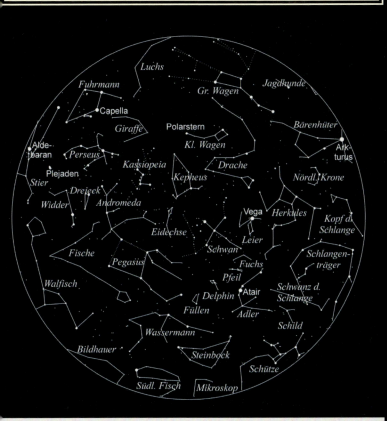

Das Nichteintreffen der Vorhersagen vergisst man, weil es nichts Besonderes ist; das Eintreffen behält man. Damit bleibt der Astrologe in Ehren.

Johannes Kepler

L Die **Astrologie** verspricht, geheimes Wissen über die Zukunft aus dem Stand der Sterne gewinnen zu können. Sie findet heute viel Anklang.

Der Glaube an die Astrologie hält einer soliden Prüfung nicht stand. Die eingetroffenen Voraussagen sind Zufallstreffer oder so allgemein und unscharf formuliert, dass sie auf viele Menschen passen. Die meisten Voraussagen treffen überhaupt nicht ein. Wissenschaftler sind sich einig, dass der Erkenntnis-Wert der Astrologie gleich null ist.

3. Draht zum Jenseits

> **L** **Okkulte Praktiken** wie Gläserrücken oder Tischhüpfen versprechen oft **Kontakte zum Jenseits**.
> Als **Erklärungsversuche** werden genannt: Selbsttäuschungen, Tricks, willkürliche Deutung der Schrift oder der Geräusche, Gruppenhysterie usw. Dass sich hier Geister melden, ist nicht anzunehmen.

Tischhüpfen

Neulich war ich zu einem Tischhüpfen eingeladen. Das war unheimlich. Da stand ein kleiner dreibeiniger Holztisch mit einer größeren weißen Tapete, darin war ein Kugelschreiber eingelassen. Wir wurden alle aufgefordert, ganz still und konzentriert zu werden und dabei die Tischplatte mit den Fingern zu berühren. Dann wurde der Kontakt zum Jenseits hergestellt. Ein Mädchen rief laut: „Geist, melde dich!" Zuerst blieb es noch ruhig und ich dachte schon, dass nichts passiert. Doch dann begann sich der Tisch ein wenig zu bewegen. Alle waren erstaunt und erschrocken. Plötzlich schrieb der Bleistift auf dem Tisch in wildem Gekrickel etwas auf die Tapete, das wir mit viel Fantasie als „Hier bin ich" entziffern konnten. Nun stellten die Anwesenden Fragen, z. B. „Wann habe ich Geburtstag?", „Wie heißt meine Mutter mit Mädchennamen?", „Was ist die Lieblingsspeise meiner Schwester?" Die Antworten musste man sich aus dem Gekrickel heraussuchen. Ohne unsere Fantasie hätte ich nichts entziffern können.

Udo 14, Schüler

Gläserrücken

Ich war einmal heimlich mit vier Freundinnen bei einer Sitzung („Séance") mit Gläserrücken. An den Rand eines großen Bogens Papier schrieben wir alle Buchstaben des Alphabets, die Zahlen von 1 bis 9 und die Wörter „Ja" und „Nein". Wir setzten uns um einen Tisch, auf den wir das Papier gelegt hatten. In der Mitte stand ein Glas mit der Öffnung nach unten. Zuerst legten alle eine Fingerspitze auf den Glasboden und warteten gespannt, ob sich das Glas bewegte. Dann riefen wir den Geist meines verstorbenen Großvaters und fragten ihn: „Siehst du uns?" Bei der ersten Frage tat sich nichts. Doch bewegte sich das Glas beim zweiten Mal in Richtung auf das „Ja". Nun begann ich mit meiner ersten Frage. „Liebt mich meine Freundin auch im nächsten Jahr?", und das Glas bewegte sich eher zum „Nein". Meine beste Freundin fragte: „Wie werde ich die nächste Mathe-Arbeit schreiben?", und das Glas steuerte die Zahl 4 an. Da wurde uns mulmig zu Mute und wir beendeten rasch die Sitzung. Übrigens hat der Geist meines Großvaters oder das, was wir dafür hielten, eine Frage falsch und eine richtig beantwortet. Ich bin noch mit meiner Freundin zusammen. Meine Freundin hat die Arbeit tatsächlich „4" geschrieben. Wahrscheinlich bewirkte der Geist, dass sie diesmal viel ängstlicher als sonst war.

Hella 15, Schülerin

> **A** **Draht zum Jenseits?**
> 1 Wie erklärt ihr euch gewisse „**Erfolge**" beim Kontakt zum Jenseits?
> 2 Was **Jesus** vom Kontakt zum Jenseits hält, erzählt er in einem Gleichnis: → Lk 16, 19–31. Zur Deutung: → **M 4**.

198 Der religiöse Markt

Der „Geist Kevin"

Er hat unsere Spitznamen gekannt und alle Geburtsdaten. Bis dann einmal einer ihn fragte, ob wir auch mal mit 'nem bösen Geist fahren könnten. Da hat er geantwortet: Luzifer. Da kamen wir echt in Panik und haben zu ihm gesagt: Geh weg, wir wollen dich nicht. Vor lauter Panik haben wir alle Fenster und Türen aufgemacht und viermal ein Vaterunser gebetet. Er hat dann geschrieben: Satans Söhne werden in euch sein. Daraufhin haben wir ihn gefragt, was er will. Darauf hat er geantwortet: Ihr werdet Seelen kaputt machen und andere Leute linken. Wir wollten aber Beweise haben, und er hat das Wort „Klo" geschrieben. Da ist auf einmal der Klodeckel nebenan runtergefallen. Also ich war an dem Abend fix und foxi, ich hatte am ganzen Körper 'ne Gänsehaut und konnte vor Angst nicht schlafen.

Holger (14), Schüler

Ein Psychologe über Voraussagen der Geister

Die Geister der Verstorbenen verkünden den Mädchen und Jungen beim Tischrücken und Gläserhüpfen nicht immer nur harmlose Dinge, sondern manchmal auch gefährliche Botschaften, z. B.: Eine alte Freundschaft zerbricht. Oder: Ein Bruder kommt bei einem Motorradunfall ums Leben. Manchmal tritt später tatsächlich ein, was der Geist vorausgesagt hat. Das hat aber nichts mit der Sehergabe des Geistes zu tun. Die Mädchen und Jungen selbst verhalten sich nach der Sitzung oftmals so, dass das eintrifft, was der Geist gesagt hat. Sie glauben selbst nicht mehr an die Freundschaft. Sie sind im Straßenverkehr völlig verunsichert. So tragen sie selbst dazu bei, dass sich die Prophezeiung erfüllt (engl.: „selffulfilling prophecy").

Unabsehbar können die Folgen sein, wenn ein junger Teilnehmer vom Geist hört, dass er nur 16 Jahre alt wird oder wenn eine junge Frau hört, dass sie keine Kinder bekommt. Jahrelange Angst erfüllt sie, die selbst dazu beitragen kann, dass die Ankündigung wahr wird.

Der Wunsch, Kontakte zum Jenseits zu bekommen, richtet oft erheblichen Schaden im Diesseits an.

> **L** **Christen** glauben, dass **Engel** (→ S. 82 f) **und Verstorbene** bei Gott leben. Sie halten es für unmöglich, dass sie durch seltsamen Klamauk oder mit technischen Apparaten zum Reden veranlasst werden („**Spiritismus**"). Wenn sie uns etwas zu sagen haben, werden sie selbst bestimmen, wie sie es tun, z. B. in einem Gedanken unseres Herzens oder bei einer ruhigen Meditation. Aber auch da werden sie uns nichts über die Zukunft offenbaren, wenn Gott will, dass sie für uns im Dunkel liegt.

L Es gibt viele **Motive** für das Interesse am religiösen Markt. Manchmal ist es **Neugierde**, manchmal **Abenteuerlust**, manchmal **Überdruss am Alltag**, manchmal **Angst**, manchmal **Hoffnung**, manchmal **Unsicherheit**, manchmal **Sehnsucht**, manchmal **Langeweile**, manchmal **Protest gegen die Mitwelt**, manchmal **Enttäuschung über das Christentum**, manchmal **Verführung durch Freunde**, manchmal **Streben nach Macht**.

4. Entzauberung des Zaubers

Was uns tatsächlich nicht bereichern kann:
- die kostspielige Esoterik
- ein fragwürdiges Horoskop
- hüpfende Tische
- ...

Was unser Leben tatsächlich bereichern kann:
- das Glück der Freundschaft und Liebe
- der Rhythmus der Musik,
- die Erfahrung Gottes
- ...

Ergänzt beide Reihen.

Träumen
Eintauchen –
andere Welt –
die Realität vergessen –
sich fallen lassen –
(doch) Seifenblasen
zerplatzen.

Nora Kertész, Schülerin, 9. Klasse

Albrecht Dürer (1471–1528),
Der Erzengel Michael (hebr.: „Wer ist wie Gott?"), vertreibt den Satan aus dem Himmel (Offb 12, 7–9), 1498.

200 Der religiöse Markt

Von guten Mächten

Dietrich Bonhoeffer (1906–1945), ein Mann des Widerstands gegen das Nazi-Regime, dichtete dieses Neujahrslied kurz vor seiner Hinrichtung im Gefängnis, nachdem er durch die Richter des Dritten Reichs zum Tod verurteilt worden war. Er war evangelischer Theologe.

1. Von guten Mächten treu und still umgeben,
behütet und getröstet wunderbar,
so will ich diesen Tag mit euch leben
und mit euch gehen in ein neues Jahr.

2. Noch will das alte unsre Herzen quälen,
noch drückt uns böser Tage schwere Last,
ach, Herr, gib unsern aufgeschreckten Seelen
das Heil, für das du uns geschaffen hast.

3. Und reichst du uns den schweren Kelch, den bittern
des Leids, gefüllt bis an den höchsten Rand,
so nehmen wir ihn dankbar ohne Zittern
aus deiner guten und geliebten Hand.

4. Doch willst du uns noch einmal Freude schenken
an dieser Welt und ihrer Sonne Glanz,
dann woll'n wir des Vergangenen gedenken,
und dann gehört dir unser Leben ganz.

5. Lass warm und still die Kerzen heute flammen,
die du in unsre Dunkelheit gebracht,
führ, wenn es sein kann, wieder uns zusammen!
Wir wissen es, dein Licht scheint in der Nacht.

6. Wenn sich die Stille nun tief um uns breitet,
so lass uns hören jenen vollen Klang
der Welt, die unsichtbar sich um uns weitet,
all deiner Kinder hohen Lobgesang.

Melodie: Kurt Grahl

7. Von guten Mächten wunderbar geborgen,
erwarten wir getrost, was kommen mag.
Gott ist mit uns am Abend und am Morgen
und ganz gewiss an jedem neuen Tag.

A Gute Mächte
1. Versucht zu erklären, warum **Bonhoeffer**, der in Lebensgefahr schwebte, dieses Gedicht schreiben konnte. Zu Bonhoeffer: → **M2**.
2. **Gute Mächte** – was meint Bonhoeffer damit?
3. Welchen **roten Faden** erkennt ihr im ganzen Gedicht?

L Der **Gott des religiösen Marktes** ist nicht der **Gott des christlichen Glaubens**. Auf dem Markt ist meist von einer göttlichen Kraft/Energie die Rede, die Herz und Gemüt erwärmt, übersinnliche Kräfte verleiht, sonst nicht zugängliches Wissen schenkt. Der **Kuschelgott** der Esoterik ist harmlos und harmonisch.
Er kennt nicht die **Entschiedenheit** des **biblischen Gottes**, der jeden Menschen zum Kampf gegen Ungerechtigkeit und Armut in die Pflicht nimmt. Er kennt nicht die **Liebe** des biblischen Gottes, der tröstet und hilft, wann er will. Er kennt nicht die **Größe** des biblischen Gottes, der für uns immer ein Geheimnis bleibt.

Das Judentum – Gottes Minderheit

202 Das Judentum – Gottes Minderheit

Westmauer des zerstörten Tempelbezirks in Jerusalem
Diese Mauer, die von Christen oft **Klagemauer** genannt wird, ist der noch erhaltene Teil der westlichen Stützmauer des Tempels (→ ZdF S. 97, 100 f), die der König Herodes (→ ZdF S. 105) zwischen 15 und 10 vC an der älteren Tempelanlage errichten ließ. Der Tempel selbst wurde im Jahr 70 nC von den Römern zerstört. Ständig trifft man hier auf Juden. Orthodoxe Juden beten an diesem Ort in ihrer dunklen Kleidung mit rhythmischen Bewegungen des ganzen Körpers. Manche Fromme legen in die Ritzen der Mauer kleine Zettel mit ihren Gebetswünschen (→ S. 219). Frauen und Männer beten noch heute an getrennten Stellen.

Eine berühmte Mauer

1 Gelegentlich kommt die Westmauer im **Fernsehen** ins Bild. Könnt ihr euch an einige Situationen erinnern?
2 Warum ist für viele Juden diese Mauer heute der **heiligste Ort des Judentums**?
3 Warum nennen Christen diese alte Mauer wohl „**Klagemauer**"? Wer klagt hier?

Vorschau

Das Judentum ist im Vergleich mit den anderen Weltreligionen **zahlenmäßig** klein, aber in seiner **Bedeutung** überaus groß. Man hat es darum „**Gottes Minderheit**" genannt. Es hat der Welt viele Ideen und Anregungen geschenkt. Kein Volk hat seit drei Jahrtausenden solche Erfahrungen mit Freude und Leid, Liebe und Hass, Heimat und Fremde gemacht. Und doch haben sich das jüdische Volk und seine Religion bis heute behauptet.
Christen und **Deutsche** sind mit dem Judentum durch eine lange, wechselvolle Geschichte verbunden.

Eine Einführung in die Welt des Judentums

Lesen | Fragen | Denken | Interviewen | Suchen | Gestalten | Präsentieren

1 Stellt in nächster Zeit so weit wie möglich ein kleines **Lexikon des Judentums** zusammen, das wichtige Begriffe, Namen und Fachausdrücke enthält, z. B. **A**ntisemitismus, **B**ar Mizwa, **C**hassidim, ..., **Z**ion
2 Fertigt im Verlauf der Arbeit an diesem Kapitel eine **Zeitleiste** an, auf der ihr mit Hilfe einer Bibelausgabe, eines Geschichtsbuchs, eines Lexikons o. Ä. einige Daten aus der Geschichte des Judentums von Abraham und Mose (ca. 1200 vC) über Antike, Mittelalter und Neuzeit bis in die Gegenwart aufzeichnet. Thema: **Das Judentum im Strom der Zeit.**
3 Schreibt auf einem **Zettel** in Stichworten auf,
 ◆ was ihr vom Judentum wisst
 ◆ welche Fragen ihr zum Judentum habt.
 Hängt diese Zettel an einer Pinnwand in der Klasse auf und geht bei der Arbeit zum Thema Judentum allmählich darauf ein.
4 Wer nicht **selbst Jude/Jüdin** ist, kann die Welt des Judentums nur von außen betrachten. Was bedeutet das für unsere Arbeit?
5 Empfehlenswert ist ein **Briefwechsel mit einer Schulklasse in Israel**. Informationen über Israel vermittelt die Botschaft des Staates Israel, Schinkelstr. 10, 14193 Berlin. Im Internet findet ihr Adressen interessierter israelischer Schulen.

Benno Elkan (1877–1960), Menorah (siebenarmiger Leuchter) vor dem israelischen Parlament in Jerusalem, 1956. Ein Detail: → S. 210.

203

1. Dem Judentum auf der Spur

Im heutigen **Judentum** sind überall auf der Welt **jahrhundertealte Traditionen** lebendig.

In der Gegenwart gibt es vor allem **drei religiöse Richtungen**:

♦ das **orthodoxe** Judentum, das Neuerungen zumeist ablehnt, sich uneingeschränkt zur Thora bekennt, die Speise- und Ehegesetze genau beachtet, Frauen nicht zum Thora-Studium zulässt, an die Erwählung des Volkes und das Land Israel glaubt …

♦ das **konservative** Judentum, das einen mittleren Weg vorsieht und die Thora durch Rabbiner nur behutsam an die gewandelten Lebensumstände anpasst, die Speisegesetze nur zu Haus streng beachtet, an die Rückkehr in das Land der Väter glaubt …

♦ das **Reformjudentum**, das von der Thora nur das als verbindlich weiterführt, was der Vernunft nicht widerspricht, Frauen und Männer als gleichberechtigt ansieht, auf das Land Israel keinen Anspruch erhebt …

Daneben sind viele Juden heute **nicht religiös**. Sie beachten z. B. selten oder nie die Speisegesetze oder den Sabbat (→ S. 208).

Wörter aus dem „Hebräischen" und „Jiddischen"

„**Hebräisch**" ist die alte Sprache der Juden. „**Jiddisch**" ist die Sprache der Juden in Osteuropa. Da diese oft aus deutschsprachigen Ländern kamen, brachten sie ihre deutsche Sprache mit, die sich dort mit dem Hebräischen und manchen slawischen Wörtern mischte.

Amen, abzocken, bedeppert, beschummeln, betucht, dufte, futsch, Ganove, Gauner, geschlaucht, Hals- und Beinbruch, Jubel, Kaff, kess, Kittchen, kläffen, Kluft, Knast, kotzen, Macke, mauscheln, Massel, meschugge, mies, mogeln, Pinke, pleite, Ramsch, Reibach, Sack, Satan, schachern, schäkern, Schickse, Schlamassel, schnorren, schofel, Schtetel, schusselig, Stuss, Tacheles, Tinnef, vermasseln, Zoff

Das Judentum in Zahlen
Heute gibt es ca. 18 Millionen Juden in mehr als 110 verschiedenen Ländern. Überall – außer im Staat **Israel** *– bilden die Juden eine Minderheit. Die meisten Juden leben in der* „**Diaspora**" *(hebr.: „Gola"; d. h. Zerstreuung, Fremde). Die Zahl der Juden in* **Deutschland** *hat sich seit 1992 durch eine starke Einwanderung aus Osteuropa vervielfacht.*

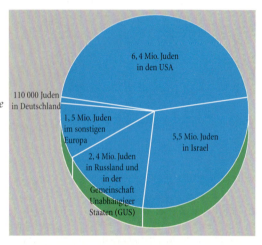

6,4 Mio. Juden in den USA
110 000 Juden in Deutschland
1,5 Mio. Juden im sonstigen Europa
5,5 Mio. Juden in Israel
2,4 Mio. Juden in Russland und in der Gemeinschaft Unabhängiger Staaten (GUS)

204 Das Judentum – Gottes Minderheit

Heinrich Heine (1797–1856), Dichter und Publizist.

Sigmund Freud (1856–1938), Begründer der Psychoanalyse.

Albert Einstein (1879–1955), Begründer der Relativitätstheorie.

Marilyn Monroe (1926–1962), amerikanische Filmschauspielerin.

Charlotte Knobloch (geb. 1932), Vorsitzende des Zentralrates der Juden in Deutschland.

Hi - nei ma tov u - ma na - im she - vet a - him gam ya - had.
Hi - nei ma tov she - vet a - him gam ya - had.

Seht doch, wie gut und schön ist es, wenn Brüder miteinander in Eintracht wohnen. (Psalm 133, 1)

1 Synagoge in Heidelberg.
2 Orthodoxer Familienvater mit Kindern in Jerusalem.
3 Jugendliche in Tel Aviv.
4 Amerikanische Rabbinerin aus dem Reformjudentum.

A Kleine Sachkunde Judentum

1 Schreibt 5–10 der aus dem **Hebräischen/Jiddischen** kommenden Wörter heraus und sagt, was sie bedeuten. Notiert auch einige Wörter, die ihr nicht versteht, und überlegt, was sie bedeuten.

2 Was sagen euch die **Bilder** dieser Doppelseite über das Judentum? Andere Bilder: → S. 100 f; ZdF S. 46–77.

3 Wiederholt, was ein Rabbi über die **Thora, das Land Israel, Beschneidung, den Bund Gottes mit Israel, Sabbat und Messias** sagt: → ZdF S. 102 f.

4 Findet heraus, welche jüdischen **Feste und Feiertage** es gibt: → **M 2** und S. 208 f. Was ist z. B. Pesach, Jom Kippur und Chanukka?

5 **Koscher essen** – was ist das?

6 Versucht etwas über die **heutigen Richtungen** im Judentum herauszufinden: → **M 2**.

7 Was bedeutet es für das Judentum, dass das **Christentum** heute etwa 2 Milliarden und der **Islam** ca. 1,1 Milliarden Anhänger haben?

205

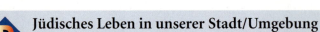

Das Hebräische Alphabet, das von rechts nach links zu lesen ist (→ ZdF S. 39).

2. Eine lebendige Religion

Jüdisches Leben in unserer Stadt/Umgebung

Zur Projektarbeit: → **M 9**. Versucht, die Schülerinnen und Schüler des evangelischen Religionsunterrichts zu beteiligen und den Geschichtslehrer/die Geschichtslehrerin zu Rate zu ziehen. Am Ende könnt ihr ein kleines **Heft** zum Thema: „**Das Judentum in unserer Stadt/Umgebung**" anfertigen oder/und einen Beitrag für die **Schülerzeitung** schreiben sowie einen **Elternabend** zum Thema durchführen. Sucht euch dazu z. B. folgende **Aufgaben** aus:

1 **Zeugnisse des Judentums in eurer Stadt oder Umgebung** suchen: nach Juden benannte Straßen, die (ehemalige) Synagoge, Museum, Friedhof, Denk- und Mahnmäler, evtl. Fotos anfertigen.

Wenn möglich solltet ihr die **Biografie eines jüdischen Mädchens oder Jungen erkunden**, die zwischen 1933 und 1945 oder zu anderen Zeiten in eurer Gegend gelebt haben.

2 Am Sabbat oder einem anderen Tag einen **Besuch in der Synagoge** machen. Den Kontakt könnt ihr über den Synagogenvorsteher aufnehmen. Vorher solltet ihr einige **Grundkenntnisse** über das Judentum erwerben.

Mögliche **Gesprächsthemen**: die Synagoge, der Gottesdienst, der Sabbat, die Thora, die religiösen Feste und Feiern.

Mögliche **Fragen**: Wie sieht das Leben der Juden in Deutschland heute aus? Welches Interesse zeigen Jungen und Mädchen an ihrer Religion? Wie groß war die Gemeinde 1933, 1945, 1990 und wie groß ist sie heute? Wie viele Neuzugänge aus Osteuropa, vor allem aus Russland sind seit 1992 zu registrieren? Wie ist das Verhältnis zum Staat Israel und zu den christlichen Kirchen?

Nähere Informationen über das örtliche Judentum bekommt ihr bei der „Deutsch-Israelischen Gesellschaft" oder bei der „Gesellschaft für christlich-jüdische Zusammenarbeit": → **M 2**.
Eine andere gute Adresse: info@zentralratjuden.de

Der wichtigste Text

1 **Wer** ist im „Sch`ma Israel" angesprochen, wer spricht? Was wird von Israel, was von Gott gesagt? Was wird über den Glauben, was über das Handeln gesagt? Wo liegt der Schwerpunkt?

2 Wie **Jesus** dazu stand: → Mk 12, 28–34 und S. 97.

3 Weil dieser Text so wichtig ist, solltet ihr ihn in **schöner Schrift** in euer Religionsheft (→ **M 1**) oder auf ein Schmuckblatt schreiben.

4 In den Religionsbüchern „**Wege des Glaubens**" und „**Zeit der Freude**" kommen mehrere Kapitel vor, die viel mit dem Judentum, der Jüdischen Bibel (für Christen: „Altes Testament") und dem Land Israel zu tun haben. Welche sind das? Arbeitet in kleinen Gruppen einige dieser Themen heraus und berichtet darüber in der Klasse.

links: Juden tanzen mit der Thorarolle beim Simchat-Thora-Fest in New York.
rechts: Hebräischunterricht in einer jüdischen Schule.

Besonderheiten, die keine andere Religion aufzuweisen hat

1 Heute ist das Judentum neben dem Hinduismus die **älteste lebende Religion** der Menschheit. Seine Geschichte reicht weit über 3000 Jahre in die Vergangenheit zurück. Alle anderen Religionen, mit denen das Judentum in seinem ersten Jahrtausend in Kontakt kam, sind vergangen. Die Religionen der Ägypter und Babylonier, der Assyrer und Kanaanäer, der Griechen und Römer sind keine lebendigen Religionen mehr, obwohl sie zu ihrer Zeit mächtiger und erfolgreicher waren. Das Judentum hat sie alle überdauert.

2 Aus dem Judentum ist vor 2000 Jahren das **Christentum** hervorgegangen. Es hat wesentliche Überzeugungen des Judentums übernommen, bewahrt und weltweit verbreitet, aber auch verändert oder abgeschafft. Auch im **Islam** hat das Judentum tiefe Spuren hinterlassen.

3 Das Judentum ist auch heute eine **eigenständige Größe** in der Welt der Religionen. Es ist mehr als nur die Religion des „Alten Testaments", wie Christen oft meinen, und auch mehr, als nur eine „Religion des Buches", wie Muslime (→ ZdF S. 212 f) es oft sehen. Es hat seine eigenen Traditionen.

Jüdische Grundideen in anderen Religionen

1 Der jüdische **Monotheismus** ist der entschiedene Glaube an den Einen Gott, der die Welt erschaffen hat.
2 Der **Mensch** hat als Gottes Geschöpf eine **unverlierbare Würde**. Sein Leben darf nicht angetastet werden.
3 Das Gebot der **Nächstenliebe** will allen Armen und Bedrängten dieser Welt Zuwendung und Gerechtigkeit sichern.
4 Das Judentum hat die **Hoffnung auf eine bessere Welt** entwickelt, in der es keine Gewalt und kein Unrecht gibt.

Der Schild Davids („Davidstern") an einer Mauer des antiken Jerusalem; als Zwangsabzeichen in der NS-Zeit; auf der Flagge Israels. (→ S. 210, 217)

Das jüdische Glaubensbekenntnis – Höre, Israel

Das „Höre, Israel!" (hebr.: „Sch`ma Israel") ist das wichtigste jüdische Gebet. Fromme Juden beten es jeden Tag. Es ist auch ein Gebet in der Stunde des Todes.

4 Höre, Israel! Der Ewige, unser Gott, der Ewige ist einzig.
5 Darum sollst du den Herrn, deinen Gott, lieben
mit ganzem Herzen, mit ganzer Seele und mit ganzer Kraft.
6 Diese Worte, auf die ich dich heute verpflichte,
sollen auf deinem Herzen geschrieben stehen.
7 Du sollst sie deinen Söhnen wiederholen. Du sollst von ihnen reden,
wenn du zu Hause sitzt und wenn du auf der Straße gehst,
wenn du dich schlafen legst und wenn du aufstehst.
8 Du sollst sie als Zeichen um das Handgelenk binden.
Sie sollen zum Schmuck auf deiner Stirn werden.
9 Du sollst sie auf die Türpfosten deines Hauses
und in deine Stadttore schreiben.

aus dem Buch Deuteronomium (5. Buch des Mose) 6,4–9

L Das **Judentum** ist ein **Volk**, das mit seiner **Religion** eng verbunden ist. Die großen Gestalten seines Anfangs, die heiligen Schriften und Texte, die großen Rabbinen und Philosophen, die kleinen Leute, vor allem die Erfahrungen einer **ungewöhnlichen Geschichte** haben das jüdische Volk nachhaltig geprägt. Religiöse Juden sehen in dieser Geschichte **Gott** am Werk.
Man kann auch ein Jude sein, ohne religiös zu sein.

207

> **L** Das **Sabbatgebot** – Juden sprechen von „**Schabbat**" – hat einen zweifachen Sinn. Es zeigt:
> ♦ Das Leben besteht nicht nur aus **Arbeit** und **Leistung**, sondern es bedarf auch der Ruhe, die es ermöglicht, an Gott zu denken
> ♦ Nicht nur die **Reichen**, sondern auch die **Armen** und selbst die Tiere haben Anteil an der Stille und Freude des Sabbat.

3. Jungen und Mädchen

Jona (13) erzählt vom Fest seiner Bar Mizwa

Am Montag nach meinem Geburtstag, an dem ich gestern 13 Jahre alt wurde, bin ich „**Bar Mizwa**" geworden, das heißt zu Deutsch: „**Sohn der Pflicht**". Das war das größte Fest meines Lebens. Seitdem bin ich nach dem jüdischen Religionsgesetz volles **Mitglied der jüdischen Gemeinde**, mit allen Rechten und Pflichten. Ich darf nun im Gottesdienst öffentlich einen Abschnitt aus der **Thora** (→ ZdF S. 68) vorlesen.

Natürlich habe ich mich gründlich auf den Tag **vorbereitet**. Unser Religionslehrer hat mich unterrichtet. Auch meine Eltern bereiteten mich auf den Tag lange vor, obwohl sie sonst, wie viele Juden, nicht sehr religiös sind. Ich weiß nun noch besser als früher, was die Thora ist, warum wir Juden am Schabbat keine Arbeit verrichten sollen, welche Speisen koscher sind, welche Feste der jüdische Kalender kennt und was eine Synagoge ist. Jetzt kenne ich auch noch mehr jüdische Gebete und Lieder.

Gestern war es endlich so weit. Während der **Feier in der Synagoge** war ich sehr aufgeregt. Viele Verwandte und Bekannte waren gekommen, um dabei zu sein. Mein Vater hatte dafür gesorgt, dass ich vorschriftsmäßig gekleidet war: ein rundes Käppchen („**Kippa**") auf dem Kopf, ein weiß-blauer Gebetsmantel („**Tallit**") über meinem Anzug, und Lederriemen mit einer Kapsel („**Tefillin**") auf der Stirn und am Arm. Das sah sehr festlich aus. Alle Gäste waren voller Erwartung. Wie von unserem Religionsgesetz vorgeschrieben ist, waren zehn männliche Personen über 13 Jahre („**Minjan**") in der Synagoge. Wir hatten auch einen Rabbiner aus der nächsten Stadt eingeladen, da wir in unserer Gemeinde keinen haben. Der Gottesdienst begann damit, dass die Thorarolle aus dem Thoraschrein geholt („ausgehoben"), geöffnet und durch die Synagoge getragen wurde. Dann kam der große Augenblick, in dem ich zum ersten Mal **Segenssprüche** über der Thora aussprach und einen Teil des **Wochenabschnitts** aus der Thora vorlas. Er handelte von der Wüstenwanderung des Volkes Israel. Ich las auch noch einen kurzen Text aus den Propheten (→ S. 42 ff). Vorher hatte ich großes Lampenfieber und die Sorge, ich könnte mich versprechen oder steckenbleiben. Darum habe ich das Lesen des hebräischen Textes lange geübt. Eine CD, auf der der Text richtig ausgesprochen und betont wird, hat mir dabei geholfen. So klappte alles bestens. Mein **Vater** sprach nun stolz seinen Segensspruch: „Gelobt seist du, der du mich von der Verantwortung für meinen Sohn befreit hast." Die Leute waren begeistert, warfen mir Bonbons zu und gratulierten mir. Meiner Mutter standen die Tränen in den Augen. Beim Festessen danach habe ich eine kleine **Ansprache** über die Wüstenwanderung Israels gehalten, in der ich den Thoraabschnitt zu erklären versuchte. Als ich das hinter mir hatte, fiel mir ein Stein vom Herzen. Ich habe auch viele Geschenke bekommen. Darüber habe ich mich sehr gefreut.

Im nächsten Jahr wird meine **Schwester** Rut zwölf Jahre alt. Dann wird sie eine **Bat Mizwa**, d. h. eine „**Tochter der Pflicht**".

208 Das Judentum – Gottes Minderheit

Hannah (14) erzählt von Purim

Purim ist für uns Juden im Februar/März ein richtiges **Freudenfest**, ein bisschen so, wie bei Christen Karneval, aber doch auch ganz anders. Für mich ist es das Lieblingsfest im ganzem Jahr. Da sind wir alle ganz ausgelassen.

Wir denken an diesem Tag an **Ester**, die vor mehr als 2000 Jahren die in Persien lebenden Juden vor der Verfolgung des bösen **Haman** gerettet hat. Sie war damals eine Frau des Perserkönigs **Xerxes** und konnte diesen über das heimtückische Vorhaben seines Günstlings aufklären. Haman landete am Galgen. Wir Juden sind der schönen Ester für ihre Tat bis heute dankbar. Sie hat viele jüdische Frauen, Männer und Kinder vor dem sicheren Tod bewahrt.

An Purim ist selbst der **Gottesdienst in der Synagoge** anders als sonst. An diesem Tag wird die ganze **Ester-Rolle**, die nur auf einem Stab aufgerollt ist, gelesen. Ausnahmsweise dürfen heute **Frauen** die Texte lesen, weil einer Frau die Rettung vieler Juden zu verdanken ist. Das Tollste aber ist der Spaß, der heute erwünscht ist. Wir bringen alle eine **Rassel** oder einen kleinen **Hammer** mit. Damit machen wir immer dann großen **Krach**, wenn der Name „Haman" im Text vorkommt, so dass man diesen Namen in der Synagoge nicht zu hören braucht. In diesen Momenten kann man sein eigenes Wort nicht mehr verstehen.

An Purim gibt es für Verwandte, Freunde, Freundinnen und Arme viele Geschenke. Meine beiden Brüder **verkleiden** sich als König Xerxes oder Haman. Ich schmücke mich wie die Königin Ester. Oft spielen wir auch andere Szenen aus dem Esterbuch. Am Ende werden die schönsten Masken prämiert. Beim großen **Purim-Festmahl** essen wir immer kleine Süßigkeiten (jiddisch: „Schlachmones") und dreieckige leckere **Haman-Taschen**. Mein Onkel trinkt immer so lange einen guten Wein, bis er einen kleinen Schwips hat. Das ist heute erlaubt.

L Die **Synagoge** ist der religiöse Versammlungsraum der Juden. Hier kommen sie am Schabbat und an den Feiertagen zum Gottesdienst zusammen. Hier diskutieren und studieren sie. Der wichtigste Teil der Synagoge ist der **Thoraschrein**. In ihm werden die Thorarollen, die bedeutendsten Kultgegenstände der Gemeinde, aufbewahrt.

Der **Synagogengottesdienst** besteht vor allem aus Gebeten und Lesungen. Der Höhepunkt des Gottesdienstes ist da, wenn die Thorarolle aus dem Schrein herausgeholt und in einer kleinen Prozession zum Vorlesepult getragen wird. Zur Lesung der Wochenabschnitte werden zehn Männer über 13 Jahre aus der Gemeinde, aber auch anwesende Gäste, aufgerufen („**Minjan**"). Es ist eine Ehre, aus der Thorarolle vorlesen zu dürfen.

A **Zwei Freudenfeste**
1. Schreibt alle **Einzelheiten** aus der Erzählung von Jona und Hannah heraus, die für die Feste typisch sind.
2. Warum ist **Bar Mizwa** im Leben eines Juden wichtig?
3. Welches **christliche Fest** ist mit Bar Mizwa vergleichbar? Sucht Gemeinsamkeiten und Unterschiede.
4. Welche Aufgabe hat Jona als **jüngster Sohn** der Familie am Pesachfest? Zu Pesach: → ZdF S. 188.
5. Wer über **Ester** mehr wissen will, kann sich in seiner Bibel orientieren.

L Jüdinnen und Juden lieben, wie andere orientalische Völker, gute **Erzählungen**. Sie sind Meister des Erzählens und Zuhörens. In kleinen, treffsicheren Geschichten bringen sie anschaulich Grundsätze ihres Glaubens, Einsichten in das Leben und Regeln für das Handeln nahe. Solche Erzählungen bewirken mehr als trockene Belehrungen, weil sie nicht nur den Kopf, sondern auch Herz und Gefühl ansprechen.

♦ Ein wichtiges Erzählbuch ist die Jüdische **Bibel**.

♦ In der **Thora** (→ ZdF S. 102) gibt es 613 Vorschriften, davon 248 Verbote und 365 Gebote. Diese beiden Zahlen haben für die Juden einen tiefen Sinn. Der Mensch hat nach ihrer alten Kenntnis 248 Knochen und das Jahr hat 365 Tage. Das bedeutet: Jeder Jude soll sich mit seinem ganzen Leib und mit seiner Seele (mit allen Knochen) alle Tage des Jahres an die Thora halten. Kinder brauchen nicht alle Gesetze zu befolgen.

♦ Der **Talmud**, entstanden zwischen 500 vC und 500 nC, ist das wichtigste religiöse Buch der Juden bis heute. Hier finden sich viele Ausführungen der Rabbinen über Rechte und Pflichten, Feste und Alltag, Ehe, Landwirtschaft usw.

Issacher Ryback (1897–1935), Schtetl („Städtchen"), 1923.

4. Kleine Erzählungen

Zwei Erzählungen aus dem Talmud
Schammai und Hillel – Die wichtigste Lehre

Die beiden berühmten jüdischen Lehrer Schammai und Hillel (1. Jh vC) deuteten den Sinn der Thora ganz unterschiedlich.

Es geschah, dass einer aus den Völkern (Nichtjuden) vor Schammai kam und zu ihm sagte: „Mache mich zum Proselyten (d. h. Nimm mich in das Judentum auf), unter der Bedingung, dass du mich die Thora ganz und gar lehrst, während ich auf einem Bein stehe!" Da stieß Schammai ihn mit dem Messbrett weg, das er gerade in der Hand hatte.

Der Nichtjude kam dann zu Hillel und bat um dasselbe. Hillel sagte zu ihm: „Was dir verhasst ist, das tue deinem Nächsten nicht an. Das ist die Thora ganz und gar, alles andere ist Auslegung. Geh und lerne!" Das gefiel dem Nichtjuden sehr und so wurde er zum Proselyten.

aus dem Babylonischen Talmud

Benno Elkan (1877–1960), Detail aus der großen Menorah (→ S. 203), Hillel.

Die Clowns und das Himmelreich

Ein Rabbi ging auf den Marktplatz. Da erschien ihm der Prophet Elija (→ S. 46 f) und der Rabbi fragte ihn: „Gibt es unter all diesen Menschen einen einzigen, der Anteil an der kommenden Welt haben wird?" Elija antwortete: „Es gibt keinen."

Später jedoch kamen zwei Menschen auf den Marktplatz und Elija sagte zum Rabbi: „Diese beiden werden Anteil an der kommenden Welt haben." Der Rabbi fragte die beiden: „Was ist euer Beruf?"

Sie antworteten ihm: „Wir sind Clowns. Wenn wir jemanden sehen, der traurig ist, dann erheitern wir ihn. Wenn wir zwei Menschen sehen, die sich zanken, versuchen wir, sie wieder zu versöhnen."

aus dem Babylonischen Talmud

Drei Erzählungen der Chassidim
Wo wohnt Gott?

Als Rabbi Jizchak ein kleiner Junge war, sagte ihm jemand: „Ich gebe dir einen Gulden, wenn du mir sagst, wo Gott wohnt." Er antwortete: „Und ich gebe dir zwei Gulden, wenn du mir sagst, wo er nicht wohnt."

Jizchak Meir von Ger

Der Golem

Es gab einmal einen Toren, den man „Golem" (d. h. „formlose Masse") nannte, so töricht war er. Am Morgen beim Aufstehen fiel es ihm immer so schwer, seine Kleider zusammenzusuchen, dass er am Abend, daran denkend, oft Scheu trug, schlafen zu gehen. Eines Abends fasste er sich schließlich ein Herz, nahm Zettel und Stift zur Hand und verzeichnete beim Auskleiden, wo er jedes Stück hinlegte. Am Morgen zog er wohlgemut den Zettel hervor und las: „Die Mütze", hier war sie, er setzte sie auf, „Die Hosen", da lagen sie, er fuhr hinein und so fort, bis er alles anhatte. „Ja, aber wo bin ich denn?", fragte er sich nun ganz bange, „wo bin ich geblieben?!" Umsonst suchte und suchte er, er konnte sich nicht finden. – So geht es uns, sagte der Rabbi.

Rabbi Chanoch von Alexander

Vielleicht

Ein Aufklärer, ein sehr gelehrter Mann, der von Rabbi Levi Jizchak von Berditschew gehört hatte, suchte ihn auf, um auch mit ihm, wie er´s gewohnt war, zu disputieren. Er versuchte mit klugen Worten die rückständigen Beweisgründe des Rabbi für die Wahrheit des Glaubens zu widerlegen. Rabbi Levi Jizchak aber wandte sich ihm zu und sprach ihn gelassen an: „Mein Sohn, die Großen der Thora, mit denen du gestritten hast, haben ihre Worte an dich verschwendet, du hast darüber gelacht. Sie haben dir Gott und sein Reich nicht mehr auf den Tisch legen können, und auch ich kann es nicht. Aber mein Sohn, bedenke: vielleicht ist es wahr." Der Aufklärer bot seine innerste Kraft zur Entgegnung auf; aber dieses furchtbare „Vielleicht", das ihm da Mal um Mal entgegenscholl, brach seinen Widerstand.

Levi Jizchak von Berditschew

L ♦ Die **Erzählungen der Chassidim** (Sg. „Chassid"; d. h. der „Fromme"), die seit dem 18. Jahrhundert in Osteuropa entstanden, sind knapp, heiter und melancholisch zugleich, voll praktischer Frömmigkeit und tiefer Menschlichkeit. Sie kommen aus langen Erfahrungen mit den blutigen Verfolgungen, die die osteuropäischen Juden zu ertragen hatten, und wollen Hoffnung und Freude verbreiten.

♦ **Der jüdische Witz** ist klug, scharf und geistvoll. Da können Juden über sich selbst lachen. Das war für sie in Zeiten der Not eine Chance, mit dem Leben leichter fertig zu werden. Judenwitze sind dagegen gemein, rassistisch und gegen die Menschenwürde.

A 1 Zur Arbeit mit den **Texten**: → **M 4**.
2 Beschreibt die beiden Thoralehrer **Schammai** und **Hillel** und vergleicht die Szene mit der Lehre Jesu vom höchsten Gebot: Mk 12, 28–34: → S. 97 und seiner „goldenen Regel": → ZdF S. 23.
3 Kennt ihr ähnliche **christliche Erzählungen**? Welche?

Zwei jüdische Witze

Ein Skeptiker

„Moshe, du bist heut´
zum Gottesdienst gekommen:
Aber du hast gesagt doch,
du glaubst nicht an Gott!"
„Das ist wahr.
Ich glaube nicht an Gott.
Aber weiß ich denn,
ob ich habe recht?"

Ein ungeratener Sohn

Der Vater beklagt sich aufgeregt beim Rabbi über seinen ungeratenen Sohn. „Wo er ein Stück Schweinefleisch erwischt, beißt er rein.
Und wo er eine Schickse (christliches Mädchen) sieht, küsst er sie!"
Der Rabbi: „Beruhige dich!
Wenn er das Schweinefleisch küssen und die Schickse beißen würde, wäre er meschugge.
So ist erst einmal alles in Ordnung."

5. Wurzel des Christentums

L Jesus ist Jude und steht in der Überlieferung seines Volkes. Ohne den Gott Israels, ohne die Geschichte Israels, ohne die Thora, ohne das Land Israel ist Jesus nicht zu verstehen. Er ist ganz von der jüdischen Tradition, in der er lebte, geprägt. Sie ist durch ihn in das **Christentum** eingegangen. Ohne das **Judentum** gäbe es kein Christentum.
Jesus ist **für die Juden** nicht der Messias („Christus"), nicht der Erlöser der Welt, nicht der Sohn Gottes, der Mensch geworden ist. Aber viele Juden schätzen und lieben Jesus als einen **großen Sohn des jüdischen** Volkes und als ihren Bruder.

Jesus war Jude

- Seine **Mutter** war Jüdin und hieß mit ihrem jüdischen Namen „Mirjam".
- Er wurde wie alle jüdischen Jungen am achten Tag nach seiner Geburt **beschnitten**.
- Sein jüdischer **Name** war „Jeschua", d. h. „Gott ist Hilfe".
- Seine **Muttersprache** war Aramäisch, die damals übliche Sprache bei den Juden.
- **Hebräisch**, die Sprache der meisten biblischen Bücher, verstand er bestens.
- Er kannte und liebte die **Schriften seines Volkes**, die wir heute „Altes Testament" nennen.
- In den **Synagogen** nahm er am Gottesdienst teil.
- Den **Sabbat** und die jüdischen Feste hielt er heilig.
- Alle seine **Jünger und Jüngerinnen** waren Juden.
- Er nannte den **Gott** Israels seinen **Vater**.
- Er verkündete das **„Reich Gottes"**, das die Juden damals erwarteten und auch heute erwarten.
- Für ihn war das Hauptgebot die **Gottesliebe**, wie es die Thora lehrt, und er verband es mit der **Nächstenliebe** und der **Liebe zu sich selbst**, die ebenfalls in der Thora einen wichtigen Platz einnehmen.
- Die **Zehn Gebote** achtete er immer hoch.
- Er betete oft die **Psalmen**.
- Er hat nie seine jüdische **Heimat** verlassen.
- Am **Kreuz** hat er die Sterbegebete seines Volkes gesprochen.
- Er ist **auferstanden** „gemäß der jüdischen Schrift".

A Christen verdanken den Juden sehr viel
1 Stellt in eurem Religionsheft (→ **M1**) zusammen, was durch Jesus aus dem Judentum auch zum Kernbestand des Christentums wurde, z. B. die Zehn Gebote, ...
2 Zum Glauben an den **Messias**: → ZdF S. 76, 121, 154.
3 Betrachtet das Bild **„Die weiße Kreuzigung"** im Ganzen und in seinen vielen Details. Anregungen zum Umgang mit dem **Bild**: → **M5**.

Streit um den Messias – Wer hat recht?

Vor einiger Zeit stritten eine Jüdin und eine Christin über den Messias. Die Jüdin behauptete, der Messias sei noch nicht gekommen. Die Christin behauptete, er sei schon längst gekommen. Schließlich sagte die Jüdin ganz ruhig, um die Auseinandersetzung zu beenden: „Warten wir es ab, bis der Messias kommt. Wenn er dann sagt ‚Guten Tag, da bin ich wieder', haben die Christen recht. Wenn er aber sagt: ‚Da bin ich endlich', haben wir Juden recht."

nach Amos Oz

Der entscheidende Unterschied

Der Glaube Jesu verbindet Juden und Christen.
Der Glaube an Jesus trennt sie.

Schalom Ben Chorin

212 Das Judentum – Gottes Minderheit

Marc Chagall (1887–1985), Die weiße Kreuzigung, 1938.
Das Bild entstand in dem Jahr, in dem in Deutschland die Synagogen angezündet wurden.
Der Gekreuzigte ist hier nicht der christliche Messias, sondern das Sinnbild eines leidenden Juden.
Er ist mit einem jüdischen Gebetsmantel („Tallit") bekleidet. Oben weinende Propheten.

6. Eine lange Feindschaft

Elsässische Historienbibel (1400–1450), Kirche und Synagoge unter dem Kreuz. Die Kirche, wie eine Königin gekleidet, wird durch das Blut Jesu erlöst, während die Synagoge im gelben Schandgewand von einem Teufel gequält wird.

Streitpunkte des Anfangs

- Die Juden warfen den Judenchristen vor, dass sie sich nicht an die ganze **Thora** hielten (→ ZdF S. 102). Für Christen waren die jüdischen Speisegesetze und die Beschneidung nicht verpflichtend.
- Die Anhänger Jesu (zuerst nur „Judenchristen") sahen in Jesus den **Messias** Gottes und den Erlöser der Welt, während die anderen Juden diesen Glauben nicht teilten.
- Die Judenchristen sahen in den anderen Juden **„verstockte" Leute**, die nicht bereit waren, den Glauben an Jesus von Nazaret anzunehmen.
- Vor allem warfen die Christen später den Juden vor, **für den Tod Jesu verantwortlich** zu sein (→ S. 122 f).
- Daraus wurde bald die absurde Beschuldigung, die Juden seien **Gottesmörder**, weil sie Jesus ans Kreuz gebracht hätten. Dabei war leicht zu erkennen, dass der römische Statthalter Pilatus (→ ZdF S. 105) für den Tod Jesu verantwortlich war.

Religiöse Falschaussagen

Im weiteren Verlauf der Geschichte wurden die Beschuldigungen und Angriffe gegen die Juden noch erweitert und mit falschen Aussagen verstärkt.

- Christen setzten das **Alte Testament** gegenüber dem Neuen Testament in beleidigender Weise herunter.
- Sie sahen dort einen **jüdischen Gott des Hasses und der Rache** am Werk, während das Neue Testament die Frohbotschaft von Gottes Liebe und Vergebung verkünde.
- Sie sagten, der Gott Israels verlange sklavischen Gehorsam gegenüber vielen **überflüssigen Gesetzen**, während der von Jesus verkündete Gott der Liebe ein Leben in Freiheit vom Gesetz wolle.
- Allen Ernstes behaupteten Christen, die **Leiden** des jüdischen Volkes, auch die Zerstörung Jerusalems im Jahr 70 durch die Römer, seien Strafen Gottes für die Ablehnung Jesu.
- Sie meinten zu wissen, dass Gottes **Bund mit Israel** außer Kraft gesetzt sei. Die Juden seien ein von Gott verworfenes Volk, obwohl es im Neuen Testament anders steht (Röm 9–11).

„... die Jesus unverschuldet umgebracht haben"

Zum ersten Kreuzzug (1096–1099) rief Papst Urban II. 1095 die Christenheit auf. Die Kreuzfahrer töteten auf dem Weg in das heilige Land an vielen Orten die jüdischen Bewohner. **Salomo bar Simeon**, jüdischer Chronist zu dieser Zeit, sagt dazu:

Als sie (die Kreuzfahrer) nun auf ihrem Zug durch die Städte kamen, in denen Juden wohnten, sprachen sie untereinander: „Seht, wir ziehen den weiten Weg, um die Grabstätte Jesu in Jerusalem aufzusuchen und uns an den Muslimen zu rächen, und siehe, hier wohnen unter uns die Juden, die Jesus unverschuldet umgebracht und gekreuzigt haben! So lasset uns zuerst an ihnen Rache nehmen und sie austilgen unter den Völkern, dass der Name Israel nicht mehr erwähnt werde; oder sie sollen Christen werden und sich zu unserem Glauben bekennen."

Brunnenvergiftung

Im Jahr 1348/49 wütete in Europa eine Pest, die viele Opfer forderte. Damals wurden die Juden beschuldigt, die Pest verursacht zu haben. Das geschah, obwohl manche Juden selbst an der Pest starben. Aus einem Bericht des **Josef bar Cohen**:

Die Juden hatten sich in Deutschland in der Landschaft Thüringen sehr vermehrt, und da die Bewohner des Landes von Neid gegen sie erfüllt waren, trachteten sie danach jene zu töten. Als nun damals viele erkrankten, sprachen sie: Die Juden haben Gift in die Brunnen geworfen, um uns zu töten; erhoben sich plötzlich gegen sie und ... verbrannten sie. Siehe es, oh Gott!

Hostienschändung

Im Jahr 1287 wurde in Bacharach am Rhein ein ermordeter Junge gefunden. An dieses Verbrechen knüpfte sich die wahrheitswidrige **Legende**, die zur Rechtfertigung einer Judenverfolgung diente.

Ein Christenjunge namens **Werner** hatte am Gründonnerstag in der Pfarrkirche zu Bacharach den Leib Christi empfangen und sich danach zur Arbeit in das Haus des Juden begeben, wo er gegen wenig Geld angestellt war. Die Juden wollten ihn nun zum Erbrechen der Hostie zwingen, um Christus zu verspotten und zu schänden. Als Werner sich mit allen Kräften wehrte, ließen sie ihre Wut an ihm aus und töteten ihn. Sobald die Christen die Leiche des Knaben fanden, gingen sie gegen alle Juden der Gegend vor, plünderten ihre Häuser und Geschäfte und töteten viele von ihnen.

Holzschnitte aus einem Passionsbericht, der den Juden (hier mit gesetzlich vorgeschriebenem Judenhut) wahrheitswidrig unterstellt, sie hätten den Christenjungen Simon von Trient ermordet (links). Sie sind dafür von den Christen umgebracht worden (rechts), 1475–1476.

Obwohl Judentum und Christentum verwandt sind, gab es zwischen ihnen eine lange **Feindschaft**. Sie hat ihren Ursprung schon in der Zeit Jesu, als das Judentum und das Christentum noch nicht zwei Religionen waren, sondern die **Judenchristen** nur eine Gruppe innerhalb des damaligen Judentums bildeten. Nachdem auch viele Nichtjuden Christen geworden waren, kam es zwischen Juden und Christen zur Trennung und Feindschaft. Diese Feindschaft führte in der langen Geschichte der Christenheit oft zu **Verleumdung, Enteignung des jüdischen Besitzes, Verfolgung, Vertreibung, Mord und Totschlag** und **Zwangsbekehrungen**. In manchen Zeiten mussten die Juden in **Gettos** wohnen, eine diskriminierende **Kleidung** tragen und hohe **Abgaben** zahlen.

Ein trauriges Kapitel

1 Zur Arbeit mit den Texten und Bildern: → **M4** und **M5**.
2 Wie erklärt ihr euch, dass Christen die Juden im Lauf der Geschichte immer wieder **diskriminierten und verfolgten**?
3 Warum haben **Christen** im Lauf der Geschichte ihre Verwandtschaft mit dem Judentum so oft **verdrängt oder vergessen**?

7. Die unvorstellbare Katastrophe

Margit Koretzová (1933–1944), jüdisches Mädchen, das kurz vor seiner Ermordung in Theresienstadt das Bild mit Schmetterlingen und Blumen malte.

Das Verhalten der Christen

In den Jahren der Naziherrschaft (1933–1945) hat sich die Kirche öfter vom Nationalsozialismus und vom Rassismus distanziert, aber die Verurteilung des Massenmordes durch Papst Pius XII. (1939–1958) war eher zögerlich und verklausuliert. Wohl setzten sich nicht wenige Christen für Juden ein, so dass tausende Juden gerettet wurden. Manche Familien und Klöster versteckten Juden unter großer Gefahr für sich selbst. Einige Juden erhielten Taufscheine, mit denen sie sich retten konnten. Aber im Ganzen ist die Kirche nicht so für die Juden eingetreten, wie es der christliche Glaube fordert.

Dieses **Versagen** hat viele **Gründe**.

- **Angst und Feigheit** spielen eine große Rolle. Die meisten sahen lieber weg, wenn die Juden schikaniert wurden, um nicht selbst in die Sache verwickelt zu werden.

- Der Papst und viele Christen fürchteten nicht grundlos, bei einem öffentlichen Eintreten für die Juden werde die **Grausamkeit der Nazis gegen die Juden** noch schlimmer.

- Man glaubte, die sicher zu erwartenden **Repressalien** gegen die Kirche und einzelne Christen („Familienväter") nicht verantworten zu können.

- Nicht zuletzt wirkte sich auch die lange **Vorgeschichte christlicher Judenfeindschaft** aus. Sie ließ es nicht zu, dass ein Solidaritätsgefühl mit den Juden aufkam.

L Der **rassistische Antisemitismus** des deutschen Nazi-Regimes forderte das Leben von etwa **sechs Millionen Juden**, unter ihnen etwa **eine Million Kinder**. Die Hitler-Schergen deportierten im 2. Weltkrieg fast alle Juden aus den Ländern, in denen sie ihre brutale Macht ausübten, in Vernichtungslager wie Bergen-Belsen, Majdanek, Sobibor und Treblinka. Vor allem **Auschwitz** und **Birkenau** wurden zu Stätten unzähliger Mordtaten und unvorstellbaren Leidens. Der Name Auschwitz wurde zum Symbol für den **Völkermord** an den Juden.

Dieses unsägliche Verbrechen geschah aus nur einem Grund: Juden wurden getötet, weil sie Juden waren.

Die fast völlige Vernichtung des europäischen Judentums nennen wir mit den Juden die „**Schoa**" (hebr.: „Katastrophe"). Demgegenüber wird die Bezeichnung „**Holocaust**" (griech.: „Brand-, Ganzopfer im Tempel") heute eher gemieden, weil die Ermordeten sich nicht selbst geopfert haben und nicht zu erkennen ist, wem sie geopfert wurden.

Anne Frank muss sterben

Anne Frank (1929–1945) stammte aus Frankfurt a. M. Die Familie emigrierte 1933 in die Niederlande, weil die Eltern hofften, hier vor den Nazis sicher zu sein. Aber 1940 kamen deutsche Truppen auch nach Holland. Während der deutschen Besetzung Hollands lebte Anne in einem Versteck in Amsterdam. Als das Versteck verraten wurde, kam sie in das Konzentrationslager Bergen-Belsen. Dort wurde Anne umgebracht. In ihrem Tagebuch (→ ZdF S. 24) heißt es:

Wer hat uns das auferlegt? Wer hat uns Juden diese Ausnahmestellung unter den Völkern gegeben? Wer hat uns bisher so leiden lassen? Es ist Gott, der uns so gemacht hat, und es wird auch Gott sein, der uns erlöst. Wenn wir all dies Leid tragen und dann immer noch Juden übrig bleiben, können sie einmal von Verdammten zu Vorbildern werden. Wer weiß, vielleicht wird es noch einmal unser Glaube sein, durch den die Welt und alle Völker das Gute lernen, und dafür, dafür allein müssen wir auch leiden. Wir können nicht allein Niederländer, Engländer oder Vertreter welchen Landes auch sein, wir sollen dabei immer Juden bleiben und wir wollen es auch bleiben. ... Durch alle Jahrhunderte mussten Juden leiden, aber durch alle Jahrhunderte sind Juden auch stark gewesen.

Jesus – Christentum – Gott

Der Friedensnobelpreisträger **Elie Wiesel** (geb. 1928), der als Jugendlicher in mehreren Vernichtungslagern war, hat einmal gesagt:

- Wenn **Jesus** in dieser Zeit gelebt hätte, wäre er als Opfer in die Gaskammern gekommen, da er Jude war.
- In Auschwitz ist nicht das Judentum, sondern das **Christentum** untergegangen.
- Man kann das Ereignis (Auschwitz) niemals **mit Gott** begreifen, man kann das Ereignis nicht **ohne Gott** begreifen.

*Moshe Hofman, 6000001:
Jesus wird vom Kreuz geholt, 1967.*

*links oben: Krematorium
(lat.: „Einäscherungshalle") des
Vernichtungslagers Auschwitz.*

*links unten:
Felix Nussbaum (1904–1944),
Jaqui auf der Straße, 1944 (→ S. 207).*

A Ein schreckliches Thema

1 Zu der **Geschichte der Judenverfolgung in der Nazizeit** solltet ihr euch einige Grundkenntnisse aneignen. Ihr könntet in Gruppenarbeit folgende Themen bearbeiten: Hitlers Rasselehre; die „Pogromnacht" am 9. November 1938; der Völkermord am europäischen Judentum: → **M 2**.

2 Was wisst ihr über den Versuch der Nazis, das europäische Judentum auszurotten? Was sagt euch der Name **„Auschwitz"**?

3 Was könnt ihr zu **Janusz Korczak** (1878–1942) und den Tod jüdischer Kinder herausfinden? (→ **M 2**)

4 **Mädchen und Jungen** sagen oft: „Was damals passiert ist, geht uns nichts an. Wir haben keine Schuld an dem Geschehen und wollen auch nicht damit befasst werden." Sprecht über diese Meinung und erörtert dabei Begriffe wie Kollektivschuld, individuelle Schuld, Verantwortung, Scham, Haftung.

5 Kennt ihr Beispiele von **Antisemitismus** aus heutiger Zeit? Was könnt ihr selbst tun, wenn ihr judenfeindliche Parolen hört?

8. Ein neuer Anfang

Erste Schritte aufeinander zu

Erst nach dem Zweiten Weltkrieg begannen unter dem Eindruck des Völkermords an den Juden **einzelne Christen**, dann auch die **Päpste und Bischöfe**, sich um eine neue Sicht des Judentums zu bemühen. Ein intensives **Nachdenken** über das Judentum setzte ein und ein **Gespräch** mit Juden wurde gesucht. Es hatte nun nicht mehr ihre Taufe zum Ziel, sondern diente dem gegenseitigen Verständnis. Alte **Feindbilder** wurden korrigiert und ein besseres Verständnis der **Bibel**, vor allem des Alten Testaments, angebahnt. Zwischen Juden und Christen entstanden freundschaftliche **Kontakte**, an denen auch junge Leute beteiligt sind.

Eine mutige Frau setzt sich für die Juden ein

Ein ungewöhnliches Beispiel des Mutes gab in der Nazizeit Frau **Dr. Gertrud Luckner** (1900–1995). Als sie seit 1933 sah, was mit den Juden in Deutschland geschah, **half sie** mit Unterstützung ihres Bischofs verfolgten Juden. So weit es ihr möglich war, beschaffte sie ihnen Unterkunft, unterstützte sie mit Geld und versorgte sie mit Nachrichten. Vor allem verhalf sie Verfolgten zu Pässen, mit denen sie entkommen konnten. So hat sie vielen Juden Mut gemacht und vielen das Leben gerettet.

Ihr Tun blieb der Gestapo (Geheime Staatspolizei) nicht verborgen. 1943 wurde sie in einem Eisenbahnzug verhaftet und kam in das **Konzentrationslager Ravensbrück**, wo sie körperlich und seelisch schwer misshandelt wurde, aber 1945 die **Befreiung** erlebte. An den gesundheitlichen Schäden, die sie sich dort durch Gewalt, Hunger und das ständige Tragen schwerer Zementsäcke zugezogen hatte, litt sie ihr ganzes Leben lang. Das hat sie nicht daran gehindert, sich nach dem Krieg unermüdlich für die Versöhnung von Juden und Christen einzusetzen.

Gertrud Luckner wurde als eine der ersten Deutschen in den 1948 gegründeten Staat Israel eingeladen. Später durfte sie in Jerusalem nahe dem Mahnmal für die ermordeten Juden in der **„Allee der Gerechten"** einen Baum pflanzen, eine Ehre, mit der Juden Lebensretter auszeichnen. In Israel trägt heute ein **Altenheim** ihren Namen, das sie für arme jüdische Frauen eingerichtet hat, die Opfer der Verfolgung waren. Das Geld dazu hat sie im wahrsten Sinn des Wortes erbettelt. Im hohen Alter von 95 Jahren ist sie in Freiburg gestorben.

Sie sagte einmal von sich: „Eigentlich finde ich, dass ich nichts Besonderes getan habe."

> **L** Das **Zweite Vatikanische Konzil** (1962–1965) wurde von Papst Johannes XXIII. (1958–1963) einberufen, dem die Versöhnung mit den Juden ein Herzensanliegen war. In der Erklärung „Nostra Aetate" (lat.: „In unserer Zeit") sprach die Kirche zum ersten Mal in ihrer langen Geschichte in **freundlichen Worten vom Judentum**. Sie bekannte sich endlich zu ihrer Verwandtschaft mit dem Judentum und verurteilte den Antisemitismus. Kein Christ darf seitdem mehr sagen, die Juden seien „Gottesmörder", „verworfen oder verflucht".

Zwei Päpste vollziehen eine Kehrtwende

Papst Johannes Paul II. (1978–2005) hat mit der alten kirchlichen Juden-feindschaft gebrochen. Mit Juden stand er ständig im Gespräch. Für die Versöhnung mit den Juden hat er mehr getan als jeder seiner Vorgänger.

- Als erster Papst der Geschichte hat er eine Synagoge besucht. In der **Großen Synagoge** in Rom hat er 1986 an einem jüdischen Gottesdienst teilgenommen und mit dem Oberrabbiner gemeinsam gebetet.
- Im Jahr 2000 hat er feierlich in der **Petersbasilika in Rom** die lange Judenfeindschaft der Christen beklagt und Gott dafür um Vergebung gebeten. Ein solches Papstwort hat es in der Kirchengeschichte noch nie gegeben.
- Im gleichen Jahr ist er nach **Jerusalem** gefahren. An der jüdischen Gedenkstätte für die sechs Millionen ermordeten Juden (**„Yad Vashem"**) hat er bewegende Worte der Trauer über das Versagen der Christen gegenüber den Juden gefunden. An der **Klagemauer** (→ S. 202) hat er tief ergriffen gebetet und in eine Ritze einen Zettel mit einer Vergebungsbitte gesteckt.

Mit all diesen Schritten hat er eine Wende im Verhältnis der Kirche zum Judentum eingeleitet. Dies ist im Judentum überall in der Welt aufmerksam und dankbar registriert worden.

Sein deutscher Nachfolger **Benedikt XVI.** (Papst seit 2005) setzt diese judenfreundliche Kirchenpolitik entschieden fort.

- Nur kurze Zeit nach seiner Amtseinführung besuchte er während des Weltjugendtags 2005 die **Synagoge in Köln**, wo er von der jüdischen Gemeinde herzlich empfangen wurde.
- Im Jahr 2006 besuchte er das **Konzentrationslager Auschwitz**. Dort fand er bewegende Worte zu dem schrecklichen Geschehen.

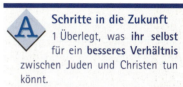

A Schritte in die Zukunft

1 Überlegt, was **ihr selbst** für ein **besseres Verhältnis** zwischen Juden und Christen tun könnt.

2 Erkundigt euch bei der **Christlich-jüdischen Gesellschaft**, die es in vielen Städten gibt, nach den gemeinsamen Aktivitäten von Juden und Christen heute. Fordert das Programm an und überlegt, ob ihr einmal an einer Veranstaltung teilnehmen könnt.

Papst Johannes Paul II. hat – entsprechend einem jüdischen Brauch – bei seiner Pilgerfahrt nach Israel im Jahr 2000 an der Westmauer (→ S. 202) eine auf einen Zettel geschriebene Vergebungsbitte in eine Fuge der Mauer gesteckt.

Papst Benedikt XVI. bei seinem Besuch des Konzentrationslager Auschwitz, 2006. Dort sprach er u. a. mit Juden und Jüdinnen, die das Lagerleben in Auschwitz überlebten.

L Auf dem **Stundenplan** der Schule (→ S. 4) stehen viele Fächer, in denen wir ganz unterschiedliche Dinge lernen, z. B. einige Naturgesetze, die Hauptstädte der europäischen Länder, die Tonleitern oder Ereignisse der Geschichte. Es reicht aber nicht, nur das aufzunehmen, anzuwenden und zu wiederholen, was im Unterricht gesagt wurde oder was im Buch steht. Man soll auch **das Lernen lernen**. Das heißt, man sollte wissen, **auf welchen Wegen** man zu Erkenntnissen, Kompetenzen und Fertigkeiten kommt. Man nennt die Wege des Lernens „**Methoden**" (griech. „einen Weg gehen"). Nur wer Methoden kennt, wird selbstständig. Das gilt auch für den **Religionsunterricht**. Auch hier ist es wichtig, die richtigen Methoden zu kennen und anzuwenden.

Wege des Lernens – Methoden

M1 Ein Religionsheft anlegen

Um Kenntnisse zu gewinnen und vor dem Vergessen zu sichern, solltet ihr ein **Religionsheft anlegen**. Dazu ist ein Ringbuch oder Hefter in der Größe DIN A 4 oder DIN A5 gut geeignet, weil ihr da Blätter leicht auswechseln, ergänzen und einfügen könnt.
Im Heft könnte Folgendes festgehalten werden: das **Thema** der Stunde, neue **Begriffe, Fremdwörter**, ein typischer **Satz, Bibelstellen, Zeichnungen, Fotos, Landkarten**, offene **Fragen, Hausaufgaben**, ein Hinweis auf die entsprechende **Seite im Schulbuch, kleine Referate** usw.

M2 Für ein Thema recherchieren

Manchmal sollt ihr zu Hause selbständig ein Thema für den Religionsunterrichts vor- oder nachbereiten („**Referat**") und dazu Material suchen („**recherchieren**"), z. B. Texte, Bilder, Statistiken usw. Dazu könnt ihr – in Auswahl – Folgendes tun: in **Schulbüchern** stöbern, **sachkundige Leute** befragen, Berichte aus **Zeitungen** und **Zeitschriften** sammeln, in einer **Bibliothek** nach Sachbüchern, Bildbänden oder einzelnen Artikeln suchen, **Nachschlagewerke** und **Lexika** befragen, zum Thema passende **Filme, CD´s, DVD´s, Folien** in der Diözesan- oder Stadtbildstelle besorgen, im **Internet** surfen, wenn ihr die richtigen Links kennt usw.

Beispiele: Das Leben Luthers: → S. 144 ff, Umweltprobleme: → S. 115.

M3 Sich in der Bibel zurechtfinden

Ihr findet in diesem Buch oft **Abkürzungen** von Bibelstellen, z. B. Lk 2, 14 oder 1 Kor 15, 3–7 oder Gen 1, 1 f. Wie kann man diese Stellen in der Bibel finden?

1. Zunächst muss man die **Abkürzungen, die vor den Zahlen stehen**, im Inhaltsverzeichnis einer Bibel suchen. Dort wird z. B. erklärt: Lk = Lukasevangelium; 1 Kor = 1. Brief des Paulus an die Korinther; Gen = Genesis oder 1. Buch des Mose.
2. Die **Zahlen vor dem Komma** geben das Kapitel, die Zahlen **nach dem Komma** den Vers bzw. die Verse an, z. B.: 2, 14 = 2. Kapitel, 14. Vers; 15, 3–7 = 15. Kapitel, die Verse 3 bis 7.
3. Die **Abkürzungen** bedeuten: **f** = der folgende Vers, z. B.: 1, 1 f = 1. Kapitel, 1. und 2. Vers. **ff** = die folgenden Verse, z. B.: 2, 14 ff = 2. Kapitel, 14. Vers und die folgenden Verse.

Beispiel: Passionserzählungen: → S. 122.

M4 Einen (biblischen) Text erschließen

A Wenn ihr einen mehr **spontanen (persönlichen) Zugang** zu einem (biblischen) Text sucht, könnt ihr aus folgenden Anregungen wählen:
1. Manchmal empfiehlt es sich, dass ihr euch **in einen Kreis setzt** und dann aufmerksam zuhört, wie jemand den Text langsam liest. Danach kann jeder sagen, welcher Satz für ihn am wichtigsten ist, was er nicht verstanden hat, was er akzeptiert und was nicht, woran ihn der Text erinnert, ob und wie der Text sein Leben (ein wenig) verändern kann, was er am liebsten mit dem Text machen möchte usw.
2. Wenn in einem Text **mehrere Personen** vorkommen, können einige Schüler deren Rolle übernehmen und sagen, was diese im Text sagen. Eure Fantasie ist gefragt, wenn ihr Leute, die im Text vorkommen oder andere, die ihr hinzufindet, etwas sagen lasst, was so nicht im Text steht.
3. Dem Verständnis dient es, wenn ihr den Text auf einer Kopie **mit unterschiedlichen Farben unterstreicht**, z. B: Sätzen, denen ihr zustimmt mit Grün, die ihr ablehnt mit Rot, die ihr nicht versteht mit Blau.

4. Manche Texte lassen sich sinnvoll **verfremden**, z. B. wenn man sie auf die Gegenwart oder die eigene Person bezieht oder wenn man einen Gegentext schreibt.
5. Einzelne Szenen lassen sich **malen, zeichnen, in Comics mit Sprechblasen verwandeln oder fotografieren**.
6. Ihr könnt auch eine Szene aus der Bibel/Geschichte stumm (**Standbild**) darstellen und dabei etwa eine halbe Minute stehen bleiben. Die Klasse betrachtet das Standbild und diskutiert darüber, was die Personen gerade sprechen, denken oder im nächsten Moment vorhaben. Manchmal lassen sich auch mehrere Szenen in einem **Rollenspiel** darstellen: → **M 8**.
7. Über manche Texte kann man auch still **meditieren**: → **M 10**.

B Zu einem mehr **systematischen (sachlichen) Verständnis** eines Textes könnt ihr aus folgenden Fragen wählen. Ihr müsst euch nicht an die Reihenfolge halten.
1. Wer ist der **Verfasser**? Was weiß man von ihm und seiner Zeit?
2. Welche **Textsorte** liegt vor? Ein Augenzeugenbericht? Ein Brief? Ein Märchen? Eine Legende? Eine Erzählung? Ein Gleichnis? Oder … ?
3. Welche **Wörter und Sätze** fallen auf? Welche müssen geklärt werden?
4. **Wann** und **wo** spielt der Inhalt des Textes?
5. Wer ist die **Hauptperson**? Welche **anderen Personen** werden erwähnt? Was tun sie? Was sagen sie? **Was passiert** im Text?
6. Lässt sich der Text **gliedern**? Welche **Überschriften** passen zu den einzelnen Abschnitten?
7. Wie lässt sich der Text mit wenigen Worten **zusammenfassen**?
8. **Wie wirkt der Text**? Wie kann man sich selbst darin wiederfinden? Wo erhebt sich Widerspruch gegen seine Aussage(n)?

Beispiele: Nabots Weinberg: → S. 46 f; Der kleine Prinz: → S. 177.

All' meine Wege

Doch, sicher, ab und zu
mach' ich mir schon Gedanken,
manchmal sogar les' ich mir
selber aus der Hand.
Um zu erfahr'n, was ich längst weiß,
denn meine Schranken
und meine Fehler, glaub' mir,
sind mir gut bekannt.
Und ich weiß auch,
dass ich genau dieselben Fehler
wieder und wieder machen musste,
und ich seh'
all' meine Wege und alle Schritte
mussten dahin führ'n,
wo ich steh'.

Reinhard Mey

L **Texte** handeln von allen möglichen Themen, z. B. von Gestalten aus früheren Zeiten oder von heutigen Jungen und Mädchen. Sie erzählen von ungewöhnlichen Ereignissen, fremden Ländern oder machen aus guten Ideen Gedichte. Texte berichten von Erfahrungen, enthalten Informationen, manchmal auch Lügen und Irrtümer. Ihre Verfasser sind Schriftsteller, Dichter, Wissenschaftler, Mädchen, Jungen, Reporter, Augenzeugen von Vorfällen, Erzähler usw. Jeder, der schreiben und lesen gelernt hat, kann Texte schreiben.

Auch die **Bibel** (→ ZdF S. 36 f) besteht aus ganz unterschiedlichen Texten. Sie hat viele verschiedene Verfasser, von denen wir manche gar nicht und andere genau kennen.

Wir beschäftigen uns mit Texten, weil wir von Texten viel lernen können. Gute Texte führen uns in neue Welten, erweitern unseren Horizont und lassen uns an den Erfahrungen anderer Menschen teilhaben. Bei **allen Texten**, auch beim **Bibeltext**, geht es vor allem darum: Was sagt uns der Text? Was können wir von dem Text lernen? Was kann der Text von uns lernen? Wie können wir heute mit dem Text ein Gespräch führen?

Es gibt **viele Wege**, einen Text zu verstehen und ihn für sich zu erschließen.

> **Bilder** nehmen im Religionsunterricht einen wichtigen Platz ein. Fotos, Zeichnungen, Karikaturen, Comics, Collagen, Landkarten machen das jeweilige Thema anschaulich oder kommentieren es. Manche Bilder, vor allem **Kunstwerke**, zeigen darüber hinaus etwas, das sich nicht in Worte fassen lässt. Sie schaffen einen anderen Zugang zum Thema, als es Texte können. Nehmt euch deshalb für diese Bilder jeweils genug Zeit und lasst sie auf euch wirken. Es bringt nichts, wenn man sie nur mit einem flüchtigen Blick anschaut und dann achtlos beiseite schiebt.
> Zu unterschiedlichen Bildarten: → S. 74 f.

M 5 Sich von einem Bild anregen lassen

A Für einen mehr **spontanen (persönlichen) Zugang** zu einem Bild können manche Anregungen zum Verständnis eines Textes sinnvoll verwendet werden: → **M 4**.
Außerdem sind folgende Wege gangbar:

1. Manchmal ist es sinnvoll, das Bild im Ganzen oder in Details, evtl. mit einer Kopiervorlage, **selbst zu malen/zeichnen**. Bei größeren Bildern könnt ihr auch den Aufbau des Bildes umrisshaft nachzeichnen und in die Skizze eintragen, was sich da im Bild jeweils befindet. Dabei könnt ihr Zahlen einsetzen, die unter dem Bild erklärt werden. Zusätzlich könnt ihr das, was die Personen sagen (sollten), in **Sprechblasen** eintragen.
2. Aus eurer Nachbildung könnt ihr auch ein **Puzzle** machen: → S. 227.
3. Ihr könnt selbst zum Künstler werden, wenn ihr das Bild in einen **neuen Zusammenhang** stellt und es kreativ **verfremdet und verändert**. Malt oder kopiert dazu einen euch wichtigen Bildausschnitt so in die Mitte eines größeren Blattes, dass ihr andere Bilder rundum hinzufügen und mit Farbe bearbeiten oder Texte, z. B. aus Zeitungen, dazustellen könnt. Sprecht dann über die Wirkung des neuen Bildes und sein Verhältnis zur Vorlage.
4. Ihr könnt auch ein **Interview** mit dem Bild führen oder **einzelne Personen des Bildes sprechen lassen**.
5. Manche Details eines Bildes lassen sich auch in einem **Standbild** nachstellen oder in einem **Rollenspiel** darstellen: → **M 8**.
6. Manche Bilder bieten einen Anlass zum **Meditieren**: → **M 10**.

B Zu einem mehr **systematischen (sachlichen) Verständnis** eines Bildes sind die folgenden Fragen möglich. Dabei könnt ihr oft nicht alle Fragen berücksichtigen und müsst euch auch nicht an die Reihenfolge halten.

1. **Künstler/Zeit: Wer** hat das Bild gemacht? In welcher Zeit ist es entstanden?
2. **Form: Wie** ist das Bild gestaltet? Dazu solltet ihr auf Aufbau, Größenverhältnisse, Vorder- und Hintergrund, Farben, Licht und Schatten, Schwerpunkte und Randerscheinungen, Entsprechungen und Gegensätze achten.
3. **Inhalt: Was** ist dargestellt? Welche Einzelheiten sehe ich? Was ist fremd und sollte erklärt werden?
4. **Sinn: Welche Bedeutung** haben die Bildthemen? Wo kommt das Thema im Leben, in der Geschichte, in der Bibel, in der Gegenwart vor? Haben die Einzelheiten einen **symbolischen Sinn** (→ S. 75)? Was bedeutet z. B. ein Lächeln oder Weinen, ein Kuss, eine Handbewegung, die Sonne, das Kreuz, eine Leiter? Warum sind bestimmte Farben verwendet? Warum begegnet uns das Bild im Religionsunterricht?
5. **Wirkung: Wie wirkt** das Bild auf mich? Kann ich mich in dem Bild wiederfinden?

Beispiel: Johannes Schreiter, Verkehrsfenster: → S. 12.

Georgia O'Keeffe (1887–1986), Ladder to the Moon, 1958.

M 6 Eine Ausstellung planen

Zu manchen Themen des Religionsunterrichts könnt ihr **Bilder/Fotos** sammeln, eine **Collage** oder ein **Plakat** herstellen oder auch Bilder/Comics **selbst malen/zeichnen** und mit diesen Bildern auf einer Pinnwand eine kleine **Ausstellung** in der Klasse oder Schule machen. Die Ausstellung braucht einen zugkräftigen Titel. Zu den Bildern solltet ihr kleine Texte schreiben. Die besten Bilder werden prämiert. Gäste freuen sich bestimmt über eine Einladung zur **Vernissage** (Eröffnung). Vielleicht zahlen sie ein kleines Eintrittsgeld für die Aufbesserung der Klassenkasse.

Beispiel: Keine Macht den Drogen: → S. 183.

M 7 Einen Fragebogen entwerfen

Um eine **Fragebogenaktion** durchzuführen, sind folgende **Schritte** möglich:

1. Ihr müsst einen Fragebogen **entwerfen** und so oft **kopieren**, wie ihr Leute befragen wollt. Die Fragen sind so einfach zu formulieren, dass sie am Ende klar zu beantworten und leicht auszuwerten sind.
2. Es gibt Fragen, bei denen die Befragten nur antworten können: **„Ja"** (+) oder **„Nein"** (−) oder **„Weiß ich nicht"** (?) oder **„Ich will keine Antwort geben"** (0). Beispiel: Soll man Horoskopen glauben? (→ S. 196)
3. Ihr könnt auch **3 bis 4 Antworten vorgeben**, die dann angekreuzt werden können, z. B. Welcher Berg kommt in der Bibel nicht vor? a) Sinai, b) Kreuzberg, c) Tabor, d) Ölberg (b ist richtig).
4. Bei anderen Fragen müsst ihr **Platz für eine längere Antwort** lassen. Beispiel: In welchen Glaubenslehren stimmen Katholiken und Protestanten nicht überein?
5. Ihr müsst den Befragten **Zeit** für das Ausfüllen lassen, den **Abgabetermin** festsetzen und dann die Fragebögen wieder einsammeln.
6. Zur **Auswertung** tragt ihr alle Antworten auf einem leeren Fragebogen ein. So bekommt ihr rasch einen Überblick über das Ergebnis (**„Statistik"**).
7. Vielleicht erzählt ihr beim nächsten **Elternabend** von der Befragung oder schreibt dazu einen kleinen Artikel für eure **Schülerzeitung**.

Beispiel: Was glauben die Leute heute? → S. 21.

L Auch wenn es im Religionsunterricht vor allem auf eure persönliche Einstellung ankommt, ist es manchmal von Interesse, zu bestimmten Themen auch die Meinung anderer Leute zu kennen. Dazu könnt ihr eine **Fragebogenaktion** starten und mit Hilfe eines **Fragebogens** die Meinungen anderer Leute herauszufinden suchen. Befragen könnt ihr Schülerinnen und Schüler der Klasse und Schule, Freundinnen und Freunde, Verwandte und Bekannte, Leute aus der Gemeinde und den Vereinen.

♦ In einem **Standbild** stellen Mädchen und Jungen mit ihrer Körperhaltung und ihrem Gesichtsausdruck, manchmal auch noch mit einigen Requisiten eine Szene gleichsam wie ein Denkmal dar.

♦ Das Standbild ist eine **Vorstufe zum Rollenspiel**. Hier führen die Schülerinnen und Schüler eine kleine Szene in der Klasse oder vor einem anderen Publikum auf. Manche Rollenspiele entstehen **spontan**. Andere Rollenspiele müssen gut vorbereitet werden.

♦ Ähnlich könnt ihr vorgehen, wenn ihr ein **Puppenspiel** aufführen wollt. Dazu müsstet ihr die Puppen selbständig herstellen, z. B. aus alten Kleidern und Stoffresten. Die Köpfe lassen sich aus Ton formen. Beispiel: → S. 55.

M 8 Ein Standbild oder ein Rollenspiel einüben

♦ Den meisten Schülerinnen und Schülern macht es viel Spaß, ein **Standbild** vorzuführen. Sie können hierbei viel Fantasie und eine lebhafte Gestik entwickeln.

♦ Für ein **Rollenspiel** sind die folgenden Fragen zu bedenken:

1. Wer schreibt ein kleines **Drehbuch**?
2. Wer übernimmt die einzelnen **Rollen**? Um mehr Schülerinnen und Schüler zu beteiligen, als in der Textvorlage vorkommen, könnt ihr ein paar zusätzliche Rollen erfinden, z. B. Zuschauer, Zeitgenossen.
3. In welchen **Kostümen** treten die Spieler/innen auf? Welche **Requisiten** sind nötig, wie z. B. Kleider, Töpfe, Besen, Schwert usw.?
4. Wie könnte ein kleines **Bühnen-/Szenenbild** aussehen? Manchmal reicht es, auf einem großen Plakat den Ort der Handlung aufzuschreiben: z. B. „Schloss", „Rom" usw.
5. Wer ist für die **Regie** verantwortlich? Das ist oft eine Aufgabe für die Religionslehrerin oder den Religionslehrer.

Anregungen zu einem Standbild und auch zu einem Rollenspiel können sein: ein Bild, ein Problem, ein (biblischer) Text.

M 9 An einem Projekt arbeiten

Es gibt manche Themen und Aufgaben des Religionsunterrichts, die man nicht in einer einzelnen Schulstunde oder Unterrichtsreihe und auch nicht allein zuhause lösen kann. In ihnen treffen sich zu viele Probleme, die in anderen Fächern oder an anderen Orten behandelt werden müssen. Um solch übergreifende Themen anzugehen, ist eine Projektarbeit nötig.

Ein **Projekt** ist eine größere Arbeit, an der alle Schüler/innen beteiligt sind, aber nicht jeder die gleiche Aufgabe zu lösen hat. Oft kann man mit anderen Schulfächern zusammenarbeiten („**fächerverbindend**"), z. B. mit dem Musiklehrer oder der Geschichtslehrerin. Am Ende soll ein **Produkt** stehen, das aus den Arbeiten aller Schüler/innen erwachsen ist.

Für den Erfolg eines Projekts ist ein **Plan** wichtig, für den ihr aus den folgenden Anregungen einige auswählen werdet:

1. **Vorbereitung**: Was ist das **Ziel** des Projekts? Was wollen wir am Schluss erreichen? Welche **Schritte** sind dazu nötig oder hilfreich? Wer hat gute **Ideen**? Welche **Leute** sollte man um Hilfe bitten? Infrage kommen Eltern, Lehrer/in, Pfarrer, Journalistin, Handwerker, Bibliothekarin, Arzt, Jugendarbeiter, Nonne, Politiker o. Ä. Wer stellt Kontakt zu ihnen her? Welche **Hilfsmittel** („Medien") muss man suchen? Infrage kommen z. B. Bilder, Bücher, Werkzeuge, Malkasten, Papier, Internet, Dias, Filme, CD's, DVD's, Mikrofone usw.: → **M 2**.

   Welche **Gruppen** sollen sich für die Arbeit bilden? Welche **Zeit** steht zur Verfügung?

2. **Durchführung**: Die Kontakte mit wichtigen **Leuten** herstellen. Die **Medien** besorgen und auswerten. Das **Produkt** herstellen und vorstellen. Es kann ein Buch, eine Bildmappe, eine Ausstellung, ein Gottesdienst, ein Spiel, eine Feier, eine Fahrt o. Ä. sein.

3. **Auswertung**: **Ergebnisse** diskutieren, Fehler besprechen. Verbesserungsvorschläge machen. Den Personen, die geholfen haben, **danken**.

Beispiele: → S. 115, 122, 142, 169, 183 und 206.

224 Wege des Lernens – Methoden

M 10 Sich still auf eine Meditation vorbereiten

Es gibt Klassen, die im Religionsunterricht manchmal eine **Meditation** versuchen. Alle Schüler/innen sind dann für eine Zeit lang ganz **still**. Für viele ist es oft am Anfang schwer, ruhig zu werden und die Gedanken zu sammeln. Aber meist gefällt ihnen das Meditieren nach wenigen Übungen so gut, dass sie es gern tun.

Mögliche Schritte der Meditation

1. Sich einen **Gegenstand zur Meditation wählen**. Meditieren kann man über eine Blume oder ein Tier, das Wasser oder das Feuer, die Sonne, den Mond und die Sterne, das Weltall, ein Spiel, ein Rad, ein Auto oder einen Computer, ein Bild, einen Klang, eine Melodie oder ein Lied, eine Erzählung oder ein Gedicht, einen Menschen, eine Situation aus dem eigenen Leben, über sich selbst, sein Atmen und Fühlen, seine Hände und Füße, seinen Kopf und sein Herz, ein Wort aus der Bibel.

2. **Still werden**. Alle störenden Geräusche von außen (Radio, Handy usw.) möglichst ausschalten. Alle Vorstellungen, Gedanken, Überlegungen im Inneren zurückstellen, sich nur auf sich selbst besinnen und so für die Meditation einen Raum der Stille schaffen.

3. Man kann sich nun langsam **fragen**: Was geht in mir vor, wenn ich still werde? Was fühle, sehe und höre ich? Warum ist der Gegenstand der Meditation so, wie er ist? Worin unterscheidet er sich von anderen? Was bleibt und ändert sich? Was ist daran wichtig? Was bedeutet er für sich, was für andere, was für mich? In welchen Zusammenhängen steht er? Was hat er mit Gott zu tun?

Beispiel: das nebenstehende Bild.
Schwerpunkte: *Was ist der erste **Eindruck**? Warum ist die **Kreisform** im **Rechteck** gewählt? Welche **Farben** weist das Bild auf? Welche Bedeutung haben sie? Wie sind die **Engel** dargestellt? Was sagen mir die Engel? Welche Worte fallen mir zu den Chören der Engel ein? Was befindet sich im **Mittelpunkt**? Warum ist er hell und rund? Was bedeutet mir der Mittelpunkt? Was möchte ich an dem Bild ändern? Kann ich mich in dem Bild unterbringen?*
Ein anderes Beispiel: → S. 159.

L Im Religionsunterricht darf nicht immer nur geredet und gearbeitet werden, so wichtig das auch ist. Es sollte auch **Räume und Zeiten der Stille** geben, in denen wir uns besinnen und schweigen. Gerade in der Ruhe kann sich Wichtiges in uns ereignen. Da kann etwas in uns wachsen, was sonst nicht so leicht entstehen kann. Dazu solltet ihr gelegentlich eine **Meditation** versuchen. Beim Meditieren könnt ihr neue Erfahrungen machen, die im Alltag nicht so leicht vorkommen.

Das lateinische Wort **Meditation** bedeutet „Zur Mitte finden". Das geschieht durch „Besinnung" oder „Betrachtung".

Hildegard von Bingen, Die neun Chöre der Engel: → S. 77, 130.

225

Zur Abwechslung

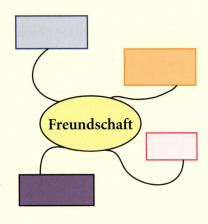

Mindmapping

Beim **Mindmapping** („eine geistige Landkarte anfertigen"; „Wortnetz", „Begriffsnetz") werden zu einem zentralen Wort bzw. Thema („Mind–Map") dazugehörige verwandte, auch gegensätzliche Wörter bzw. Themen gesucht. Dabei beteiligen sich alle Mädchen und Jungen. In der einfachsten Form sind zwei Schritte zu tun:

1. Das **zentrale Wort** wird in Großbuchstaben in der Mitte eines leeren Blattes (DIN A4 oder A3, Querformat), einer Tafel oder eines Plakats aufgeschrieben. An Stelle des Wortes ist auch ein **buntes Bild** gut geeignet.
2. Dann werden **Wörter** um das Hauptthema herum geschrieben, (1) zuerst ungeordnet (**assoziativ**), (2) dann geordnet (**systematisch**) und durch Äste (Linien, Schlangen) mit dem Hauptthema verbunden. Die Reihenfolge ist dabei egal. Auch hier kann man mit Farben und Bildern arbeiten.

Mindmapping ist eine gute Hilfe auch bei **M 2** und **M 9**.

Andere Begriffe: Freundschaft, Schuld, Engel, glauben, Evangelium, Juden usw.

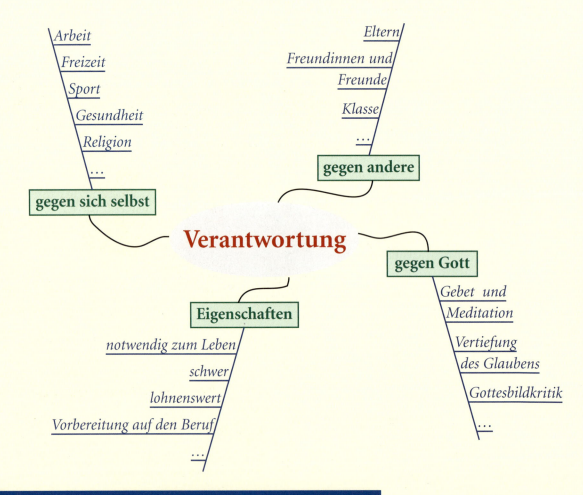

226 Zur Abwechslung

Ein Elfchen schreiben

Ein **Elfchen** ist ein kurzes Gedicht aus elf Wörtern, die auf fünf Zeilen verteilt sind. In der ersten und fünften Zeile steht je ein Wort, in der zweiten stehen zwei, in der dritten drei, in der vierten vier Wörter. Die vierte Zeile kann, muss aber nicht mit „Ich" beginnen. Ein Beispiel:

Jerusalem	ein Wort
Israels Hauptstadt	zwei Wörter
umgeben von Mauern	drei Wörter
Schauplatz vieler biblischer Erzählungen	vier Wörter – ohne „ich"
Davidsstadt	ein Wort

Weitere Elfchen sind möglich zu Schuld, Weg, Drogen, Bibel, Prophet, Gleichnis, Evangelium, Leben, Tod, Hildegard, Thora usw.

Eine Zettellawine auf den Weg bringen

Alle Schülerinnen und Schüler schreiben eine vorgegebene Frage oben auf ein größeres Blatt. Dann schreibt jeder für sich einen Satz dazu und gibt das Blatt an den Nachbarn ab, der auf den Satz mit einem weiteren Satz eingeht. Am Ende werden die Seiten ausgewertet. So kann man gut auf ein Thema einstimmen, alle Schülerinnen und Schüler dafür interessieren, viele Facetten des Themas finden usw.

Beispiel: Warum glauben Menschen an Gott?; Woran erkenne ich einen Freund/eine Freundin?

Ein Puzzle zusammenlegen

Ein Blatt herstellen, auf dem sich ein Foto, eine Zeichnung, ein Bild der Kunst, eine Landkarte, ein Text, auch ein Bibeltext oder etwas Ähnliches befinden kann. Dieses Blatt wird in ca. 20–35 Teile zerrissen und muss dann von einem anderen wieder zusammengelegt werden.

Und immer noch weitere Ideen

ein Schmuckblatt gestalten

einen Song neu texten

einen Brief schreiben

eine „Wäscheleine" als Zettelwand benutzen

einen Flyer oder ein Flugblatt anfertigen

ein ABC zu wichtigen Themen ausfüllen

ein Rätsel anfertigen

ein Gleichnis erfinden

Lexikonartikel

Auf dieser Seite stehen die wichtigsten Begriffe, die in den Lexikonartikeln dieses Bandes vorkommen. Andere grundlegende Begriffe findet ihr im Inhaltsverzeichnis. Vereinzelt wurden auch Begriffe aus den Lehrtexten angeführt. Mit dieser Hilfe könnt ihr rasch die wichtigsten Themen dieses Buches finden. Das Register und zusätzlich ein Blick auf die Lexikonartikel des Bandes „Zeit der Freude" (ZdF; 5/6) ist auch bei manchen Aufgaben nützlich.

Ablass: 146
Abstammungslehre: 106
Affen: 106 f
Alkohol: 183, 187
Alltag: 158
Altes Testament: 49, 60 43 ff,
Antisemitismus: 216
Astrologie 197
Auferstehung: 92, 124
Auschwitz: 216
Ausländer: 160

Baal: 46
Babylon: 108, 113
Bar Mizwa/Bat Mizwa: 208
Bibel: 42 ff, 58 ff, 73, 78, 86 ff, 102 ff, 122 ff, 145, 151, 158, 210, 220 f
Bild(er): 73 ff, 78
Bild Gottes: 84 f, 166
Bilderverbot: 79
Buße: 164

Chassidim: 211
Christen/Christinnen: 139, 149, 203, 218

Darwin: 106
Deutsche: 203
Drogen: 183 ff, 188

Einheit: 152
Elija: 46 f
Engel: 82 f
Erde: 105, 112, 115
Erlöser: 99
Esoterik: 194 f
Evangelisch: 152
Eucharistie: 164
Evangelist: 49
Evangelium: 59 ff, 71
Evolution: 106
Exodus: 17

Familie: 161 f
Fegefeuer: 146
Franz von Assisi/Franziskaner: 132 ff
Freundschaft: 32

Galaxien: 105
Gebet: 158, 164
Gebot(e): 31, 47

Geheimnis: 119, 127
Geist (Gottes): 44
Gewissen: 137, 178 ff
Geld: 193
Gemeinschaft: 94, 160
Getto: 215
Glauben: 7-18, 59, 103, 145, 150, 195
Glaubensbekenntnis: 19
Glück: 38
Gnade: 145
Goldene Regel: 182
Gott(es Wort): 36, 44 f, 50 f, 77 f, 98 f, 102, 108 f, 110, 119, 124,127, 131, 179, 195, 201, 207, 212
Gottesliebe: 97, 207
Güterabwägung: 181

Heil aller Völker: 54
Heiland: 99
Heilige: 129
Herz: 179
Hildegard von Bingen: 130
Holocaust: 216

Ignatius von Loyola: 150
Israel(iten): 47, 204, 212

Jeremia: 50 ff
Jesaja: 49
Jesuiten: 151
Jesus: 45, 61, 64, 86-102, 123, 129, 157, 182, 196
Johannes: 67
Jona: 54
Juden(tum): 202 ff
Judenerklärung des 2. Vatik. Konzils: 218
Judenverfolgung: 215
Jugend(liche): 23 ff

Katholisch: 152
Kirche: 94, 124, 152, 156, 160-171
Kirchen: 138 ff
Konservatives Judentum: 204
Klara/Klarissen: 135
Konflikte: 30, 181
Krankenheilungen: 91
Krankensalbung: 164

Leben: 8, 10, 117 ff, 127
Lebensfragen: 23, 103

Leiden: 123
Liebe: 34 ff, 97
Liturgie: 158
Luckner, Gertrud: 218
Lukas: 62
Luther, Martin: 144 ff

Markus: 62
Matthäus: 62
Meditation: 158, 225
Mensch(en): 103 ff
Menschenrechte: 156, 166, 170
Minjan: 209
Mission: 168 ff
Missionarinnen der Nächstenliebe: 168
Morus Thomas: 136
Mutter Teresa: 168
Mystik: 131

Nachfolge: 129
Naturwissenschaften: 103, 105
Nächstenliebe: 97, 168, 190
Neuer Bund: 51 f
Neues Testament: 58

Okkultismus: 194 f
Ökumene/ökumenisch: 152
Orden: 151, 168, 170
Orthodoxe Kirche(n): 139f, 141, 152
Othodoxes Judentum: 204

Passionsgeschichten: 123
Petrus: 128
Propheten: 43 ff
Projekt: 224
Psalmen: 113
Pubertät: 26

Rassismus: 216
Rauchen: 184
Rechtfertigung: 145
Reformation: 138 ff, 150
Reformjudentum: 204
Reich Gottes: 93
Religion(en): 78
Religionsunterricht: 4, 220
Religiöser Markt: 183, 201

Sabbat: 204, 208
Sakramente: 158, 160

Schmerz: 118
Schola: 216
Schöpfung: 103, 109 f,
Schuld/Sünde: 164, 170
Schutzengel: 83
Sklavenhandel: 170
Selbstliebe: 97
Spiritismus: 199
Sohn Gottes: 99
Spiele: 225
Sterben: 121
Stundenplan: 4, 220
Sucht: 183
Symbol: 74, 77
Synagoge: 209
Synopse/Synoptiker: 68

Talmud: 210
Taufe: 162 ff
Thora: 209 ff
Tod: 117 ff, 121 ff, 189

Umwelt: 115
Unrecht: 137
Urknall: 105

Verantwortung: 112 f, 173 ff, 182, 190
Vergebung: 164
Verliebtsein: 34
Völkermord: 216

Wahrheitsanspruch: 149
Weg, Weggeschichten: 9 f
Welt: 4, 103
Weltall: 105
Widerstand: 137
Witz, jüdischer: 211
Wort Gottes: 160
Wünsche: 193
Wunder: 90 ff

Zivilcourage: 137
Zukunft: 44
Zwangsbekehrung: 215
Zweifel: 10, 52
Zweites Vatikanisches Konzil: 218

Bildthemen

Hier sind die Themen zusammengestellt, die auf den Bildern dieses Bandes zu sehen sind. Auch dieses Register kann euch zum Nachschlagen und als Hilfe bei manchen Aufgaben nützlich sein.

Weitere Angaben zu Bildthemen: → ZdF S. 221.

Abendmahl: 70, 138, 149
Abraham: 9
Absinthtrinkerin: 187
Adam: 84, 140
Ampel: 178
Alkohol: 186
Amun: 17
Andreas: 154 f
Apfel: 78
Apostel: 15, 154 f
Arzt: 175
Astrologie: 186
Auferstehung: 15, 19, 71, 125, 127
Auschwitz: 217

Babylon: 50 f
Barmherziger Samariter: 97
Benedikt XVI.: 219
Bibel: 159, 220
Bischöfe: 151
Blindenheilung: 92 f
Bonhoeffer, Dietrich: 201
Bonifatius: 171
Bora, Katharina: 148
Boxkampf: 176
Brot: 159
Buch: 221

Christus: → Jesus

David: 9
Davidstern: 207, 210, 217
Drache: 200
Drogen: 188 ff

Einstein, Albert: 205
Emmausjünger: 9
Engel: 48, 50, 70, 77, 82 f, 140, 199, 200, 225
Erde: 103, 112
Esoterik: 194, 199
Eva: 84, 140
Evangelium/Evangelisten: 63–67

Familie; 161
Fernsehmoderatorin: 60
Fischer: 101
Flugkapitän: 174
Fragebogen: 223
Frank, Anne: 216
Franz von Assisi: 132–135
Freud, Sigmund: 205
Freundschaft: 4, 30 f, 160
Fuß(spuren): 10, 172

Gebet: 158
Geist (Gottes): 19, 145
Gewissen: 178 ff
Gläserrücken: 198
Glauben: 6–21
Glaubensbekenntnis: 19
Google: 220
Goldenes Kalb: 79
Gott: 76f, 99, 225
Gottesdienst: 158, 160
Gutenberg, Johannes: 142
Guter Hirt: 101

Hand: 172
Hand Gottes: 76, 110
Hauptweg und Nebenwege: 6
Heine, Heinrich: 205
Herz: 172
Hildegard von Bingen: 77, 130 f
Hillel: 210
Himmel: 5
Himmelfahrt: 19
Hoheslied: 37, 113
Hölle: 149
Hus, Jan: 143

Ignatius von Loyola: 150
Ikarus: 22
Ikone/Ikonenwand: 140 f

Jägerstätter, Franz: 56
Jeremia: 50-53
Jerusalem: 37, 49 f, 157, 202 ff
Jesaja: 48 f
Jesus: 19, 48, 58, 61 f, 70 f, 84, 86–101, 120, 123, 140, 149, 157, 170, 213 f, 217
Jepsen, Maria: 153
Johannes, Apostel: 62, 123
Johannes, Evangelist: 67
Johannes der Täufer: 123
Johannes XXIII.: 177
Johannes Paul II.: 219
Jona: 54
Juden(tum): 202 ff
Judenhüte: 215
Jugend(liche): 25, 174f, 178, 180, 188 f, 205

Kardinal: 150
Ketzer: 143
Kirche: 133, 157, 160, 214
Kirchenspaltung: 138, 149
Klara von Assisi: 135
Kleiner Prinz: 177
Knobloch, Charlotte: 205
Kolumbus: 142
Konzil: 151
Kopernikus: 142
Kopf: 172
Kreuzigung Jesu: 19, 48, 71, 123, 140, 149, 170, 213 f

Labyrinth: 20
Lamm Gottes: 123
Lazarus: 167
Leben: 116 ff
Lehrerin: 175
Leiter: 222
Liebe: 36 f
Lukas: 67
Luther, Martin: 144 ff

Maria: 19, 70, 89, 123
Maria von Magdada: 123
Markus: 64 f, 66
Matthäus: 66
Menorah: 203, 208
Mensch: 84
Menschensohn: 131
Messias: 213
Michael: 82, 200
Mission: 170
Missionarinnen der Nächstenliebe: 168
Monroe, Marilyn: 205
Morus, Thomas: 137
Mose: 9, 16
Mutter Teresa: 168

Oerder, Karl: 171
Okkultismus: 194
Ökumene: 153
Orthodoxe Christen: 141, 153
Orthodoxe Juden: 203. 204
Osiris: 17

Papst: 150, 177
Paulus: 171
Peanuts: 32, 36, 387
Pendel: 194
Petrus: 154 f
Polizei: 174
Priester: 162, 174
Propheten: 42–57
Puppen: 179
Purim: 209

Rabbi(nerin): 100, 205, 213
Rakete: 166
Ramses II.: 17
Ratzinger, Joseph: 153
Rauchen: 184 f
Reformjudentum: 205
Reich der Toten: 140
Reihe: 191
Richter: 174
Rigoberta Menchù Tum: 56
Rosen: 74 f, 177
Ruderer: 161

Samariter: 9, 97
Sakramente: 158, 188
Schöpfung: 19, 102-115
Schiedsrichter: 175
Schtetl: 210
Schweißtuch der Veronika: 85
Seesturm: 91
Simon von Trient: 215
Spuren: 10
Stadt: 87
Sternzeichen: 196 f
Synagoge: 204, 214

Tallit: 208, 213
Taufe: 162 f
Techniker: 175
Theresienstadt: 216
Thorarolle: 206, 210, 213
Teufel: 140, 145, 149, 214
Tod: 117 ff, 184, 192, 199
Trienter Konzil: 151

Übergewicht: 114
Umwelt: 114
Ungläubiger Thomas: 15
Unterwelt: 140
Urknall: 104

Verkehrsfenster/-zeichen: 12, 74
Verführung: 182
Verkündigung: 70
Verlorener Sohn: 9, 98 f, 164
Verschmutzung: 114

Waage: 181
Wahrsagerin: 192, 199
Wege: 6–21
Wegweiser: 11
Weichen: 178
Welt: 102-109, 112
Weltjugendtag: 160
Westmauer: 202

Xaver, Franz: 171

Zigaretten: 184 ff
Zwölfjähriger Jesus: 31, 89

229

Abbildungsverzeichnis

Umschlagabbildung: Pablo Picasso, La Ronde de la Jeunesse, La Sardane, 1957. © Succession Picasso/VG Bild-Kunst, Bonn 2006.

2-3 © Donald C. Johnson/The Stock Market/Corbis.

4 s. Umschlag.

5 Jonathan Borofsky, Mann, der zum Himmel geht, 1992 (Ausschnitt), © beim Künstler.

6 Paul Klee, Hauptwege und Nebenwege, 1929, 90 (R 10), 83 x 67 cm, Ölfarbe auf Leinwand, auf Keilrahmen; Rahmenleisten, Museum Ludwig, Köln, © VG Bild-Kunst, Bonn 2006.

8 Friedensreich Hundertwasser, Der große Weg, 1955. © Hundertwasser Archiv, Wien.

9 (o. M.) Marc Chagall, Das Rote Meer, 1966, © VG Bild-Kunst, Bonn 2006.
(o. r.) Marc Chagall, König David, © VG Bild-Kunst, Bonn 2006.

10 (o. r.) Antonio Puig Tàpies, Spuren auf weißem Grund, © Fondation Antoni Tàpies, Barcelona/VG Bild-Kunst, Bonn 2006.

11 Paul Klee, Labiler Wegweiser, 1937, 45 (L 5), 43,8 x 20,9 /19,8 cm, Aquarell auf Papier mit Leimtupfen auf Karton, Privatbesitz, Schweiz, © VG Bild-Kunst, Bonn 2006.

11, 21, 157, 170, 182 © Ivan Steiger, München.

12 Johannes Schreiter, Verkehrsfenster, Entwurf für ein Glasfenster in der Heiligkirche Heidelberg. © beim Künstler.

13 RESO/Superbild.

14, 25 (o. l., r., M. l. r.; u. r.), 27 (o., u.), 28 (o., u.), 29 (u.), 40, 41 (o.), 74, 81 (u. r.), 158 (M., r.), 159 (l.), 174 (u. l./r.), 175 (u. l. r.), 178 (M. r.), 180 o.), 198 © Peter Wirtz, Dormagen.

15, 43 © Nolde Stiftung, Seebüll.

16 Marc Chagall, Exodus, 1952-1966, © VG Bild-Kunst, Bonn 2006.

19 Edwin Scharff, Das Glaubensbekenntnis, Kirchentür in Marienthal bei Wesel, 1950, © VG Bild-Kunst, Bonn 2006.

22 Henri Matisse, Ikarus, aus der Bildserie „Jazz", © Succession H. Matisse/VG Bild-Kunst, Bonn 2006.

25 (u.l.) Valerié Vauzanges, Düsseldorf.

26 (o., u.)privat.

29 (o.) © Ullstein-Moenkebild.

32, 36 © Kipkakomiks GmbH, München.

33 © The Estate of Keith Haring.

37 Marc Chagall, Das Hohelied IV, 1958, © VG Bild-Kunst, Bonn 2006.

41 (u.) privat.

44 Der Rufer, Karl Hofer, 1937, © Erbengemeinschaft Liesbeth Hofer.

45 Marc Chagall, Die Prophetin Debora bewegt Barak, ein Heer zu sammeln. © VG Bild-Kunst, Bonn 2006.

47 (l.) Marc Chagall, Elijas Opfer wird vom Feuer verzehrt, © VG Bild-Kunst, Bonn 2006.
(r.) Marc Chagall, Ein feuriger Wagen entführt Elija zum Himmel, 1931-39. © VG Bild-Kunst, Bonn 2006.

48 Marc Chagall, Der Prophet Jesaja, 1968, © VG Bild-Kunst, Bonn 2006.

49 Marc Chagall, Der Prophet Jesaja verkündet zukünftigen Frieden und die Herrschaft Jerusalem, 1956. © VG Bild-Kunst, Bonn 2006.

50 Marc Chagall, Jeremia kündet die Zerstörung Jerusalems an, 1931-39, © VG Bild-Kunst, Bonn 2006.

52 Marc Chagall, Der Prophet Jeremia, 1968, © VG Bild-Kunst, Bonn 2006.

53 Marc Chagall, Jeremia wird in eine Zisterne geworfen, 1931-39. VG Bild-Kunst, Bonn 2006.

56 (u.) © dpa, Frankfurt.

57 Michael Albus, Heidesheim.

60 (o. r.) © Ullstein-Reuters.
(u.) Zefa, Düsseldorf.

62/68/124 © Ullstein – Leber.

70 (o.) Leiko Ikemura, Verkündigung, 1985, © beim Künstler. Foto: Lothar Schnepf, Köln.
(M.) Wilhelm Geyer, Geburt Christi, 1939, © beim Künstler.
(u. l.) Siegfried Rischar, Ich bin bei euch, 1982, © VG Bild-Kunst, Bonn 2006.

71 (o. l.) Louis Soutter, Christus am Kreuz, um 1940, © beim Künstler.
(o. r.) Alexej Jawlensky, Meditation auf Goldgrund, 1936, © VG Bild-Kunst, Bonn 2006.

75 (o.) Coppa/action press.
(u.). Paul Klee, Rosenwind, 1922, 39, 38,2 x 41,8 cm, Ölfarbe auf Leimgrundierung auf Papier, mit Aquarell und feder eingefasst, auf Karton Zentrum Paul Klee, Bern, Schenkung Livia Klee. © VG Bild-Kunst, Bonn 2006.

78 René Magritte, Das ist kein Apfel, 1964, © VG Bild-Kunst, Bonn 2006.

79 Marc Chagall, Die Israeliten beten das goldene Kalb an, 1931. © VG Bild-Kunst, Bonn 2006.

80 (o. l.) © Rick Fischer, Bavaria, (o. r.) Yaviér Larrera, Mauritius.
(u. l.) Quelle unbekannt, (u. r.) © mauritius images / Hill Creeck.

81 (o. l.) © Jean Kugler, Bavaria, (o. r.) © VCL, Bavaria, (u. l.) Quelle unbekannt.

82 (r.) Christian Rohlfs, Der Engel, der Licht in die Gräber trägt, 1925, © VG Bild-Kunst, Bonn 2006.

83 (o.) Ernst Barlach, Güstrower Ehrenmal, Bronze, 1927, Ernst und Hans Barlach, GbR, Lizenzverwaltung, Ratzeburg.

83 (u.) Tobias Trutwin, Engel, 1997. © beim Künstler.

86 Wolf Vostell, Jesus fotografiert das Unrecht der Menschen, 1978/79, © VG Bild-Kunst, Bonn 2006.

87 Franz Masereel, Mitten unter euch ist einer, den ihr nicht seht, 1958, © VG Bild-Kunst, Bonn 2006.

88 (r.) © Associated Press, BBC RED VISION, Frankfurt.

89 Albert Paris Gütersloh, Der zwölfjährige Jesus im Tempel, 1937, © VG Bild-Kunst, Bonn 2006.

98 (o.) Werner Juza, Der verlorene Sohn, 1927, © beim Künstler.
(u.) Max Beckmann, Der verlorene Sohn, 1949, © VG Bild-Kunst, Bonn 2006.

100 (u. l.) © Pankok Museum, Hünxe.
(r.) © pwe Kinoarchiv.

101 (o. l.) Georges Rouault, Ecce homo, um 1913, © VG Bild-Kunst, Bonn 2006.
(o. r.) Herbert Falken, Christuskopf, 1981, © beim Künstler.
(M. u.) © KNA, Frankfurt.

102-103 Astrofoto.

104 (r.) dpa.

105 Nasa.

106 (o. r.) privat.
(u. r.) Jan Tomaschoff, Düsseldorf.

107 Quelle unbekannt.

110 © Yasno Sakuma, Tokyo.

111 Barnett Newman, Der erste Tag, 1951-1952, © VG Bild-Kunst, Bonn 2006.

112 Klaus Staeck, Die Mietsache, 1983, © VG Bild-Kunst, Bonn 2006.

113 Marc Chagall, Das Hohe Lied I, Detail, 1957, © VG Bild-Kunst, Bonn 2006.

114 (o. l.) © dpa, Frankfurt.
(o. r.) Henning Christoph/Christoph & Friends/Das Fotoarchiv, Essen.
(M. l.) Henning Christoph/Christoph & Friends, Das Fotoarchiv, Essen.
(u. l.) Jochen Tack/Christoph & Friends, Das Fotoarchiv, Essen.
(u. r.) © dpa, Frankfurt

116 Marc Chagall, Das Leben, (Ausschnitt), 1964, © VG Bild-Kunst, Bonn 2006.

117 Pablo Picasso, Das Ende der Straße, 1898-1899, © Succession Picasso/VG Bild-Kunst, Bonn 2006.

119 Pablo Picasso, La vie, 1903, © Succession Picasso/VG Bild-Kunst, Bonn 2006.

120 Edvard Munch, Am Totenbett, 1896, © The Munch Museum/The Munch Ellingsen Group/VG Bild-Kunst, Bonn 2006.

121 Georg Rouault, De profundis, 1939, © VG Bild-Kunst, Bonn 2006.

122 (o.) Joseph Beuys, Zeitung mit Kreuz, 1962, © VG Bild-Kunst, Bonn 2006.

126 © alphapress, Garching.

127 Alfred Manessier, Auferstehung, 1949, © VG Bild-Kunst, Bonn 2006.

139 © Tobias Trutwin.

140-141 Benziger Archiv.

141 © Fred Mayer/gettyimages.

153 © action press.

154 Volker Stelzmann, Die Berufenen: Petrus und Andreas, 1988, © VG Bild-Kunst, Bonn 2006.

157 (u.) Guido Muer, Jesus weint über Jerusalem, 1985, © Muer.

158 (l.) © dpa, Frankfurt.

159 (r.) Salvador Dali, Der Brotkorb, © VG Bild-Kunst, Bonn 2006.

160 (l.) © Nordlicht Bildagentur Claus Harlandt.
(M.) Quelle unbekannt.

160/161 KNA, Bonn.

161 (l.) Quelle unbekannt
(r.) Quelle unbekannt

162-163 Hartmut Vogler, Ratingen.

166 © Fritz Behrendt, NL-Amstelveen.

167 © Stiftung Willy Fries, CH-9630 Wattwil.

168 (o.) © dpa/Brakemeier.
(u.) © Karl-Heinz, Melters, Aachen.

169 (u.) © Karl-Heinz Melters, Aachen.

170 © KNA, Frankfurt.
(u.) Barbara Klemm, Frankfurt.

171 (u.) privat.

172 Paul Klee, hat Kopf, Hand, Fuß und Herz, 1930, 214 (S 4), 40,8 / 41,8 x 28,2 / 29 cm. Aquarell und Feder auf Baumwolle auf Karton, Kunstsammlung Nordrhein-Westfalen, Düsseldorf, © VG Bild-Kunst, Bonn 2006.

174 (o.) © gettyimages.
(M. l., M. r.) © dpa, Frankfurt.

175 © Corbis, Düsseldorf.
(M. l.) © Rosa Rovtar/Bavaria/gettyimages.
(M. r.) © Friedrich Stak/Das Fotoarchiv, Essen.

176 © Allsport/action press.

177 (o.) Quelle unbekannt.
(u.) Antoine de Saint-Exupéry. Der kleine Prinz, © 1950 und 1998 Karl Rauch Verlag, Düsseldorf.

178 (o.r./u.r.) © Keystone.

179 Bernhard Heisig, Nachts kommen die Puppen, 1995, © VG Bild-Kunst, Bonn 2006.

180 (o., M.) © Keystone, Zürich.
(u.) © Paul Wohlrab, Bonn.
182 (o.) Keystone/epd-bild, Frankfurt.
(u.) Endig/epd-bild, Frankfurt.
183 Herbert Falken, Rauchgiftsüchtiger, 1973, © beim Künstler.
185 Quelle unbekannt.
186 (o.) © Graphikteam, Köln.
(u.) Presse-Bild-Poss, Siegsdorf/Obb.
187 Pablo Picasso, Die Absinthtrinkerin, 1901, © Succession Picasso/VG Bild-Kunst, Bonn 2006.
188 (l.) Bonner Generalanzeiger, Archiv.
(r.) privat.
189 © Variopress.
190 (u.) © Elizabeth Knox/Masterfile.
191 Ilya und Emilia Kabakov, Reihe, 1969, © VG Bild-Kunst, Bonn 2006.
192 © Kienitz.
194 © Enrico Ferorelli/Focus.
196 privat.
199 © Cheetam/Magnum/Focus.
202 © Hermann Dornhege, Bad Tölz.
203 Jürgen Spieler, Klartext Verlag, aus: Benno Elkan. Ein jüdischer Künstler aus Detmold, Essen 1997.
204 (u. l.) Aus: Kunst und Kirche 4/96.
(u. r.) © Hilla und Max Moshe Jacoby.
205 (o. r.) dpa.
(u. l.) © Hilla und Max Moshe Jacoby.
206 (u. l.) © Bill Aron, Los Angeles.
(u. r.) © Edward Serotta, Berlin.
208 (o.) © Hilla und Max Moshe Jacoby.
(u.) Evang. Zentralbildkammer, Bielefeld.
209 © Hanan Isachar/Corbis.
210 (o.) Jürgen Spieler, Klartext Verlag, aus: Benno Elkan. Ein jüdischer Künstler aus Detmold, Essen 1997.
211 © Corbis, Düsseldorf
213 Marc Chagall, Die weiße Kreuzigung, 1938, © VG Bild-Kunst, Bonn 2006.
217 (o. r.) Moshe Hofmann, Jesus wird vom Kreuz geholt, 1967, © beim Künstler.
(u. l.) Felix Nussbaum, Jaqui auf der Straße, 1944, © VG Bild-Kunst, Bonn 2006.
218 (o. l.) dpa, Frankfurt.
219 (l.) KNA-Bild, Bonn
(r.) dpa.
222 Georgia O' Keeffe, Ladder to the Moon, 1958, © VG Bild-Kunst, Bonn 2006.

Text- und Liedverzeichnis

7 Nach: Materialbrief 2/99 KBl „Symbol Weg", S. 6.
8 „Alle Wege", Text: Reinhard Mey, © Chanson-Edition Reinhard May, Berlin.
„Glaub nicht alles", Text: Thorsten Brötzmann/Tim Brettschneider/Alexander Geringas, © Telemedia Music, Stuttgart.
10 Sören Kierkegaard, zit. nach J. Ratzinger, Einführung ins Christentum, München 1968, S.12. Zitiert ohne Herkunfts- und Autorenangabe in R. Stertenbrink, In Bildern und Beispielen, Bd. 3, Freiburg 1998, S. 13.
Antony de Mello: „Wörter", in: Eine Minute Weisheit, Herder, Freiburg 2005, S. 75. Aus dem Englischen von Ursula Schottelius.
13 © Max Bolliger.
21 Winfried Pilz, in Schule und Mission 1 2000/2001, Aachen.
32 Hans Manz, in: Kopfstehen macht stark, Beltz Verlag, Weinheim 1978, S. 97.
33 Bertolt Brecht, aus: Werke. Große kommentierte Berliner und Frankfurter Ausgabe, Bd. 18, © Suhrkamp Verlag, Frankfurt 1955.
36 Lothar Zenetti, aus: Texte der Zuversicht, J. Pfeiffer/Manz Verlag, München 1972.
Gerhard Kiefel, in: ders., Du, Gladbeck 1975, S. 18.
39 „Zurück zum Glück", Musik: van Dannen, Frege/Text: Frege, van, Dannen. © Copyright 2004 by Heikes Kleiner Musikverlag GmbH/Heikes Noch Kleinerer Aber Kein Bisschen Schlechterer Musikverlag GmbH – weltweit.
Anthony de Mello, Gib deiner Seele Zeit, Herder, Freiburg 1999, S. 62.
56 Angaben zu Jägerstätter nach C. Hampe, Die Autorität der Freiheit, Bd. II, München 1968, S. 421ff.
83 Rose Ausländer, aus: dies., Ich höre das Herz des Oleanders, Gedichte. © S. Fischer Verlag GmbH, Frankfurt/Main 1984.
Aus: Fynn, „Hallo Mr. Gott, hier spricht Anna", Fischer Tabu 2414, Frankfurt/Main 1979, S. 96.
93 Wilhelm Wilms, Der geerdete Himmel", aus: Wiederbelebungsversuche, © 1974 Verlag Butzon & Bercker, Kevelaer 71986, 5.5 (Auszug).
100 Aus: Fynn, „Hallo Mr. Gott, hier spricht Anna", Fischer Tabu 2414, Frankfurt/Main 1979, S. 103.
107 Erich Kästner, in: Ulrich Konstantin (Hrsg.), Gesammelte Schriften für Erwachsene, Atrium Verlag, Zürich.
114 Eugen Roth, zit. n. Dietrich Steinwede/S. Ruprecht (Hrsg.) Vorlesebuch Religion 1, Düsseldorf/Lahr/Göttingen/Zürich 131985, S. 216.

Reiner Kunze, in: ders., eines jeden einziges leben. Gedichte, Fischer Verlag, Frankfurt 1986, S. 53.
© Gudrun Pausewang, Schlitz.
119 „Mensch", Text: Herbert Grönemeyer, Grönland Musikverlag, Berlin.
120 Viola Foss, in: FAZ v. 04.03.1996, „Jugend schreibt".
121 Kurt Marti, Der Traum geboren zu sein, © 2003 Nagel & Kimche Verlag im Carl Hanser Verlag, München-Wien.
131 Hildegard von Bingen zit. n. rhs, Heft 3, 1996, S. 189.
135 „Ich liebe", aus: Elisabeth Hense (Hrsg.), Im Spiegel der Seele, Herder Verlag, Freiburg 1997.
135 Franz von Assisi, zit. n. Walter Nigg, Gebete der Christenheit, Siebenstern TB, München/Hamburg 1971, S. 44f.
145 Martin Luther, aus der Vorrede zum ersten Band seiner lateinischen Werke, 1545, (mit kleinen Änderungen).
176 „Who killed Davey Moore", Text: Bob Dylan, © Special Rider Music D/A/CH: Sony/ATV Music Publishing (Germany GmbH), Berlin.
177 Antoine de Saint-Exupéry, zit. aus: ders., Der kleine Prinz, Karl Rauch Verlag, Düsseldorf 1950 und 1999, dt. v. Grete und Josef Leitgeb), S. 96f.
187 Antoine de Saint-Exupéry, zit. aus: ders., Der kleine Prinz, Karl Rauch Verlag, Düsseldorf 1950 und 1999, dt. v. Grete und Josef Leitgeb), S. 69f.
188 Carolin Sellinger (13), Mara Eggebrecht (14), Saskia Pasedag (13), Schülerinnen des Gymnasiums Weilheim (mit Änderungen zit. aus: FAZ, Jugend schreibt, 01.04.1996, S. 37.
189 Julia Scholz, Comenius Gymnasium, Klasse 8b, Bonn, zit. n. General-Anzeiger, Bonn 27.05.1999.
Brief eines Jugendlichen, zit. n.: Blätter des Bielefelder Kulturrings, Bielefeld o. J., S. 210.
195 Publik-Forum, Zeitung kritischer Christen, Nr. 15, 2001, Oberursel.
201 „Von guten Mächten", Text: Dietrich Bonhoeffer, © Gütersloher Verlagshaus GmbH, Gütersloh, Melodie: Kurt Grahl, © Rechte beim Urheber.
210 Aus dem Babylonischen Talmud, Schabbat 31a, Text aus. R. Maier (Hrsg.), Der Babylonische Talmud, Goldmann Verlag, München 1993, S. 202.
Aus dem babylonischen Talmud, Text aus: J. J. Petuchowski, Es lehrten unsere Meister, Herder Verlag, Freiburg - Basel - Wien 1979, S. 136.
Jizchak Meir von Ger, Chassid, zit. aus: Martin Buber, Werke. Dritter Band, Schriften zum Chassidismus, © Gütersloher Verlagshaus, Gütersloh.
211 Rabbi Chanoch von Alexander, Chassid, nach einer alten Prager Legende, zit. aus: Martin Buber Werke, Dritter Band, Schriften zum Chassidismus, © Gütersloher Verlagshaus, Gütersloh.
Levi Jizchak von Berditschew, Chassid, frei nacherzählt nach Martin Buber, Werke, Dritter Band, Schriften zum Chassidismus, © Gütersloher Verlagshaus, Gütersloh.
215 Solomo bar Simeon, Josef ba Cohen, jüdische Autoren, zit. nach: Ernst Ludwig Ehrlich, Geschichte der Juden in Deutschland, Düsseldorf 1968, S. 28.f.
216 Anne Frank, aus: Anne Frank, Das Tagebuch der Anne Frank, Schneider Verlag, Heidelberg 1950, S. 62f.
221 s. S. 8

Zugelassen als Lehrbuch
für den katholischen Religionsunterricht
von den Diözesanbischöfen von Aachen, Berlin, Dresden,
Erfurt, Essen, Freiburg, Fulda, Görlitz, Hamburg,
Hildesheim, Köln, Limburg, Magdeburg, Mainz, Münster,
Osnabrück, Paderborn, Rottenburg-Stuttgart,
Speyer und Trier.

© 2010 Bayerischer Schulbuchverlag, München
Alle Rechte vorbehalten.
1. Auflage 2007
Druck 13 12 11 10
Printed in Germany
ISBN 978-3-7627-0399-0
www.oldenbourg-bsv.de

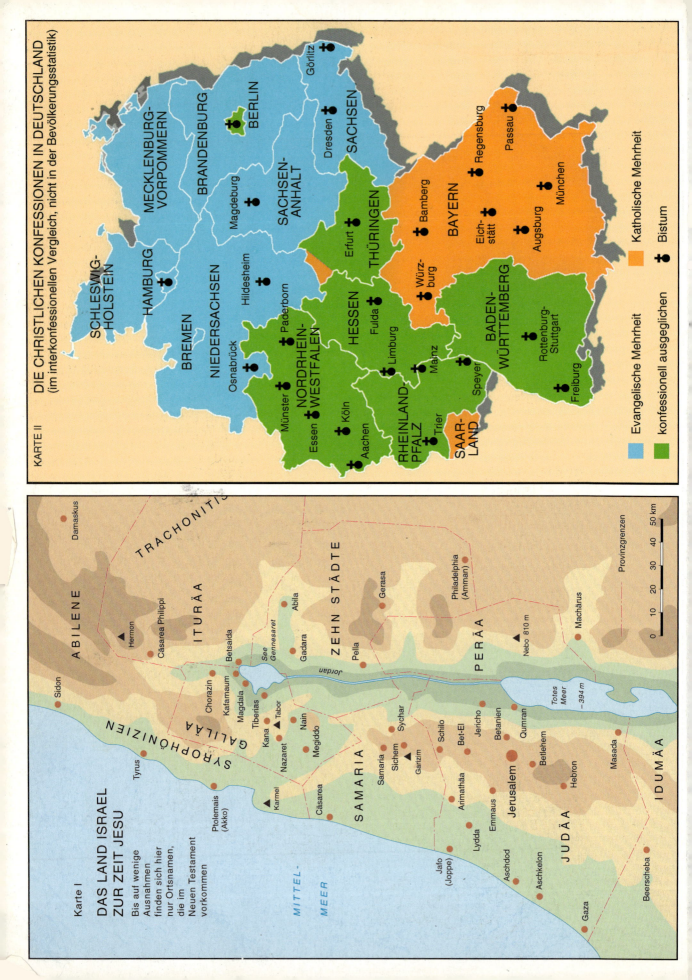